Konrad Elsässer

Ein Coach nimmt Maß

Konrad Elsässer

Ein Coach nimmt Maß

axel dielmann – verlag

Kommanditgesellschaft in Frankfurt am Main

© axel dielmann – verlag
Kommanditgesellschaft in Frankfurt am Main, 2008
Schweizer Straße 21
D – 60594 Frankfurt am Main
www.dielmann-verlag.de
Alle Rechte vorbehalten

Satz: Urs van der Leyn, Basel
Illustrationen und Titelgestaltung: Max Bartholl, Hamburg
Abbildungen der Seiten 84, 85 und 86: Leonardo da Vinci,
Le Corbusier und Albrecht Dürer
Printed in Jerusalem, Israel

ISBN 978 3 86638 128 5

Inhaltsverzeichnis

0. EINLEITUNG   Seite **9**

1. MAßE   **13**

1.1. Maß nehmen – wie unterscheide und benenne ich? Was ist ein   **13**
Unterschied und was macht einen Unterschied?

1.2. Maßnehmen im Coaching erläutert meinen Hintergrund und   **18**
meine Neugier, die mich zu diesem Buch geführt hat.

1.3. Menschenmaß gehen aus von der Hand. Händedruck wird, wie   **22**
die folgenden Kästchen auch, im Sinne eines Beispiels erzählt. Weiter geht
es mit Elle, Fuß, Körpergröße, Passung; geht dann über auf Vermessung
und Zählmaße, Längenmaße, Flächenmaße, Hohlmaße sowie Gewicht und
kommt auf den Punkt mit Maßkörper und Körpermaßen.

1.4. Zeitmaß beginnt mit der Armbanduhr, schaut dann auf körpereige-   **32**
nes Zeitmaß, auf uhrlose Zeit, erzählt etwas vom Zeitgespür und unterscheidet Zeittakte beim Sehen, Hören und bei Noten; klingt dann aus mit
einem Zwischenton.

1.5. Geld kommt hier nur begrenzt und ausgewählt in Umlauf als   **39**
Tauschmittel, im Kontext von Werten, als Währung, Finanzen und als
Mittel von Sicherheit.

1.6. Werte Tugenden und Stärken werden ausgebreitet und eine   **42**
Aneignung vorgeschlagen.

1.7. Die Maßnahmen im Personalwesen sind vielfältig und werden   **45**
deshalb in Unterabschnitten gebündelt unter Psychotests und Diagnostik,
unter Typologien, unter der gängigen Einteilung von harten und weichen
Faktoren und unter den sogenannten Kernkompetenzen; schließlich wird
gefragt, wozu sind diese Maße nützlich?

1.8. Speicher für Ernte und Samen. Die Gabe   Seite **58**

2. BEITRAG 66
2.1. Die Einleitung macht ein Relationsfeld auf und eine Spannweite, **66**
die vom Greifen bis zur Generativität reicht.

2.2. Getragensein wird grundsätzlich erläutert, wird ausgeführt als **70**
Vertrauen, wird erzählt als Vertrauen aufbauen, kommt in Bewegung
mit »es geht«, mit »Flow« und schürft dann tiefer mit Ressourcen, mit
internen Ressourcen, externen Ressourcen, mit Prozess, Struktur,
Hierarchie und Macht: Damit werden Träger und Trägerin eines Namens
thematisiert.

2.3. Beitrag zur Gemeinschaft fragt zuerst, in welchen Kategorien **94**
Beitrag zu messen ist; nimmt dann als erste Kategorie Beruf und stellt
Fragen zum Beruf, unterscheidet Beruf und Profession, unterscheidet
Expertinnen von Generalisten, geht auf Karrieren und stellt Fragen zur
Karriere. Als zweite Kategorie, Beitrag zu messen, wird Führung vorge-
stellt, wird gefragt: WEN führen?, WIE führen?, wird Alignment &
Empowerment als Begriffspaar eingeführt, werden Fragen zu Alignment
und Fragen zu Empowerment gestellt. Die dritte Kategorie der Beitrags-
messung wird spezifiziert als Unternehmens- und Bereichsverantwortung
und erläutert unser Führungsverständnis, untermauert es mit Metaphern
und Bildern, erzählt die Macht der Sprache, aber auch die List der Sprache.
Eine nächste Kategorie ist Wertbeitrag, eine weitere Mission, dabei auch
Positionierung. Mit Dynamik und Energie schließt dieser Beitrag.

3. ZUGEHÖRIGKEIT 131
3.1. Die Einleitung unterscheidet die Unterkapitel und erzählt zuhören **131**
und zugehören können

3.2. Sich bewohnen entfaltet sich raumgreifend in Unterkapiteln als **139**
Leib und Körperraum und startet mit »Bewohnter Frau«, entfaltet »Sich
bewohnen«, »Ich gehöre mir selbst«, Leib und Körper, Enge und Weite, oben
und unten, links und rechts, vorne und hinten und erzählt dann Leibsprache

sowie Orientierungsmuster. Ein weiterer Abschnitt breitet aus die Raumerfahrung, die Durchquerung des Raums, den Unterschied zur herkömmlichen Selbstbewegung, die Globalisierung, die Utopie und wie Menschen den Raum gestalten und sich »am rechten Ort« wissen. Der nächste Abschnitt thematisiert Selbstbewegung und unterscheidet sieben Formen der Positionierung. Ein weiterer Abschnitt thematisiert Zeitempfinden und Empfindungsfähigkeit, die Gestaltung der Eigenzeit, den uralten Unterschied von Sonntag zu Werktag, die Interpunktion des Zeitflusses und seine Qualifizierung in Maßen. Selbstzustände heißt der nächste Abschnitt, der auch von Selbstzuständigkeiten erzählt. Selbstmanagement wird spezifiziert in Bewegung, Haltung, Gestik, Strebung, Habitus, Modus und Rolle. Ein weiterer Abschnitt gilt Gesundheit und Krankheit, der Vermeidung oder Bewältigung von Krankheit und erzählt von Gesundschreibung. Schließlich folgt Raumbestimmung, erzählt Raumauslotung und Wände einziehen; Sterben / letzte Ruhestätte markiert dann das Ende dieses Kapitels.

3.3. Zugehörigkeit zur Gesellschaft beginnt mit den Eltern und erläutert sodann EGO und Alter, erklärt Aufgestellt-Sein, vertieft darauf ALTER Ego, Ich und Selbst, beschreibt die 5 Säulen der Identität, erläutert das Wir, erzählt Identitätsbilder, unterscheidet man / wir, vertieft noch einmal Identität und sagt etwas über biografische Interviews. Mit zwei Strängen unterschiedlicher Länge und Gestalt werden Lesende mit Mitdenken eingeladen, einmal mit den Ausführungen zu arbeitsbezogenen Schlüsselbegriffen wie Präferenz, Kompetenz, Potenzial, Talent, Leistung, Expertise, wobei hier noch etwas zu Machtaffinitäten erzählt wird; zum andern mit den eher privaten Schlüsselbegriffen wie dienen und sich nützlich machen, geschickt sein, Fürsorge, Zuwendung, Verlässlichkeit, Treue, Interesse und Offenheit, Nähe und Distanz, Ähnlichkeit und Differenz, mit dem Wir, mit Wahl, mit Elite. Erzählt wird Auslese / Einlese und Feldbeschreibung. Seite **185**

3.4. Zwischen Himmel und Erde nimmt Ausgang mit einem Blick aus dem Fenster, erzählt von Ausblick und Verortung, greift dann weit aus mit Offener Himmel, Nächtlichem Blick, den Sternen, den Buchreligionen **230**

Einleitung

und mit Glauben und erzählt dazu religio = Rückbindung. Glaubenssätze werden erläutert, konkretisiert mit Glauben schenken, vertieft mit Religion und Glauben. Der Gedankengang wendet sich dann zurück auf die Erde, zum Hier und jetzt, zu Gestalt, erzählt Gestaltgebungen, unterscheidet Hintergrund, geht auf Gegenwart und erzählt von Vergegenwärtigung, unterscheidet Zufall, doppelte Kontingenz, Emergenz; setzt einen überraschenden Schluss mit Führung und »Spiel haben«.

4. DIE MASSNAHME COACHING stellt dar, wie Coaching in Seite **263** Unternehmen genutzt wird, wie unsere Dienstleistung Executive Business Coaching aussieht und erzählt etwas zu Dienstleistung, skizziert die Professionalisierung der Coaching-Szene, erläutert die Arbeitsweise der Firma Ozone Executive Coaching International, stellt die besondere Art der Qualitätssicherung dar, entschlüsselt die Herkunft der Beispielkästchen und löst sie auf. Es folgt ein Überblick über den typischen Verlauf eines Coachings in Kontraktphase, Phase der Durchführung und Finalisation. Zum Material unserer Maßnahmen werden besonders die metaphorische und materielle Resonanz als Ressource gezählt. Die Metaphernfähigkeit, die in diesem Buch exemplarisch vorgemacht worden ist, mündet zum Schluss in Ebenmaß.

5. LITERATURVERZEICHNIS mit allen zitierten Büchern und **285** sonstigen Medien.

Einleitung

VIELE SIND ES, die derzeit aufbrechen und Coaching vermessen wie einen neu entdeckten Kontinent. Den frühen Pionieren ist eine unübersehbare Menge individueller Nachzügler gefolgt. Größere Expeditionsteams in Form von nationalen oder internationalen Verbänden stecken Territorien und Claims ab, behaupten ihre Hoheit über vorhandene, vermutete oder zu fördernde Ressourcen und erheben Ansprüche auf erwartbare Handelsverträge und künftigen Gewinn. Sie klären Begriffe, Rechtstitel und Verfahren, sie wachen über die Qualität des Personals und der angewandten Prozesse, sie bilden aus, zertifizieren Ausbildungsinstitute, aber auch praktizierende Individuen. Sie entwickeln Maßnahmen und Messverfahren und adaptieren Maße und Gewichte aus anderen Disziplinen.

Auch Firmen und Unternehmen haben in den letzten Jahren zunehmend Dienstleistungen aus dem eben erst entdeckten Coaching-Kontinent genutzt und eingeführt. Und auch sie streben nach Standardisierung dieses gängig gewordenen Imports. Sie wollen die eingekaufte Ware bestmöglich nutzen und internen Erfordernissen anpassen. So werden unternehmensinterne Prüfstellen gebildet, die Dienstleistung und Dienstleister begutachten und für die Auswahl interne Kriterien entwickeln, die sie dann einem entsprechenden Auswahlprozess unterwerfen, Preise und Verfahren verhandeln, budgetieren, einkaufen, auswerten.

Auch die Wissenschaften[1] rüsten Teams oder ganze Forschertrupps aus, den neuen Coaching-Kontinent zu vermessen und zu kartographieren. Soziologische, psychologische, pädagogische Teams arbeiten an Projekten, gelegentlich sogar interdisziplinär. Fachhochschulen / Universities of Applied Sciences bieten eigene Ausbildungsgänge und Zertifikate an. Fachzeitschriften publizieren detaillierte Ergebnisse aus der Feldforschung, organisieren Kongresse, präsentieren Referentinnen und Referenten.

Es gibt es eine zunehmende Zahl von Veröffentlichungen aus dem Coaching-Kontinent, Erfahrungsberichte von Pionieren und Epigonen, von Erfindern und Einzelgängern. Es gibt Methodensammlungen, Instrumentenkoffer, case studies aus den unterschiedlichsten Populationen und Anwendungsbereichen. Publikationen sortieren bewährte Instrumente aus schon erforschten Kontinenten, stellen sie anders zusammen, entwickeln sie weiter. Ein Handel mit Tests und Standards, Kriterienkatalogen und Evaluationssystemen kommt in Schwung. Aus den Dienstleistungen des Coaching-Kontinents und den vielfältigen Anbietern und Nutzern ist ein globaler Markt mit ungeheurer Dynamik entstanden.[2]

Wer in solchen dynamischen und umwälzenden Zusammenhängen Überblick und festen Boden unter den Füssen gewinnen will, braucht verlässliche Maßstäbe. Als die Französische Revolution das metrische System eingeführt hat, hat es noch mehr als zwei Generationen gedauert, bis dann auch im Deutschen Reich nach 1871 die alten Maße zu Grabe getragen wurden. Die heutige Veränderungsdynamik stellt dagegen permanent gewohnte Maße, Parameter oder Kriterien in Frage. Im Coaching gibt es keine dem metrischen System vergleichbare genormte, geeichte oder standardisierten Maßeinheiten, keine einheitliche Taxonomie. Somit ist jedem Coach, ob Frau, ob Mann, die Verantwortung für sein oder ihr Maß im Coaching aufgegeben. Damit steht er oder sie auch für eine explizite oder implizite Programmatik. Ein Coach nimmt also Maß. Nimmt es zweifach: einerseits nimmt ein Coach (als konkrete Person in einer gegebenen Situation) ein *bestimmtes* Maß oder nimmt es nicht, verwirft, wählt aus, entwickelt es weiter. Andererseits öffnet sich ein Coach und nimmt Maß an der Person, die ihm gegenüber steht, oder sitzt, will also angemessen hören, aufgreifen, steuern, dirigieren, Feedback geben, vergewissern, in Frage stellen, vorschlagen, überprüfen, reflektieren. Trotz aller Erfahrung im Gebrauch von Maßstäben kann ein Coach nicht anders, als Maß finden von und mit der Person, mit der er oder sie sich misst.

Inhalt der folgenden Seiten sind deshalb Maße und Grundbegriffe im Coaching. Beschrieben werden elementare Maßstäbe für Führung und zwischenmenschliche Unterstützung. Einige altehrwürdige Maße werden kritisch in die Hand genommen und in ihrem Wert wiederentdeckt wie Edelsteine. Andere alltagsgebräuchliche Maße oder jüngst auf den Markt gebrachte werden prüfend betrachtet und auf ihre Nützlichkeit hin abgeklopft.

Der Verfasser, der sich nicht den ersten Pionieren zurechnet, wohl aber zu denen gehört, die den neuen Kontinent seit Anfang der 90er Jahre eigenständig durchschweift und mit anderen Neugierigen erkundet haben, gibt Erfahrungen wieder, sowohl aus seiner Firma und seinem Netzwerk als auch sehr persönliche, und reflektiert diese Praxis. So ist dies Buch eine Art Reisebericht. Auf der Suche nach verlässlichen und elementaren Maßstäben ist er fündig geworden mit den Kategorien von BEITRAG und ZUGEHÖRIGKEIT. Daraus nimmt er Messlatten und Maßstäbe, Gewichte und Kodifizierungen. Die aber wollen je und je konkret auf eine Person, auf ein

Kapitel 1. Maße.

Team, auf ein Unternehmen angewandt – ANGEMESSEN – werden. Genug also mit der Expeditionsmetapher! Jetzt konzentrieren wir uns auf die wichtigen Metaphern, die da sind: Maße ...

Fußnoten zur Einleitung:

[1] Coaches, Ausbildungsinstitutionen, Unternehmen und Wissenschaften sind im Vier-Säulen-konzept des Deutschen Bundesverbandes Coaching e.V. (DBVC, www.dbvc.de) zusammengefasst.

[2] Einen regelmäßigen und umfassenden Überblick gibt www.coaching-newsletter.de von Christopher Rauen.

> Der einzige Mensch, der sich vernünftig benimmt, ist mein Schneider. Er nimmt jedes Mal neu Maß, wenn er mich trifft, während alle anderen immer die alten Maßstäbe anlegen in der Meinung, sie passten auch heute noch. George Bernard Shaw

1. Maße

1.1. MAß NEHMEN: Maße lassen uns die Welt begreifen. Jeder Begriff ist ein Seil zum Einfangen der Wirklichkeit, ein Gefäß für einen Teil der Vielfalt, eine Messlatte unserer Wahrnehmung. Begriffe sind Maßstäbe.
Maße sagen aus über die Beschaffenheit, über die Qualität.
Zählmaße portionieren unsere Vorstellungen von Menge, von Quantität.
Mit unterschiedlichsten Maßen und in wechselnden Kombinationen beschreiben wir »Gegenstände«, Objekte, Phänomene, Prozesse, Erfahrungen, Wahrnehmungen und Sensationen. Wir beschreiben sie in Beschaffenheit, Vorkommen, Eigenschaften, Nutzen, Zwecken, Zuständen, Erscheinung, Beziehung, Wirkung, zeitlicher Hinsicht. Was immer wir anfassen oder »begreifen«, unterwerfen wir einem Maß. Das Maßlose ist uns unverständlich.
Ich betrachte ein Unternehmen, eine Person, ein Bild. Ich betrachte mit einer gewissen Distanz. Meine Einstellung vermittelt mir einen Gesamteindruck. Wenn ich aber genauer hinsehe, beobachte ich. Und ich beobachte, bevor ich Maß nehme. Ich beobachte, um Maß zu nehmen. Zur Beobachtung nehme ich meine ganze Wahrnehmungsfähigkeit zusammen. Zuerst sehe ich. Ich weiß aber, dass diese Priorität des Sehens darauf beruht, dass ich sehen kann und nicht blind bin, einerseits, und dass in unserer kulturellen Tradition das Sehen ins-

gesamt, das perspektivische Sehen im Besonderen, bevorzugt worden sind vor anderen Sinneswahrnehmungen. »Ich sehe« kann heißen: ich betrachte, schaue an. »Ich sehe« kann auch heißen: ich nehme wahr, ich beobachte. Ob das eine oder das andere, mit dem Sehen kommen auch Hören, Sich Bewegen, Spüren, Riechen und Schmecken zum Zug. Nicht immer sind alle Sinnesinstrumente beteiligt, je nach Art und Intensität der Betrachtung oder der Beobachtung.

Was tue ich, wenn ich mich aus der Betrachtung löse und anfange, zu beobachten? Ich bin aufmerksam. Ich richte meine Aufmerksamkeit oder meinen Blick auf ein Etwas. Selbstbeobachtung heißt, ich richte meine Aufmerksamkeit auf mich selbst, mein Leibempfinden, meine Wahrnehmungsschärfe, meine Erschöpfung, meinen Tatendrang. Fremdbeobachtung ist so vielfältig wie die Umwelten, in und mit denen ich lebe: Menschen, Gegenstände, Prozesse, Natur und Kosmos, Welterfahrung usw.

Beobachten ist aktiv: ich richte meine Aufmerksamkeit auf mich selbst oder etwas außerhalb meiner selbst (oder auf das »Dazwischen« zwischen beiden – das meint ursprünglich das lateinische Inter-Esse, Dazwischen-sein).

Betrachten ist dagegen sowohl aktiv als auch passiv. Ich betrachte distanziert und bin doch aktiv in meiner Distanzierung. Aber ich versinke in der Betrachtung, ich werde passiv angesichts der auf mich einströmenden Eindrücke. Wieder aktiv, entziehe ich mich der Betrachtung.

»Eine Information ist ein Unterschied, der einen Unterschied macht.«(Gregory Bateson)[3]. Schon der Unterscheidung von Beobachten und Betrachten, von Selbstbeobachtung und Fremdbeobachtung liegt das Unterscheiden zugrunde, ein Zurechnen auf mich selbst und ein Zurechnen nicht auf mich selbst, auf andere/s. Wahrnehmen ist meist mehr oder weniger passiv: meine Sinne empfangen Eindrücke, ausdrücklich und bewusst oder auch subliminal.

Aber schon das Unterscheiden ist aktiv, wenn ich als Bezugsrahmen meine leibliche Lebendigkeit setze, mein Nervensystem, das Impulse aufnimmt und verarbeitet. Nur wenn ich von der Aktivität meines Gehirns und meiner Wahrnehmungstätigkeiten abstrahiere und »einfach« »sehe« oder »höre« oder »schmecke«, kann ich so tun, als sei Unterscheiden auch passiv.

»Draw a distinction« lautet die Aufforderung von George Spencer-Brown.[4] Ziehe, zeichne eine Unterscheidung. Indem ich auf einem Blatt Papier oder ebenso gut in den Sand eine Linie ziehe, zeichne ich eine Unterscheidung. Ein Links und ein Rechts oder ein Oben und ein Unten. Eine Linie, die Grenze ist zwischen hier und dort. Eine Interpunktion, die eins vom andern trennt – unterscheidet. Scheiden von etwas ist Unterscheiden, wie im Schöpfungsbericht der Bibel, wo anfänglich das Licht von der Finsternis geschieden wird, das Wasser oberhalb und das Wasser unterhalb, Himmel und Erde (1. Mose 1, 4–9).

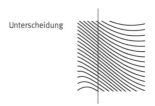

Unterscheidung

Ich kann meine Linie, meine Unterscheidung, auf Papier zeichnen oder in den Sand, aber nicht in Wasser. Wenn die Linie, die ich gezeichnet habe, nicht wieder verschwimmen, nicht schon beim Akt des Zeichens selbst wieder verschwinden soll, dann braucht es einen bestimmten Grad von Härte, Konsistenz, Beständigkeit. Ich muss die Unterscheidung merken können.

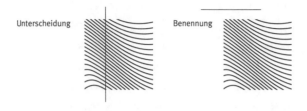

Unterscheiden kann ich nur, indem ich benenne. Ich »benenne« mit Sprache, mit Bedeutung. Mit Worten oder Begriffen benenne ich etwas, was ich »als solches« und damit unterschieden von anderem, »Nicht-solchem« wahrnehme. In meine Unterscheidung fließt die Benennung zwangsläufig mit ein. Ohne Benennung verflüchtigt sich meine Unterscheidung, löst sich auf in Luft oder Wohlgefallen.

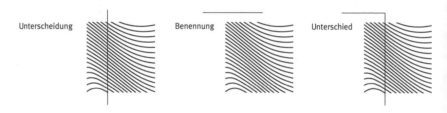

Unterscheidung und Benennung zusammengenommen machen den Unterschied. Den Unterschied muss ich »nehmen«, mir zu eigen machen, für bemerkenswert halten. Ich bin mir eines Unterschieds gewahr. Und indem ich den Unterschied mache, ist mit dem Unterschiedenen und Benannten etwas eingeschlossen und etwas ausgeschlossen. Den Unterschied von Unten / Oben oder von Links / Rechts kann ich ja nicht machen ohne mich selbst, ohne meine eigene Position; ich »weiß« an mir selbst, was oben und unten ist und kenne mich mit meiner Linken und meiner Rechten. »Objektivität ist die Wahnvorstellung, Beobachtungen könnten ohne Beobachter gemacht werden.« (Heinz von Foerster)[5]

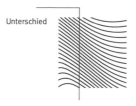

Ich unterscheide die aktive, bewusste, ausdrückliche Tätigkeit des Unterscheidens von der eindrücklichen Sinnestätigkeit des Bemerkens oder Betrachtens. Ich unterscheide die Tätigkeit des Unterscheidens von der Feststellung eines Unterschieds und von der Bildung von Unterschiedlichkeiten, von Differenz. Ich rechne zu und grenze ein oder aus, ich verschiebe die Grenzlinien der Unterscheidung und verändere die Differenz, die Grade der Ähnlichkeit oder Unähnlichkeit, die Maße für Entfernung / Nähe, die Grenzen für Ich / Nicht-Ich, für Außen / Innen, für Ich / Wir / Andere. So lange ich lebe, bin ich unaufhörlich tätig im Machen von Unterschieden, die einen Unterschied machen für mich – die also Information sind.
Um Maß zu nehmen, beobachte und unterscheide ich. Maße helfen mir im Erfassen von Unterschieden (groß / klein, links / rechts, oben / unten, weich / hart, kalt / heiß usw.) und von Unterschiedlichkeiten (spürbar, sichtbar, hörbar, messbar, nachvollziehbar usw.). Messinstrumente erlauben mir eine Einordnung von Unterschieden, die ich oder andere schon gemacht haben, die »festgestellt« sind oder unterstellt werden. Oder die für selbstverständlich gehalten werden. Auch »geltende« Unterschiede akzeptiere oder verwerfe ich – ich unterscheide immer wieder, mache Unterschiede, nehme Maß. Wenn ich meine (Mess-) Instrumente weglasse oder neu erfinde, komme ich zu neuen Unterscheidungen und zu neuen Informationen, die einen Unterschied machen.
Ich komme für mich selbst zu solchen Unterscheidungen und

Unterschieden. Ich komme für mich selbst zu solchen Unterscheidungen und Unterschieden auch im Unterschied zu anderen Menschen oder auch in der Übereinstimmung mit ihnen. Im Dialog, im Coaching geht es mir um ein Verstehen der Unterscheidungen und der Unterschiede, die mein Gegenüber macht. Es geht mir darum, dass auch mein Gegenüber relevante Unterscheidungen und Unterschiede zu anderen Personen und Unternehmen für sich entdecken, entfalten und anwenden kann, die wir im Dialog nutzen. Für ihn will ich einen Unterschied machen!

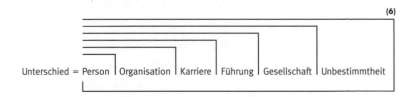

(6)

Unterschied = Person | Organisation | Karriere | Führung | Gesellschaft | Unbestimmtheit

1.2. MASSNEHMEN IM COACHING Auf diese Weise, mit den konkreten Unterscheidungen und Unterschieden (mindestens) zweier handelnder Personen, biete ich »maßgeschneidertes« Coaching an. Aber ich biete dieses maßgeschneiderte Coaching an mit einem Partner und mit Kolleginnen und Kollegen, die mit mir zusammen eine gemeinsame »Maßschneiderei« bilden, eine Firma für Executive Business Coaching, die vor 10 Jahren als »Elsässer Spreng« begonnen hat und die jetzt »Ozone. Executive Coaching International« heißt. Meine Maße sind also nicht nur subjektiv die meinen, sondern werden als Konstruktionsprinzipien für Executive Business Coaching geteilt von meinem Partner und den anderen Coaches unserer Firma.[7] Das verleiht einigen der Maße eine große Klarheit, Trennschärfe, Belastbarkeit, Vergleichbarkeit. Die Maße, die wir herausgefunden und auf die wir uns verständigt haben, helfen mir auch zur Einsicht in das, was wir nicht machen, was wir nicht messen oder was unserem Verständnis von Coaching nicht entspricht.

So biete ich also Coaching für Menschen einer bestimmten »Größe«, für Führungskräfte in Unternehmen: Das ist die Zielgruppe. Ich biete es in der Regel für die Dauer von einem Jahr: das ist unser Angebot und unser Zeitmaß. Und ich biete es mit einer bestimmten Methodologie, nämlich in der Triangulierung zwischen Coach, Coachee und Sponsor, mit vorgängiger Auftragsklärung und fortlaufender Wirkungsbeobachtung, mit internen Beobachtungszyklen und Qualitätsmanagement. Die Arbeitsbeziehung im Coaching ist strikt vertraulich, aber der Prozess des Coachings wird im Unternehmen mit bestimmten Personen kommuniziert und von ihnen beobachtet. Zielgruppe, Angebot, Zeitmaß und Methodologie bestimmen mein Modell. Dies Modell ist nicht nur mein persönliches, von mir individuell bevorzugtes Modell, sondern ist überindividuell und gemeinsam erarbeitet in der Partnerschaft, im Team, in der Firma, im internationalen Netzwerk. Damit ist es unternehmensförmig. So kann ich »business to business« Coaching anbieten.

Wie mache ich dieses mein Modell maßstabsgerecht? Was sind die Maße für maßgeschneidertes Coaching? Von welchen Maßen leite ich ab, womit ich messe und woran ich gemessen werden will? Was ist das Maß, auf das ich mich verständigen will mit unseren Klienten?

Was ich ermessen (helfen) will, ist die Einzigartigkeit der jeweiligen Individualität und ihrer Aufgabe bzw. Situation in einem konkreten Unternehmenskontext. Diese Einzigartigkeit messe ich mit »Beitrag« und mit »Zugehörigkeit«. Wie, ist in den folgenden Kapiteln entfaltet. Mein Interesse gilt dem Fließgleichgewicht, der Homöostasie zwischen Beitrag und Zugehörigkeit. Beitrag und Zugehörigkeit bilden eine unauflösliche Polarität. Ein Mensch bewegt sich lebenslang zwischen Ich-Verwirklichung und Wir-Gefühl, zwischen Einzelbeitrag und Teamleistung oder Errungenschaft der Gemeinschaft. Beitrag und Zugehörigkeit – das ist alles. Es ist alles, was im Coaching zu ermessen ist.

Eines meiner kollegial geteilten Prinzipien ist, dass keine Maßnahme ohne konkretes, individuelles Maßnehmen eingeleitet wird: Bevor ein Coaching überhaupt beginnen kann, wird Maß genommen mit dem Auftraggeber aus dem Unternehmen (der auch möglicherweise »Sponsor« des Prozesses ist und die Wirkung beobachtet), mit einer Führungskraft der Personalabteilung / Human Resources und mit dem potentiellen Coachee selbst. D.h. mit diesen Personen werden jeweils ihre Erwartungen diskutiert und Kriterien und Maßstäbe vereinbart, die das Erreichen (oder Verfehlen, Verändern) der gesetzten Ziele erkennen lassen. Die Maße gehen den Maßnahmen voraus!

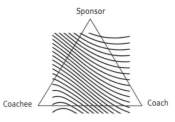

Zu meinem Firmen-Instrumentarium gehört auch die Coaching Agenda Evaluation, ein einfaches, absolut individuelles Maß, das zuverlässig und wirksam ist. In ein Formular werden die zwischen Coach und Coachee verabredeten Ziele und Arbeitsschwerpunkte eingetragen. Eingetragen werden auch die Erwartungen des Sponsors und gegebenenfalls noch andere. Zu Beginn des Coaching-Prozesses wird eine Selbsteinschätzung auf einer Skala von 1–7 vorgenommen. Später kann in regelmäßigen Abständen oder nach Bedarf darauf zurückgegriffen und eine aktuelle Selbsteinschätzung vorgenommen werden über Fortschritt und Veränderung. Dieses Maß verbleibt in völliger Vertraulichkeit zwischen Coach und Coachee.

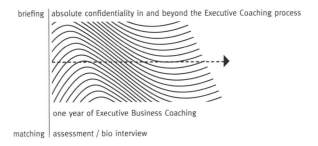

Wie kläre ich, ob es um Coaching oder um Supervision oder Therapie geht? Im Coaching geht es immer um Verhaltensveränderungen hinsichtlich der Leistung und Selbstwirksamkeit einer Person bzw. einer Gruppe in einem Unternehmen bzw. einer Organisation. Das ist mein und unser Verständnis von Executive Business Coaching. Es wird deshalb auch von der Firma bezahlt. Bei Therapie und vielfach auch bei Supervision geht es um Verhaltensveränderungen hinsichtlich der psychischen Gesundheit oder des allgemeinen Wohlbefindens von Personen. Die betreffende Person bezahlt in der Regel selbst, oder ihre Krankenkasse.

»Coaching« steht aber nach unserem Verständnis für einen messbaren / nachweisbaren Nutzen für seine Anwender (Personen, Unternehmen / Organisationen).«[8]

Coaching zielt also auf einen messbaren Nutzen durch Verhaltensveränderung von Mitgliedern einer sozialen Organisation. Therapie und Supervision zielen dagegen auf einen spürbaren Nutzen primär für die betreffende Person. Schon diese Unterscheidung legt nahe, sich genauer mit Maßen und Messverfahren zu beschäftigen. Mit ihnen messe und wertschätze ich das Ausmaß unserer Resonanz (siehe das Schlusskapitel »Coaching als Maß unserer Resonanz«).

1.3. MENSCHENMAßE Der Mensch ermisst die ihn umgebende Natur und auch sich selbst. Die Natur ist maßlos und verschwenderisch. Wir Menschen dagegen erfahren uns als endlich, begrenzt und bedürftig. Aber wir können messen und Maß halten, können planen und vorbeugen, können sparen und Maßnahmen treffen zu unserer Erhaltung und unserer Entwicklung. Menschen können gleichermaßen die Welt vermessen wie auch selbst vermessen sein. Menschen greifen und begreifen, und indem sie begreifen, ermessen sie das, was sie in Händen halten.

Die Hände sind die ersten Werkzeuge, die naturgegebenen Instrumente. Als Schale halten sie Wasser. Als Zange und Griff halten sie Gegenstände, vom Stein als Werkzeug bis hin zum Blackberry heute. Als Zeiger geben sie Richtung an und weisen den Weg. Als Gebärden sprechen sie eine eigene Sprache der Gestik in Beziehungen und des Sich-Zueinander-Verhaltens. Die Hände sind multifunktionale Instrumente.

So ist die **Hand** das erste Maß, das wir besitzen.

»Spezifiziert sie fünf Finger (fünf Dinge) oder vier Relationen zwischen Fingern?«[9] Drei Relationen, zwischen Zeige- und Mittelfinger, zwischen Mittelfinger und Ringfinger, zwischen Ring- und kleinem Finger, sind lateral, liegen nebeneinander. Eine Relation ist besonders und anderer Art, die zwischen Daumen und Zeigefinger, sie erlaubt dem Daumen, mit jedem der andern Finger eine Zangenbewegung auszuführen. Der Pinzettgriff (zwischen Daumen und kleinem Finger) ist zeichenhaft für den Prozess der Menschwerdung – kein Affe oder Primat kann ihn nachmachen. Der Daumen gewinnt seit der Erfindung des Mobiltelefons die Maßgeblichkeit eines Morsegeräts.[10] Fingerbreit oder daumenbreit ist ein kleines Maß; von zweifingerbreit geht es weiter zur Spanne der Hand. Dieses Maß ist immer verfügbar – »zur Hand«.

Die Hand mit den Fingern ist ein Maß, das eine Länge, eine Breite als Handbreit oder Spanne zu erfassen erlaubt. Und sie ist Maß für den Griff, der etwas zu begreifen, zu erfassen erlaubt, oder wo ich spüre, dass sich etwas meinem Zugriff verweigert und zu groß, zu heiß, zu glatt, zu leicht, zu scharf, zu ätzend oder zu schlüpfrig ist. Wenn ich Maß »nehme«, ist in der Regel immer die Hand im Spiel. Meist ist das so selbstverständlich, dass es gar nicht mehr bewusst ist: Maß nehmen ist in meisten Fällen gleichbedeutend mit »Hand anlegen«.

Das englische »handsome« bewahrt etwas von diesem primär taktilen Maß auf. Das deutsche »handhabbar« geht in eine andere Richtung, verweist aber auch darauf, dass ich etwas in die Hand nehmen muss, um es zu verstehen und nutzen zu können.

Die **Hand** nimmt auch noch in anderer Weise Maß. Sie spürt die Temperatur des Körpers, als kalt oder heiß oder normal. Jeder Mensch hat ein eigenes Empfinden von Wärme und Kälte und nimmt Finger oder Hand als Messinstrument dafür. Als die Körpertemperatur wissenschaftlich gemessen wurde, waren es die jeweiligen Männer, die Maß genommen haben, die dann selbst zum Maß wurden mit ihren Namen: Fahrenheit, Reaumur, Celsius oder Kelvin.[11] Personennamen als Maßeinheit – das ist ein Hinweis, wie außerordentlich zwischenmenschlich unser Wohlbefinden, unsere Temperatur und Temperatur-Maße sind.

> Ganz selbstverständlich geben wir westeuropäischen Menschen einander zur Begrüßung die Hand. Und ebenso zum Abschied. So hat eine jede solche Begegnung zwischen Menschen einen »Rahmen«.
>
> Ich nehme im folgenden diese Art der Rahmung von Begegnungen auf:

In einem mit durchgängiger schwarzer Linie gerahmten Kästchen stehen Begegnungen mit konkreten Menschen in Führungspositionen, kurze Erzählungen von Situationen im Coaching, Vignetten zur praktischen Verdeutlichung eines Zusammenhangs.

Die Vertraulichkeit, die ich strikt einzuhalten behaupte, scheint damit durchbrochen. Ein Tabubruch?

Nein, weil der Rahmen signalisiert, dass hier um eine Geschichte ein Rahmen »gesponnen« ist. Das heißt, die Situation ist aus der Wirklichkeit von Coachingprozessen genommen, sie ist passiert, sie ist erlebt worden. Aber sie ist auch rekonstruiert, erzählt; sie ist eine Narration oder ein Artefakt von mir als Verfasser.

Als Verfasser dieses Buches lege ich größten Wert auf die Glaubhaftigkeit meiner Vertraulichkeit. Zugleich will ich anschaulich von Situationen und Fällen aus der Praxis berichten – Maß nehmen geschieht ja immer am »Stoff«, anders geht es nicht.

Also beschreibe ich die von mir als Coach erlebten, erinnerten oder dokumentierten Situationen verfremdet.

Sie als Leserin oder Leser wissen fortan durch die Rahmung der Kästchen, dass darin Begegnungen, Erfahrungen oder Erlebnisse von mir als Coach und Autor beschrieben werden, die ganz und gar meine (Text) Konstruktionen sind. Sie können sich damit identifizieren. Sie können sie distanziert lesen. Optimal wäre, Sie würden sich selbst in eine solche Begegnungssituation hineindenken, identifizieren. Wenn sie die Rahmung der Kästchen als Konfrontation für sich selbst nutzen zum Erproben Ihrer eigenen Handlungsoptionen, dann »geben Sie und ich uns die Hand«.

Händedruck

Frau Strohn ist seit anderthalb Monaten bei uns im Coaching. Sie hat in der Bank eine ungewöhnliche Karriere gemacht. Die ausgebildete Literaturwissenschaftlerin hat in verschiedenen Niederlassungen gearbeitet, dann im Stab in der Zentrale, und jetzt in der Bereichsleitung als Chefin von 5 Niederlassungen, was etwa einem Drittel des deutschen Territoriums entspricht. Mit der Übernahme der neuen Funktion hat der Vorgesetzte von Frau Strohn ihr ein Coaching vorgeschlagen. Sie nimmt es gerne an und sieht diese Art der Unterstützung als Auszeichnung.

Schon beim ersten Treffen, als wir die Wahl des Coachs bestätigen und dementsprechend dann meine Kollegin Silke mit Frau Strohn auch gleich das ausführliche biografisches Interview führt, fällt uns beiden ihr kräftiger Händedruck auf (den ich wieder vergesse). Aber auch unsere Sekretärin meldet Silke beiläufig ihren Eindruck von einer harten Hand zurück. In der Intervision kommt Silke auf Frau Strohn zu sprechen. Wir fassen ihre Fragen und die sonstigen Eindrücke von Frau Strohn zusammen – ihre fraglos volle Präsenz, aber gepaart mit einem gewissen Ausblenden von Kritik, von Rückschlägen und überhaupt von lateralen Prozessen; ihre Neigung zu einem Schwarz-Weiß- oder Freund-Feind-Denken; ihr beherztes Zugehen auf Herausforderungen, das manchmal fast etwas draufgängerisch wirkt. Aus der Biografie erfahre ich, dass sie schon als Mädchen sich gegen zwei Brüder durchgesetzt und als einzige studiert hat.

Aus diesen und weiteren Eindrücken und Beobachtungen richtet sich unser Augenmerk noch mal besonders auf ihre Handhaltung. Sind die Hände locker oder gespannt,

> liegen sie auf dem Tisch oder leicht im Schoß, wo unterstreichen sie Gestik und Rhetorik usw. Als Frau Strohn beim nächsten Mal von einem für sie schwierigen Kollegen berichtet, fragt Silke sie einfach, wie sie ihm die Hand gibt – und sie gibt ihr ihre eigene, um es zu spüren, spürbar zu machen. Zwei, drei, vier Mal probieren sie so Händedruck und Begrüßung und Kontakt. Und mit dem, was dabei an unterschiedlicher Qualität von Druck und Kontakt zum Vorschein kommt, kann Frau Strohn dann gut weiter arbeiten; und Silke kann in späteren Sitzungen gut daran anknüpfen. Sie hat Alternativen erprobt, wie sie ihren Kollegen »anfassen« kann.

Die Elle ist das nächste, der Hand nahe gelegene Maß. Ich messe immer mit Hand und Elle, ich kann die Hand zwar »abziehen«, doch körperlich bleiben Hand und Elle immer zusammen. Hand und Elle sind ein erstes in sich untergliedertes Maß, die Hand etwa zwei Drittel so groß wie die Elle allein. Die Elle ist also ein Zwei-eins-Maß: Eine Art Urform des »goldenen Schnitts«. Heute ist die Elle ungebräuchlich, nur der Ellenbogen steht noch für Durchsetzungsfähigkeit – aber eher für eine »unangemessene«.

Der **Fuß** bleibt, wie die Hand, ein primäres Maß. Und mehr als das, ein Idealmaß: Was wir ermessen haben, hat Hand und Fuß. Das Fußmaß entdeckt jedes Kind für sich und lernt es anwenden, im Trippelschritt zum Abzählen und zum Einschätzen einer Entfernung, aber dann auch in dem mit der Körpergröße wachsenden Abstand zwischen linkem und rechtem Fuß in der Weite des Schrittes. Im Ausschreiten kann ich dann weite Entfernungen messen. Fuß ist im Englischen ein heute noch übliches Längenmaß. Die Kombination von Fuß und Zeit ergaben früher ein Maß für die von einem Menschen zu durchmessende Entfernung von einem halben oder ganzen Tag, je nach Beschaffenheit des Geländes 3 bis 8 Stunden Wegs.

Die menschliche **Körpergröße** selbst ist noch kein verlässliches Maß. Sie unterliegt dem Wachstum. Ein Türrahmen dient als Maß für Kinder: ein Strich auf Scheitelhöhe und das Datum halten fest, wer wann wie groß war oder ist. Schuh-, Kleider-, Hemdgrößen differieren enorm, und dies trotz internationaler Standardisierungsbemühungen. Immer noch sind nationale und kulturelle Maße verbreitet. Männliche und weibliche Größen, m/w oder Unisex, bieten große Spielräume zum Maßnehmen. Bei Kleidern schlüpfen wir rein und probieren an – wir nehmen Maß mit unserem Körper und stellen eine Passung her, ganz selbstverständlich, mit unserem eigenen Gefühl und Gespür, und freilich auch mit dem Blick auf unseren Geldbeutel. Wenn wir das Kleidungsstück dann auch tragen, erweist sich beim Tragen selbst noch einmal oder auf andere Weise, wie es uns passt. Möglicherweise geben wir es zum Ändern oder Kürzen in die Näh- und Maßschneiderei, die sich in kleinen Boutiquen hält, vielfach von Migrantinnen geführt, die noch in besonderer Weise mit Handarbeit und Maßschneiderei vertraut sind.

Es ist aber nicht nur der eigene Körper, der sich verändert. Die Maße ändern sich ebenfalls. Statt Größe 48 trage ich plötzlich als Hose die Größe 23 und lese auf dem Etikett »Kurzleibhose« – bin ich kurzleibig? Ich schäme mich fast! Anstelle der deutschen, englischen, französischen usw. Größen in Zahlenform setzen sich in den letzten Jahren Größen wie S, M, L, LL, LLL, LLLL usw. durch. Anfangs waren sie plausibel und praktisch. Ich wusste, was ich als Größe für Unterhosen (S) und was als Größe für Hemden (M) wählen musste, damit es passte.

Passung ist die zentrale Erfahrung des Versuchs, die eigene Körpergröße mit angebotenen Kleidungsstücken in Übereinstimmung zu bringen. Nur hilft hier keine Theorie, keine Wissenschaft, kein Erfahrungswissen – nur die Probe. Und die wird immer wieder neu gemacht, Kleidungsstücke werden anprobiert, ausgewählt, gekauft – und selbst dann noch braucht es das einmalige oder mehrmalige Tragen, um sicher zu sein, dass es passt. Was wir als Erwachsene immer wieder und überrascht erleben – Kinder spüren es unmittelbar, intuitiv, spontan, sie wissen sofort, was passt und was nicht passt. Kinder haben ein untrüglicheres Gefühl dafür. Den Erwachsenen helfen Maße. Aber selbst wenn Maß genommen worden ist, kommt es auf das Gespür an – es entscheidet letztendlich, was passt.

Es ist schließlich stimmig, dass es der ganze Körper ist, Körpergröße und -umfang, die über Passung entscheiden. Nicht also nur Hand oder Fuß, sondern der Mensch als Mann oder Frau in seiner / ihrer ganzen Größe, aufrecht, mit seinem / ihrem Körperumfang, seinen / ihren Muskeln, seinen / ihren Proportionen, seinem / ihrem Gewicht. Passt es?[12]

Vermessung ist heute vielfach der direkte Gegensatz zu Passung. BMI, der »Body Mass Index« korreliert Größe, Alter und Gewicht für Frauen und Männer und findet dafür relationale Ausdrücke. Für Sportlerinnen und Sportler, aber auch für jede gesundheitsinteressierte Person gibt es ein unübersehbares Angebot, den Körper in unterschiedlichsten Hinsichten zu vermessen. In fast allen Fällen liegt aber die Interpretation und Deutung, also die Bewertung der Maße, in der Hand von Expertinnen und Experten. So führt diese Art von Vermessung zu einer nachdrücklichen Zeichnung eines Fremdbildes, das dann aufgrund der Autorität des als wissenschaftlich behaupteten Verfahrens dem Selbstbild aufgedrückt wird.

Passung und Vermessung

Der menschliche Körper kann und will gemessen werden. Wenn er gespürt, beobachtet, gezeichnet, beschrieben, geheilt, entwikkelt oder gepflegt wird, fragt er sozusagen von selbst nach Längenmaß und Zählmaß, nach Hohlmaß und Raummaß, nach Fläche und Gewicht, nach Temperatur und Blutdruck.

Die **Zählmaße** sind gewissermaßen noch am körpernächsten: das Paar als ein Paar Hände oder Füße oder Schuhe; die 5 Finger abzuzählen an einer Hand; die 10 Finger beider Hände, die Dekade. Die Quart, vier Finger breit oder hoch. Das Dutzend, das voll gemacht werden kann, die 12, ist eine heilige Zahl, wie die 12 Jünger Jesu. Die meisten heutigen Zählmaße sind im metrischen System mit Ausnahme von Großbritannien. Stiege, Schock, Gros, Fuder, Fass und viele andere haben ausgedient.

Einige der **Längenmaße** sind körpernah, andere nicht. Punkt, Linie, Zoll, Hand(breit), Fuß, Elle, Schritt, Doppelschritt, Klafter, Faden, Meile, Tagesreise (27–36 km).

Der definitive Urmeter wurde 1799 aus Platin hergestellt und wird heute im Internationalen Büro für Maß und Gewicht (BIPM) bei Paris aufbewahrt. Meter und Kilometer haben sich nahezu weltweit gegen die englischen Zoll, Fuß, Yard und Mile durchgesetzt. Wir lesen heute Karten im Maßstab 1: 1 Million, 1: 200 000, oder zum Wandern 1: 50 000 oder 1: 25 000.

Jedes Auto hat einen Kilometerzähler, Entfernungsmesser sind teilweise schon in Schuhe und Frequenzmesser zum Laufen eingebaut. Der »Bahn-Begleiter, der ausgedruckt im Zugabteil ausliegt, gibt die Entfernung zwischen den Städten bzw. Bahnhöfen an. Für Flugkilometer gibt es Prämien-Meilen. Ein Prospekt für Nordic Walking weist die Länge der vorgeschlagenen Wege aus. Längenmaße allüberall.

Die **Flächenmaße** sind heute ebenso überwiegend metrische Maße im Quadrat, Quadratmeter, Quadratkilometer. Die frühere Vielfalt von Acker, Morgen, Hufe, Joch, Tagwerk usw., die eng mit Arbeitsleistung von Mensch oder Tier verknüpft waren, ist verschwunden. Nur noch die Pferdestärke hat hartnäckig überlebt, dank des Automobils, für das PS immer noch gebräuchlicher ist als kw. Ähnlich eindeutig und variationsarm sind die Raummaße, metrisch hoch drei, kubisch. Mit GPS (global positioning system) und zwei- oder dreidimensionaler Bildgebung wird Räumlichkeit heute so spielerisch, so genau und vielfältig inszeniert, dass unsere eigene Körperorientierung im Raum nachhaltig betroffen und verändert wird.[13]

Die **Hohlmaße** haben dagegen noch eine muntere Vielfalt bewahrt, das traditionsbewusstere englische »mouthful« ist noch körpernah und gebräuchlich, es gibt eine konkretere Vorstellung als eine Schöpfkelle. »Schluck« ist ein Maß, das jeder Mensch hat und das doch unvergleichlich ist (zumal es Menschen geben soll, die den Hals nicht voll kriegen). Barrel ist ein Maß, das im Zusammenhang mit dem Öl allgegenwärtig ist, populär und in Verbindung mit der Höhe des Preises unpopulär zugleich.

Liter ist unser Normalmaß. Schon Deziliter für Wein in der Schweiz oder in Österreich verwundern die Deutschen, die nach Viertele und Halbe messen. Hektoliter gelten eher als Industriemaß. Liter sind das Normalmaß, vielleicht noch Raummeter, ein vollständiger Ersatz der alten Maße wie Unzen, Klafter, Schoppen, Krügerl, Maaß (Bier), Becher, Eimer, Scheffel.

Gewicht wird in Gramm und Kilogramm gemessen, gewogen, aber Zentner und Doppelzentner sind vielfach noch gebräuchlicher als die Bezeichnung mit 50 oder 100 Kilogramm oder dann die schwere Tonne. Gran, Karat, Unze, Quentchen, Pfund sind seltenere oder ungebräuchliche Maße. Aber immer noch und immer wieder gibt es Spezialisierungen von Maßen, die notwendig sind, um Dinge und Prozesse und Verfahren zu begreifen und zu vergleichen.

Alle Maße werden geeicht, d.h. auf ihre Gleichförmigkeit und Verlässlichkeit hin gemessen. Dafür gibt es Eichämter, die 1912 verstaatlicht wurden.[14] Mit der metrischen Standardisiung und Verallgemeinerung im Kontext von Aufklärung und industrieller und wissenschaftlicher Entwicklung gibt es über die letzten 200 Jahre und erst recht mit der Globalisierung heute eine deutliche Tendenz zu Minimisierung (Atomforschung und Nanotechnologie) und Maximisierung (extraterrestrische Physik und Weltraumforschung). Maße verändern sich. Ein Lichtjahr ist ein Maß, das die menschliche Vorstellungskraft sprengt. Dagegen werden mit DIN (das Deutsche Institut für Normung) und ISO (International Organization for Standardization) laufend auch neue Maße und Maßstäbe in Umlauf gebracht und alte angepasst: Die Welt ist messbar.

Schließlich aber: alle diese bisherigen Menschenmaße gehen vom physischen bzw. physikalischen **Körper** aus. Medizin, Rechtswissenschaft, Philosophie, Soziologie, Psychologie, Gehirnforschung und andere Wissenschaften messen Körper und menschliches Verhalten auf ihre Weise. Welche Maße würden wir finden, wenn wir einen ätherischen, chakrischen, auratischen Körper denken oder annehmen?

Ich habe bislang **Maßkörper** dargestellt. Ich habe **Körpermaße** beschrieben. Sie als Leserin oder Leser haben in einer bestimmten Körperposition, sehr wahrscheinlich im Sitzen, etwas von dem bisher Beschriebenen gelesen, ganz oder teilweise oder oberflächlich. So wie Sie nicht ohne Körper lesen können und ich nicht ohne Körper schreiben kann, so ist auch im Coaching keine tragfähige Arbeitsbeziehung möglich ohne körperliche Anwesenheit der beiden Menschen im Dialog, Coachee und Coach.

Selbst im Telefoncoaching sind zwei an verschiedenen Orten körperlich anwesende Menschen miteinander im Gespräch. Körperliche Präsenz und Resonanz verflüchtigen sich erst im virtuellen Selbstcoaching – oder werden einseitig.[15]

Körpermaße und Maßkörper sind absolut elementar im Coaching. Präsenz setzt körperliche Anwesenheit voraus. Ich ermesse ja schon ganz unwillkürlich bei einer ersten Begrüßung, ob die körperliche Präsenz meines Gegenübers unversehrt, uneingeschränkt, ungetrübt vorhanden ist. Und im Verlaufsprozess beiderseitiger Anwesenheit ermesse ich das Maß an Geistesgegenwart, Präsenz, Reaktionsgeschwindigkeit, Aufnahmefähigkeit meines Gegenübers. Ich spüre seine individuelle Präsenz. Ich erahne schon anfänglich die Art und Weise von Embodiment[16], d.h. etwas von der Art, wie mein Gegenüber im Leib ist, wie sie als Frau in ihrer Haut »steckt« oder wie er als Mann auftritt (oder umgekehrt). Ich muss eine mir noch fremde Person »riechen« können. Für die »Chemie« im Coaching, und somit für Prozess und Erfolg ist ausschlaggebend, welche Kriterien und Maße stillschweigend vorausgesetzt, welche verabredet werden, in welcher Form auch immer – aber so, dass gemeinsamer Rückbezug darauf möglich ist. Und für beide, für Coachee und Coach, ist der »Rückbezug« auf den eigenen Körper, das eigene Körpermaß, unter allen Umständen und jederzeit machbar. Ein Körperfeedback ist immer möglich (viel mehr als das! Es ist ja immer vorhanden. Unsere Homöostase, unsere Selbsterhaltung und unser Fließgleichgewicht sind immer gegeben, sind immer Voraussetzung dafür, dass wir »da« sein können). Mit der beiderseitigen körperlichen Anwesenheit und der gegenseitigen Körperwahrnehmung entsteht Verbindlichkeit, Respekt[17], Verlässlichkeit – und neues Augenmaß.

Für mich als Coach ist mein Körper auch Instrument. Mein

Körper ist das wichtigste Instrument, das ich habe. Ein Instrument, das ich besitze, das ich spiele, das ich kenne, dem ich vertraue, das mich trägt, worauf ich mich verlasse. Mein Körper ist Instrument meiner Aufmerksamkeit, meines Betrachtens und Beobachtens. Mein Körper ist Instrument und Maß von Eindruck und Ausdruck, Expressivität. Mein Körper ist Maß von Resonanz, von Stimmung, von Stimmigkeit. Ich spüre als Spiegel mehr als das, was ich sehe; einiges kann ich aktiv spiegeln. Ich bin mit Haut und Haaren ein Instrument, aber auch ein Gegenstand von Übertragung.[18]

Und noch ein weiteres, ein sehr, sehr weites Feld tut sich auf mit Körpermaßen und Maßkörpern, nämlich das reale (real präsente) sowie das metaphorische Feld sozialer Organisationen. Organisationskörper – in welchem leben Coachee und Coach? (Dies wird vor allem unten in 2.3.3 und 3.2.1 weiter ausgeführt).

Körpermaß und Maßkörper sind elementar im Coaching. Sie kommunizieren und messen

- Fokus
- Intention
- Energie.

1.4. ZEITMAß Heutzutage trägt fast jeder Mensch eine Armbanduhr und trägt somit ein genormtes Zeitmaß am Körper. Die meisten westlichen Menschen haben sogar mehr als nur eine Uhr. Am Handgelenk, auf dem Mobiltelefon oder PC oder an Gebäuden in der Öffentlichkeit. Digitale oder analoge Zeitanzeige ist allgegenwärtig.

Die Uhren aber und die öffentliche Zeit oktroyieren ohne Ansehen der Person ein unentrinnbares Regiment, das keine Ausflucht offen lässt. Ich selbst kann allenfalls fernab der Zivilisation meine Zeit dem Tag und der Nacht oder dem Stand der Sonne entnehmen.

Unser **körpereigenes Zeitmaß** ist der Atem und der Herzschlag bzw. Puls. Und man mag noch den Augenblick hinzuzählen, also den Blick zwischen zwei Lidschlägen. Unsere Körperzeit, unsere leibeigene Zeit ist Gegenwart.[19] Es ist die einzige Zeit, in der wir sind, und es ist die einzige Zeit, die wir verlässlich haben, die wir zugleich geben und nehmen und die uns geschenkt ist. Uhrlose Zeit, die ich am Körper spüre, ist der Wechsel von Schlaf, Wachwerden und Wachsein, Hunger und Durst, Verdauung und Entleerung, Bewegungsdrang, Tätigsein und Ruhen und Ermüden, Schlaf und Traum. Uhrlose Zeit über die vielfältige Wiederholung dieser je körpereigenen biologischen Rhythmik ist dann auch das Alter. Wir zählen zwar das Alter in Jahren und den kleineren Einheiten von Monaten und Tagen, messen mit Zeitmaßen, die der Naturbeobachtung entnommen sind. Aber wir sehen und spüren mit eigenem Leibempfinden und Wahrnehmung anderer etwas vom eigenen Alter und von dem Alter eines Gegenübers. Heute, wo in den westlichen und besonders in den über die Industrialisierung hinaus entwickelten Gesellschaften die körperliche Arbeit nicht mehr die deutlichen Spuren des Abgearbeitetseins und Alterns sehen lässt, wo Siebzigjährige aussehen und fit sind wie Vierzigjährige früher, ist es schwirig, Alter als Eigenmaß eines Zeiterlebens zu behaupten.

Alter wird in unserer Gesellschaft wesentlich als unproduktive und konsumtive Zeit bestimmt, nicht mehr qualifiziert durch Weisheit und Erfahrung, sondern durch Masse und demographischen Wandel.

Zeitgespür
Mein Partner hält die Sponsorbeziehung zu dieser global agierenden Firma. Von ihm weiß ich, dass von meinem Klienten mehr Präsenz und ein besseres Zeitmanagement erwartet wird.

Was ich von Rodolfo, meinem Klienten bislang weiß, ist, dass seine Frau und seine beiden Söhne in Basel leben, dass er die Woche über in Köln arbeitet, aber in seiner Arbeit sehr viel unterwegs ist, hier in Deutschland, aber auch in den USA und vielfach rund um die Welt. Das Fliegen mache ihm nichts aus, sagt er. Rodolfo kann sich schnell auf die jeweilige Zeitzone einstellen, Schlafschwierigkeiten oder Übermüdungserscheinungen habe er nicht.

Ich frage mich, was ist unser Wahrnehmungsorgan für Zeit?

Wie setzen wir es ein und machen es uns zunutze, wie entwickeln und verbessern wir es?

Eines der Anliegen von Rodolfo ist, mehr und intensiver mit seinen Söhnen Zeit zu haben. Der eine ist kurz vor dem Abitur, der andere studiert schon. Ich gehe in einem unserer Gespräche vor allem auf das Zeiterleben der Söhnen ein. Was weiß Rodolfo konkret davon, welche Zeiten teilt er mit ihnen? Wie war er selbst als Student, wie war sein Zeitmanagement in jenen Jahren? Von den Söhnen schlage ich dann den Bogen zur Firma, zu seinen nächsten Mitarbeitenden. Was weiß er von ihrer Zeitgestaltung? Wenig, sehr wenig eigentlich. Durch seine internationale Arbeit tendiert Rodolfo zum »Überflieger«. Das spürt er selbst. Aber er kommt dann im Gespräch auch darauf, dass er innerlich immer ein oder zwei Schritte voraus lebt, die nächste Begegnung,

> die nächste Präsentation, die nächste kurze Erholungspause im Blick hat.
> Ich schneidere mit Rodolfo an einer für ihn stimmigen täglichen »Auszeit«, die durch Atemübung unterstützt werden kann. Es soll ein Moment der Vergegenwärtigung sein derart, dass er die Personen, denen er an diesem Tag begegnet (ist), sich vor Augen führt, sich in ihr Zeiterleben hineindenkt. Und nachspürt, was sie von ihm brauchen.
> Ob Rodolfo dies dann auch in das Schreibbuch schreibt, das er zu Beginn des Prozesses von uns bekommen hat, weiß ich nicht. Wichtiger als das ist mir die Frage in den nächsten zwei, drei Sitzungen, wie es ihm damit geht, wo diese Art Auszeit gelingt, wo nicht, wo sie einen Unterschied macht für ihn. Und wie er diesen Unterschied weiter nutzen kann.
> Und ich selbst merke wieder einmal, wie wertvoll der Zeitrahmen von einem Jahr ist, den wir für das Coaching gesetzt und vertraglich fixiert haben. Ich kann auf Rodolfos Zeiterleben in dieser speziellen, weiträumigen Begrenzung, in diesem containment, Bezug nehmen – wie hebt sich ein solches Jahr ab von den Tätigkeiten und Zeitsetzungen in seinem Verantwortungsbereich, in seiner Karriere und Lebensplanung? Welche »inneren« Qualitäten kann ein solches Jahr mit der besonderen Unterstützung durch Coaching gewinnen? Wie nutzt er das Jahr, um andere Eigenzeit unterschiedlich wahrzunehmen? Wie entwickelt er sein *timing*?

Das jeweilige Zeitmaß wird von heutigen Menschen fast ausschließlich wahrgenommen durch **Sehen**. Zifferblätter und Zeitanzeigen zuhauf. Wir sehen zwar auch Tag und Nacht,

Morgen- und Abenddämmerung, Sonne und Mond, Sommer und Winter. Aber für das Zeiterleben sind sie von beschränkter Relevanz. Sonnenuhren gaben früher Orientierung, nicht sehr präzise. So sehen wir lieber auf Uhren – ohne sie können wir Dauer und Weile, Schnelligkeit und Geschwindigkeit, Effizienz und Lieferzeit, Kürze und Langeweile kaum mehr wahrnehmen oder bestimmen. Und bei der Allgegenwart des Sehens von Zeit geht das Gespür für Zeit leicht verloren.

Das **Hören** von Zeit kam in unserer abendländischen Geschichte einer Revolution gleich. Glocken teilen den Tag. Schon eine einzige Unterscheidung, ein Glockenschlag am Mittag, teilt verlässlich wiederkehrend Vormittag, Mittag selbst und Nachmittag. Ein Tagwerk wird ein Tagwerk, als man weiß, was zwischen Terz und None getan werden kann. Die None, die von etwa zwei Uhr nachmittags (in der heutigen Entsprechung) auf den Mittag vorgerückt wird, markiert dann eine »wichtige Unterteilung der Arbeitszeit (…): den Halbtag«.[20] Ab dem 14. Jahrhundert gibt es neben den Kirchenglocken bald überall Werkglocken, Marktglocken und schließlich Arbeitsglocken. Die Kirchenglocken werden aus ihrer Monopolstellung bei der Zeitmessung gedrängt. Die Glocke lässt hören: die Unterscheidung (des Tages) und die Bestimmung (der Tageszeit).

Sonnenuhr, Stundenglocke und Stundenglas werden dann ihrerseits von der mechanischen Uhr revolutioniert. Über Jahrtausende hat die Beobachtung des Kosmos, von Himmel und Sternen den Menschen Orientierung in Raum und Zeit geliefert. Die Glocke passt noch in diesen Horizont des ausgehenden Mittelalters. Dann aber übernimmt die menschengemachte Zeit das Regiment. Zeit des Menschen und Ewigkeit Gottes fallen auseinander; der Deismus begreift Gott allenfalls als Auctor, als Urheber, der die Mechanik des Funktionierens der Schöpfung in Gang setzt. Zeit wird chronologisch, Minuten und Stunden bestimmen den Tag, teilen ihn in kleine und kleinste Einheiten.

Das Zeitmaß im Duodezimalsystem aber setzt sich dann über alle Zeitläufe und Revolutionen hinweg durch. Zweimal zwölf Stunden hat der Tag, 24 Stunden, die Stunde hat 60 Minuten, die Minute 60 Sekunden.

Wie lange dauert ein Glockenklang?

Fürs Hören, aber auch für das geübte Sehen bieten die **Noten** die Maße sowohl für Dauer und Geschwindigkeit als auch für die Tonhöhen. In einer Partitur sind die verschiedenen Instrumente notiert und aufeinander bezogen. Die Tempobezeichnungen sind meist auf Italienisch: Largo, Allegretto, Presto – manchmal übersetzt in die Schlagzahlen eines Metronoms, meist aber individuell variierend.

Aber wie die allgemeine Uhr-Zeit die persönliche, körpereigene Zeit zumeist überdeckt, so werden schon Kinder meist mit ganz andersgearteten Noten konfrontiert. Schon bevor sie mit musikalischen Noten, mit Klangwerten und ihren Zeitmaßen Erfahrungen machen, werden sie mit Schul-Noten traktiert. Mit einem Bewertungsmaß also, das häufig genug eine Not ausdrückt. Die Maßstäblichkeit und Rigidität dieser Benotungen bleiben lange für viele Kinder und Jugendliche unverständlich. In der Rigidität ihrer Willkür sind sie nach wie vor höchst problematisch und erklärungsbedürftig.

Nichtsdestotrotz werden Noten in einer Skala von 1–6 oder 1–15 für die meisten Menschen diejenigen Maßeinheiten, die sie dann ein Leben lang als Bewertungsmaßstab mit sich tragen. Freilich sind es nicht nur die konkreten Noten, es ist vor allem die darin ausgedrückte Bewertung, die einer Person oktroyiert worden ist und die dann ihre Fortsetzung in Selbsteinschätzung und Werdegang findet. Noten sind ein gesellschaftlich anerkanntes und staatlich sanktioniertes Prokrustesbett – gemessen wird, was gesetzlich anerkannt ist und sich auf einer Skala bewerten lässt. Was nicht anerkannt ist oder was außerhalb der Skala liegt, wird abgeschnitten, wird als unwirklich erklärt. Wie lange dauert ein Glockenklang?

1.5. GELD Geld ist universelles Tauschmittel, Maß für Gebrauchswert und Tauschwert, Vergleichsmaß für Waren, Dienstleistungen, Güter, Anrechte und Titel usw. Es ist uns heutigen Menschen so dauerhaft leibnahes Maß wie nur noch die Armbanduhr. Als Geldbörse, aber noch mehr als Scheckkarte tragen wir es in der Tasche, notwendiger noch als der Personalausweis, so wichtig wie der Schlüssel für Haus oder Büro. In Geld beziffern wir unser Einkommen. Und Geld ist als Maß für unser Auskommen wesentlich. Für den Erwerb von Geld bringen die meisten Menschen einen Großteil ihrer Lebenszeit auf, und innerhalb dieser Lebenszeit, in der Regel etwa 40 Jahre lang, ist der Gelderwerb hauptsächliches Ziel und Zweck der Beschäftigung.
Wenn nicht der Erwerb von Geld im Vordergrund steht, ist es häufig seine Verwaltung – also Erhaltung, Mehrung, Sicherung, Übergabe und, fast nebenbei, auch Nutzung.
Alles hat seinen Preis. Mit dieser Alltagsweisheit und Lebensklugheit regeln wir alle möglichen Beziehungen. Immer aber gibt es (auch) noch Beziehungen, die sich geldförmiger Bemessung und Regelung entziehen. Sie mögen andere Preise haben, Lustgewinn oder psychische Verstrickung, Abhängigkeit und Führung, unbewusste Konflikte oder verborgene Lebensmuster. **Oder es sind einfach Werte,** die sich nicht in abstraktem Geldwert übersetzen und ausdrücken lassen.

Kapitel 1. Maße.

Geld ist Mittel und ist Maß. Maß für Einkommen und Auskommen, für Kaufkraft, für Reichtum, Maß für Käuflichkeit, für das, was man sich leisten kann. Wir können mit einem Minimum von Geld auskommen, aber nicht ohne. Wir können ein Maximum davon besitzen und uns alles mehrfach leisten und leben deshalb nicht etwas glücklicher. Meistens braucht die Navigation und das Controlling der verfügbaren Geldströme so viel an Zeit, dass das Sprichwort »Zeit ist Geld« gerechtfertigt erscheint. Das Sprichwort korreliert zwei Maße, ja setzt sie in eins. Aber doch macht es Sinn zu differenzieren und besondere Phantasie und Aufmerksamkeit zu investieren, was zeitwert und was geldwert ist. Wir leben also nicht nur mit dem Maß- und Bewertungssystem des Geldes, sondern zugleich noch mit Metasystemen der Bewertung des Geldwertes.

Geld währt. Nach meiner bisherigen persönlichen Erfahrung währt es etwa zwei Generationen lang, manchmal kürzer. Meine Eltern, vor 1910 geboren, hatten eine andere Erfahrung, wie viele ihrer Generation. Währt die Währung oder währt sie nicht? Währung meint ja nicht die Dauerhaftigkeit des Geldes bzw. die Beschränktheit der Dauerhaftigkeit, auch nicht seine Güte. Eine ein- bis zweiprozentige Inflation wird als normal hingenommen.

Währung ist sozusagen die Sprache des Geldes. Während früher diese Sprache kleinstaatlich regional war und dann mit der Industrialisierung national wurde, ist sie heute eher kontinental – international und amerikanisch mit dem US-Dollar seit Anfang des 20. Jahrhunderts, europäisch mit dem EURO zum Ende desselben, mit starken aufkommenden Währungen im asiatischen Raum und mit dem Petrodollar nach dem Zweiten Weltkrieg.

Finanzen sind in Zahlen ausgedrückte Währungs- und Geldströme im alltäglichen Geschäfts- und Bankwesen und innerhalb der Wirtschaftswissenschaften. Früher hat das Finanzwesen mit der Buchhaltung die Aufgabe wahrgenommen, Zahlen zusammenzutragen und zu verwalten und einen Rahmen vorzugeben für kommende Ausgaben. Es war somit im Wesentlichen auf Vergangenheit orientiert, es bilanzierte zurückliegende Aktivitäten. Es ermöglichte und beschränkte die Zukunft. Heute liegt der Fokus mit Controlling und neuen Steuerungsinstrumenten darin, künftige Möglichkeiten auszuloten und Entscheidungsgrundlagen für die Ausrichtung des Unternehmens zur Verfügung zu stellen. Banken, Sparkassen, Genossenschaften, Finanzdienstleister und Börsen sind die wesentlichen Institutionen, die in sich eine unüberschaubare Vielzahl von Produkten, Prozessen und Messinstrumenten bereitstellen und handhaben. In Deutschland gibt es seit 2002 mit der Bafin (Bundesanstalt für Finanzdienstleistungsaufsicht) eine zentrale staatliche Steuerungseinrichtung, die Regeln und Maßstäbe für den Finanzsektor durchsetzt.

Im Kontext der Globalisierung und der Angleichung der internationalen Handelsströme hat das International Accounting Standards Board (IASB) in den letzten Jahren die International Financial Reporting Standards (IFRS) vorgelegt und zugleich einen Vergleich mit den nordamerikanischen US GAAP (General Accepted Accounting Principles). Speziell die europäisch-amerikanischen, aber auch insgesamt die internationalen und globalen Maßstäbe und Messverfahren brauchen eine Übersetzbarkeit und Homogenisierung, wenn internationale Handelsströme sich weiter entwickeln sollen und Menschen wissen wollen, was sich hinter Aufschriften auf Waren aus anderen Wirtschafträumen verbirgt. Die Firma Unisys hat unterschiedliche Sicherheitsindices entwickelt, einen »Unisys Global Security Index« und einen »European Security Index«, die beide die Ängstlichkeit (sic!) hinsichtlich nationaler, persönlicher, finanzieller und Internet-Sicherheit messen. Neben den Maßen im Finanzwesen bilden sich, sozusagen als Beobachtung auf zweiter Ebene, indikatorengestützte Beurteilungssysteme dafür heraus, wie Finanzgebaren gewichtet werden kann.

1.6. WERTE Werte als Maßstäbe und Maßstäblichkeiten sind für ein Individuum unverzichtbar. Sie sind die Maßstäbe für Entscheidungen und Voraussetzung für Handeln. Freilich gilt: »Wir können nur entscheiden, was wir entscheiden können.«[21]

Oft sind Werte implizit vorhanden, hineingewickelt in die Lebenspraxis und nicht weiter ausbuchstabiert. Dann kann es hilfreich sein, sie in ihrem Profil und in ihrer Bezogenheit aufeinander zu klären.

Werte sind Vorstellungen über Qualitäten (lat. qualis = wie beschaffen), die Gegenständen, Ideen und Beziehungen zugeschrieben werden. Die Zuschreibung geschieht durch Individuen, in Gruppen, in der Gesellschaft und innerhalb von Kultur und Geschichte. Was für die, die werten, wichtig und wünschenswert ist, wandelt sich. Man unterscheidet häufig zwischen inneren Werten (wie Gerechtigkeit, Wohlbefinden, Glück, Liebe, Lust, Schönheit, Gesundheit usw.) und äußeren Werten wie Geld, Reichtum, Besitz, aber auch Gesetzen, Werkzeugen und – Maßstäben! Ebenso kann man unterscheiden zwischen materiellen Werten und immateriellen Werten. Oder man ordnet die Werte eher Lebensbereichen zu und unterscheidet dann persönliche und private Werte (Verlässlichkeit, Taktgefühl, Pünktlichkeit usw.), materielle Werte

(Geld, Macht, Eigentum), geistige Werte (Aufmerksamkeit, Achtsamkeit, Weisheit, Geistesgegenwart usw.), religiöse Werte (Friedfertigkeit, Gelassenheit, Demut, Glaubenfestigkeit) und sittliche Werte (Mut, Treue, Unerschrockenheit usw.).

Werte können als Kommunikationsmedium der Gesellschaft verstanden werden.[22] »Werte beziehen ihre Verbindlichkeit aus ihrer Unverbindlichkeit, indem sie sich in dem Maße bewähren, in dem sie unterstellt werden können, ohne auf die Probe gestellt werden zu müssen.«[23] Im Coaching ist das anders. Hier werden Werte herausgeschält und in ihrer Belastbarkeit und Anschlussfähigkeit erprobt. »Und wer Wert sagt, betont die Identität dessen, was eine Kommunikation von dem unterscheidet, was andere für selbstverständlich halten.«[24]

Zur Selbsteinschätzung hinsichtlich der eigenen persönlichen Werte kann man sich ein Instrument aus der Positiven Psychologie heranziehen, das eine Forschergruppe um Martin Seligman entwickelt hat und das einfach und leicht im Internet eingesehen und angewandt werden kann.[25] Aus den großen Kulturen und Religionen der Welt haben sie sechs kardinale Tugenden und 24 ihnen entsprechende Stärken als Grundwerte zusammengetragen:

Tugenden und Stärken

Weisheit und Wissen	1. Neugier / Interesse für die Welt
	2. Lerneifer
	3. Urteilskraft / kritisches Denken / geistige Offenheit
	4. Erfindergeist / Originalität / praktische Intelligenz / Bauernschläue

Kapitel 1. Maße.

Tugenden und	Stärken
	5. Soziale Intelligenz / personale Intelligenz / emotionale Intelligenz
	6. Weitblick
Mut	7. Tapferkeit und Zivilcourage
	8. Durchhaltekraft / Fleiß / Gewissenhaftigkeit
	9. Integrität / Echtheit / Ehrlichkeit / Lauterkeit
Humanitas und Liebe	10. Menschenfreundlichkeit und Großzügigkeit
	11. Lieben und sich lieben lassen
Gerechtigkeit	12. Staatsbürgertum / Pflicht / Teamwork / Loyalität
	13. Fairness und Ausgleich
	14. Menschenführung (Leadership)
Mäßigung	15. Selbstkontrolle
	16. Klugheit / Ermessen / Vorsicht
	17. Demut und Bescheidenheit
Transzendenz	18. Sinn für Schönheit und Vortrefflichkeit
	19. Dankbarkeit
	20. Hoffnung / Optimismus / Zukunftsbezogenheit
	21. Spiritualität / Gefühl für Lebenssinn / Glaube / Religiosität
	22. Vergeben und Gnade walten lassen
	23. Spielerische Leichtigkeit und Humor
	24. Elan / Leidenschaft / Enthusiasmus

1.7. MAßNAHMEN IM PERSONALWESEN In einer Gesellschaft von Sammlern und Jägern konnte gemessen und gezählt werden, was ein Individuum zusammengetragen oder erjagt hatte. In der bäuerlichern Gesellschaft war es ähnlich, die Früchte, die Garben, die Tiere, der Ertrag und die Ernte konnten gemessen werden. In den Unternehmen der industriellen und modernen Gesellschaft wird Leistung[26] gemessen mittels der Stückzahl oder anhand anderer Kennziffern. Gemessen werden Leistung, Ergebnis, Resultat von Arbeit, Aufwand, Produktivität und Profitabilität. Gemessen wir häufig mittels spezieller Kennzahlen. So differieren Maßstäbe und Maßnahmen von internationalen Unternehmen zu Familienunternehmen und Mittelstand und zu Klein- und Einzelunternehmen.

Auch wenn die Vielfalt dieser Messverfahren hier nicht weiter Gegenstand der Überlegungen sein kann, so ist doch eine Beobachtung festzuhalten: in der postindustriellen globalisierten Weltgesellschaft sind viele der traditionellen Maße und Messverfahren überholt bzw. unterliegen einer enormen Veränderungsdynamik (von internationalem Abgleich oder Neuentwicklung). Und vermehrt geht es neben traditionellen Messgrößen, wozu immer schon auch Leistung gehört, jetzt um Potential, um Talent, um Ressourcen, um künftige Möglichkeiten. Der Fokus der Aufmerksamkeit verschiebt sich vom Messen von Resultaten hin zu Optionen.

In den Personalabteilungen der Unternehmen und im Personalwesen ist in der Folge der Entwicklungen seit dem Zweiten Weltkrieg eine unüberschaubare Anzahl von Messinstrumenten und anderen Referenzsystemen für menschliches Verhalten entwickelt worden.[27] Ihre Komplexität ist so unüberschaubar wie die Zahl der Versuche, sie zu reduzieren. Diese Vielfalt spiegelt einerseits die Unermesslichkeit der menschlichen Lebensentwürfe und ihrer kulturellen Prägungen. Andererseits ist sie zunehmend wissenschaftlich geprägt und wird von professionellen, branchenbezogenen, nationalen und internationalen Vereinigungen und Körperschaften (wie DIN, Deutsches Institut für Normung oder ISO, Internationale Organisation für Normung usw.) auf alle möglichen Lebensbereiche ausgedehnt.

Die Philosophie und Theologie haben sich über Jahrhunderte der Frage zugewandt, wer der Mensch sei und was seine Bestimmung. Sie fragen nach der Qualität des Menschseins. Die Medizin hat über Jahrhunderte Messverfahren für den menschlichen Körper und seine organische, psychische und gesamte Erscheinung entwickelt. Heute werden zwar Medizintechnik und die Gehirnforschung als die am dynamischsten sich entwickelnden Bereiche wahrgenommen. Psychologie und Betriebswirtschaft stehen nicht in gleicher Weise im öffentlichen Rampenlicht, sind jedoch nach wie vor für die Personalabteilungen von Unternehmen von hoher Bedeutung. Sie fragen nicht nach der Qualität des Menschseins, sondern nach den Qualitäten (Plural!) einer Person und nach deren Ausmaß, nach ihrer Quantität. Sie stützen sich dabei auf die Gesamtheit der verhaltensorientierten Sozialwissenschaften, insbesondere auf Psychologie und Pädagogik, auf Managementwissen und Betriebswirtschaftslehre. Auch aus diesem Zusammenspiel von betrieblicher Praxis und wissenschaftlicher (vielfach privat finanzierter) Forschung heraus entstehen immer wieder neue Messverfahren und Maßstäbe.

1.7.1. Zum Messen von Verhalten und Erwartungen, von Präferenzen, Neigungen, Eigenschaften, Stärken und Schwächen usw. werden Psychotests und Diagnostik[28] in den Personalabteilungen der Wirtschaftsunternehmen differenziert angewandt und weiter entwickelt.[29] Dies geschieht auf ganz unterschiedliche Zielgruppen hin. »In der Gesamtschau ist festzustellen, dass eine Eigenschaft besonders leicht einzuschätzen ist, wenn das mit ihr assoziierte Verhalten der Beobachtung zugänglich ist, es viele Gelegenheiten gibt, das entsprechende Verhalten auch zu zeigen, nur wenige Verhaltensweisen notwendig sind, um die Eigenschaft zu identifizieren, und die Beurteilung den Beobachtern auch rein subjektiv leicht fällt.«[30]

Der entscheidende Unterschied liegt zwischen einem beobachtbaren Verhalten und einem tatsächlich beobachteten. Viele Tests und Kriterienkataloge führen eine Reihe von Fragen oder Alternativen beobachtbaren Verhaltens auf. Daraufhin ist man eingeladen zur Beantwortung bzw. zum Ankreuzen eine Zustimmung oder Übereinstimmung (von »stimme völlig zu« bis zu »stimme überhaupt nicht zu« mit 3 oder 4 oder 5 Zwischenstufen). Hier passiert ein von den meisten unbemerktes Verwechslungsspiel: An die Stelle konkreter Beobachtung tritt die Bewertung einer Einschätzung, die sich auf eine Generalisierung von unterschiedlichen Beobachtungen stützen mag, nicht aber auf kontingente, einmalige und zeitlich bestimmte. Es wird so getan, als würden »Feld«-Beobachtungen zur Erstellung eines Profils zusammengetragen, aber es werden nur vorgegebene Kategorien angekreuzt und ein schon in seiner Struktur vorgefertigtes Bild mit einigen vorgegebenen Farben ausgemalt. Damit werden Muster nicht beobachtet, sondern beschrieben, repliziert und trivialisiert.

Psychotests und Diagnostik sowie die entsprechenden Instrumente und Messverfahren sind mittlerweile ein Markt von unübersehbarer Dynamik. Letzter Schrei könnte ein Angebot sein für »Qualitäts-Standards zur sprachlichen Klarheit«, die zu einem »Excellence-Zustand« führen sollen, wonach die

»gesamte Unternehmenskommunikation (...) nach den Qualitätskriterien der PAS 1072 ausgerichtet« ist.[31]

1.7.2. Typologien sind Konstrukte, um die Vielfalt vorfindlicher Wirklichkeiten in bestimmten Bereichen zu ordnen und zu kategorisieren. In Psychologie und Personalentwicklung sind Typologien besonders verbreitete, also weithin akzeptierte Instrumente. Meist beruhen sie auf elementaren und für eine pragmatische Erklärung einleuchtenden Voraussetzungen. Gleichwohl kommt es auch hier wieder zu Ausdifferenzierungen, im wissenschaftlichen Bereich mit weiteren spezialisierten Fragestellungen und Untersuchungen, in der betrieblichen Praxis im Zuschnitt auf bestimmte Berufsgruppen oder mit der Anpassung von routinisierten Personalgespräche an die jeweilige Unternehmenskultur usw.
Mit Archetypen werden anfängliche, grundlegende Typologien konstruiert bzw. aus der Philosophiegeschichte gewonnen. Besonders erfolgreich und nachhaltig ist die von Carl Gustav Jung vorgelegte Typisierung von Animus und Anima, woraus die Typisierung von Extroversion versus Introversion im Myers Briggs Type Indicator weiterentwickelt wurde.[32] Der große Vorteil des MBTI liegt darin, dass er an die Stelle von bezweifelbaren »Eigenschaften« von Anfang an »Präferenzen« setzt, also die subjektive Bevorzugung dieser oder jener Haltung oder Entscheidung. Als Hinterlist stellt sich jedoch heraus, dass die kategorial festgelegten Präferenzen sich unter der Hand wieder in eine Art Quasi-Eigenschaft verwandeln und zu stabilen Zuschreibungen verleiten.
Ähnlich ist das DISG-Modell[33] von William Marston als zweiachsiges Vierquadrantenfeld aufgebaut. D steht für dominant (Farbe: rot), I für intiativ (Farbe: gelb), S für stetig (Far-

be: grün) und G für gewissenhaft (Farbe: blau). Im Englischen heißt das gleiche Instrument DISC: D für dominating, I für influencing, S für steadiness, C für Compliance.

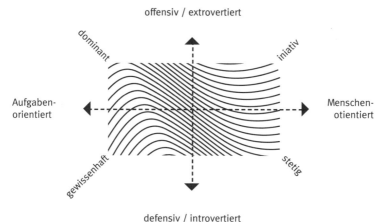

Die Typen, die dann aus unterschiedlichen Werten und Kurven ermittelt werden, sind

> Entwickler, Ergebnisorientierter Mensch, Ermutiger, Eroberer, Förderer, Forscher, Kalkulierer, Leistungsmensch, Motivator, Objektiver Denker, Perfektionist, Praktiker, Spezialist, Überzeuger und Vermittler.

In der Nachkriegszeit des 20. Jahrhunderts war im medizinischen Bereich wie auch in der Alltagsdiagnostik die noch eher physisch orientierte Einteilung von Menschen in den pyknischen, leptosomen und athletischen Typ gang und gäbe. Diese auf Hippokrates zurückgehende Typenlehre gab es auch in etwas anderer Ausformung: sanguinisch, melancholisch, cholerisch und phlegmatisch. Die lebenspraktischen Perspektiven – eine elementarisierte Form der Verknüpfung der Wahrnehmung der physischen Erscheinung mit einem entsprechenden Temperament – standen auch in der Tradition der Physiognomik, die der Schriftsteller Johann Caspar Lavater in der zweiten Hälfte des 18. Jahrhundert entwickelt hat und die für viele seiner Zeitgenossen von hohem Erklärungswert war.

Heute gibt es mit dem Enneagramm eine Typologie und ein Erklärungsmuster, für das, wie in vielen andern Fällen auch, eine eigene »Gemeinde« von überzeugten Lehrenden und Lernenden entstanden ist. Die »Reise des Helden« mit den Typen des Unschuldigen, des Waisen, des Märtyrers oder Kriegers, des Pilgers oder Wanderers und schließlich des Zauberers[34] ist weniger gebräuchlich, stellt aber ein möglicherweise ebenso nützliches Konstrukt, das einen Verständnisrahmen bietet. Insgesamt liegt der Nachteil von Typologien als Maßstäben in der zwischenmenschlichen Kommunikation und im Coaching darin, dass die Typologie erst einmal erklärt werden muss. Der Konstruktion der Typologie und der Erklärung ihres »Sinns« haben sich die Laien bzw. sonstigen Unkundigen anzupassen oder unterzuordnen. Unversehens wird eine Art Herrschaftswissen etabliert, auf der einen Seite die »Anwender« des Instruments, auf der anderen Seite die »Probanden«. Typologien »blenden« durch verblüffende Transparenz auf der Oberfläche, erweisen sich jedoch bei näherem Zusehen als mehr und mehr erklärungsbedürftig. Wer freilich von einer Typologie überzeugt ist, kann sie ausweiten und vertiefen und den Geltungsbereich der Typologie auf alle möglichen Phänomene und Entwicklungen hin ausdehnen (und damit seine Expertise oder Herrschaftswissen vergrößern).

Die Gefahr dieser Messlatten der Psychometrie und der Typologien liegt darin, dass sie leicht wie das Lineal in der Hand eines eifrigen Pädagogen gehandhabt werden, der damit auf die Hände von unaufmerksamen Kindern schlägt. Kategorien und Maße werden oktroyiert, aufgedrückt, durchgesetzt, in der Untersuchung angewandt, ausgewertet. Da steht es dann schwarz auf weiß und beansprucht Geltung. Die Normierung ist erfolgreich, die Norm setzt sich durch. Sie erfassen dann aber kaum mehr die Vielfalt und Einzigartigkeit menschlicher Ideen, Beiträge und Errungenschaften.

1.7.3. So wie bei Computern unterschieden wird in Hardware und Software, so sind auch harte und weiche Faktoren eine gängige Form der Unterscheidung im betrieblichen Alltag geworden. Als »hart« werden in der Regel Zahlen betrachtet sowie Geldbeträge, Gebäude, Grundstücke, Gegenstände; als »weich« dagegen Kultur, Motivation, Kreativität, Sucht (wie Alkoholismus oder Spielsucht) und Streben (nach Erfolg oder Glück). Ein Faktor gilt als hart, weil er der Vergänglichkeit, der Veränderbarkeit und dem gesellschaftlichen Wandel gegenüber sich als belastbar, haltbar und dauerhaft erweist. Menschen sind Träger und Trägerinnen der weichen Faktoren, motiviert, kommunikativ und teamfähig, aber auch wankelmütig, unzuverlässig, beeinflussbar, unstetig. Alle Faktoren, ob hart oder weich, sind Faktoren freilich erst durch menschliche Benennung. Der lateinische Ursprung von factor = Macher, Hersteller, Schöpfer, Erzeuger legt ein Verständnis von Faktor als kausale Verursachung nahe. Faktor wird gleichbedeutend gebraucht mit Einflussgröße, Bestimmungsgrad, Maß, Determinante – so wie bestimmte Umstände ein bestimmtes Ereignis beeinflussen. Der Gebrauch des Wortes im Plural (eben z.B. harte und weiche Faktoren) schwächt einerseits die Kausalität im Einzelfall ab, bündelt sie andererseits undifferenziert zusammen. So wird dann häufig eine »Reihe von Faktoren« als Ursache für etwas genannt. Was dann jeweils als hart oder weich gilt, hängt stark, wenn nicht völlig, vom jeweiligen Sachgebiet bzw. der entsprechenden (Organisations-) Kultur ab. Faktor ist mithin ein relationales Erklärungsmuster.

Was sind Persönlichkeitsfaktoren? Setzt sich eine Persönlichkeit aus unterschiedlichen Faktoren zusammen? Wenn ja, welche Faktoren sind konstitutiv, welche kommen ergänzend hinzu? Sind einzelne Faktoren der Persönlichkeit unterschiedlich in ihrer Härte oder Weichheit, in ihrer Dauer oder Vergänglichkeit? Gibt es Kernfaktoren – und dann auch »Schalen«--faktoren? Bildet sich Charakter aus Persönlichkeitsfaktoren? Sind sie Eigenschaften einer Person?

Mit diesen Fragen stoßen wir in Gefilde der theoretischen Psychologie vor, und je weiter wir uns darauf einlassen, desto unübersichtlicher wird das Gelände. Vielleicht reichen aber die Fragen aus, um plausibel zu machen, dass die oft selbstverständliche Zuschreibung von Persönlichkeitsfaktoren und das Hantieren damit so unschuldig oder wertneutral nicht ist. In der Personalentwicklung und in den Abteilungen für Human Resources werden seit Jahren psychologische Tests und Messverfahren angewandt, um die Eignung von Menschen für bestimmte Aufgaben und Tätigkeiten zu erfassen und zu bewerten. Gängig ist die Unterscheidung von Persönlichkeitsmerkmalen und Leistungsmerkmalen.[35]

Für den Berufserfolg werden aus den Persönlichkeitsfaktoren sogenannte »big five« hervorgehoben, als da sind »Extraversion, Emotionale Stabilität, Offenheit für neue Erfahrungen, Gewissenhaftigkeit und Verträglichkeit.«[36]

Im Coaching sind wir gegenüber solchen Zuschreibungen eher skeptisch. Liegen Bewertungen, Beurteilungen, 360-Grad-Feedback, Reviews oder Personalgespräche vor, dann geschieht es oft, dass ein Klient diese einbringt und wir im Coaching darauf eingehen. Sehr oft haben Coachees eine Unmenge von Daten erhalten, mit denen sie nichts anfangen können. Z.B. werden 360-Grad-Feedbacks von psychologischen Instituten angeboten und unternehmensweit durchgeführt, wobei dann nicht nur eine Person gemessen wird im Vergleich zu den beiden Vorjahren, sondern auch im Vergleich zu anderen Mitarbeitenden oder Führungskräften im Unternehmen und im Benchmark zu einem Durchschnitt von Führungskräften überhaupt. Die Ergebnisse solcher Tests von Persönlichkeitsprofilen bleiben für die Betroffenen meistens ohne Erklärung und daher unverständlich. Sie stellen ein Instrument der Abteilung Human Resources dar – sie können Herrschaftswissen der Personalabteilungen sein – sie bleiben jedoch häufig ein leeres Ritual, weil Führungskräfte dem psychologischen Jargon gegenüber misstrauisch sind bzw. sich lieber auf ihre eigene Menschenkenntnis verlassen.

1.7.4. Kernkompetenzen der eigenen Leistung kann jeder Berufszweig und jede Profession zusammenstellen. Für jede Stellenausschreibung können bestimmte erforderliche Kernkompetenzen aufgelistet werden. Sie beruhen auf gemachten Beobachtungen und Erfahrungen, die meistens von den Professionellen eines Feldes zusammengetragen worden sind. Immer sind sie diskussionswürdig – im Sinne der Anfrage an Kernfaktoren der Persönlichkeit (siehe oben).
Anstatt nun willkürlich aus der Unzahl vorliegender Kataloge von Kernkompetenzen das eine oder andere Beispiel herauszugreifen, beziehe ich mich auf die eigene, junge Profession des Coachs. Die International Coach Federation (ICF) hat schon 1999 elf Kernkompetenzen, Core Competencies, auf vier Ebenen zusammengestellt:

A. Setting the foundation
1. Meeting ethical guidelines and professional standards
2. Establishing the coaching agreement

B. Co-creation the relationship
3. Establishing Trust and Intimacy with the client
4. Coaching presence

C. Communication effectively
5. Active listening
6. Powerful questioning
7. Direct communication

D. Facilitating learning and results
8. Creating awareness
9. Designing action
10. Planning and goal setting
11. Managing progress and accountability[37]

Es ist unmittelbar einsichtig, dass diese Kernkompetenzen sehr weich sind. Sie bieten Raum für Interpretation und Phantasie. Um wirksam zu werden, braucht es dazu berufene oder (selbst?) ernannte Entscheidungsgremien, die die Anwendung der gewonnenen Kriterien auf konkrete ApplikantInnen hin bewerten und entscheiden. Vielleicht haben »Kernkompetenzen« vor allem den Nutzen, dass sie Anpassungs-Leistungen produzieren.
Der Deutsche Bundesverband Coaching e.V. hat im Herbst 2007 »Leitlinien und Empfehlungen für die Entwicklung der Profession Coaching« vorgelegt, die neben einer sorgfältigen Begriffsbestimmung und Beschreibung der Anwendungsbereiche, auch in Abgrenzung zu anderen Beratungsformen, vor allem die Coaching-Leistungen detaillierter ausführen und ein Kompetenzprofil für Coaches zusammenstellen. Dies steht wiederum in direkter Verbindung zu einem Ethik-Kodex.[38]
In Unternehmen sind häufig Kataloge von Kernkompetenzen

in Anwendung oder im Umlauf, die entsprechend interner Vorgaben gehandhabt werden. Neuerdings führen Unternehmen auch »Castings« für Coaches durch, wo diese sich mit ihren Kompetenzen für den möglichen Einsatz im Unternehmen vorstellen und »beweisen« müssen. Da diese Kataloge erforderlicher Kompetenzen als privatwirtschaftliche »assets« oder Errungenschaften betrachtet werden, sind sie meistens öffentlich nicht zugänglich oder nur einem speziellen Fachpublikum, das sich z.B. innerhalb von Verbänden oder Zuammenschlüssen wie der Deutschen Gesellschaft für Personalführung trifft und austauscht. Zunehmend werden jedoch auch von Universitäten Forschungsarbeiten in diesem Bereich vergeben.

Kernkompetenzen werden tendenziell immer alles umfassend zusammengestellt – es wäre ja sträflich, wenn ein »Kern« übersehen würde. Der Effekt von Katalogen von Kernkompetenzen ist dann der, dass aus der vorgemalten Perfektion ausgewählt werden muss bzw. mehr oder weniger genau eine Übereinstimmung mit den beschriebenen Kompetenzen unterstellt wird. Eine unvoreingenommene Beobachtung wird durch solche Kernkompetenz-Kataloge freilich beeinflusst und vereinnahmt. Andererseits erlauben Kompetenzbeschreibungen eine schnelle Entscheidungsfindung, wenn ein Kernbestand von zugeschriebenen »Eigenschaften« oder vorhandenen »Fähigkeiten« unterstellt werden kann. Dies ist dann eine Komplexitätsreduktion im Interesse der in das Individuum hineinverlegten beständigen Eigenschaften, die damit sozusagen als Besitzstand von Wissen und Können gesichert sind. Die Komplexitätsreduktion bezieht sich freilich immer auf die Vergangenheit; und unterstellt wird weiterhin, dass das, was in der Vergangenheit gut funktioniert hat, auch in Zukunft in der neuen Stelle und in der neuen Organisation funktionieren wird. Insofern sind alle Eigenschaftskonzepte und Kompetenzprofile eine Trivialisierung von Potenzial – schließlich ist Potenzial immer ein Potentialis, eine Wahrscheinlichkeitsform, und jede Voraussage auf die Höhe der Wahrscheinlichkeit rollt so ungewiss wie eine Roulettkugel.

1.7.5. Wozu sind diese Maße nützlich? Was ist der Nutzen von den vielen Maßnahmen, Fragebögen, Evaluationen, die von Personalabteilungen erarbeitet werden? Ein Nutzen liegt unstreitig auf der Hand: Personalabteilungen besitzen durch diese Verfahren wesentlich mehr Informationen als zuvor. Sie können bei Auswahl, Beförderung, Karriereplanung, Positionswechsel usw. besser begründet mitentscheiden. Sie machen sich unentbehrlich, wenn sie nicht nur über Lohn und Gehalt verhandeln, sondern auch über Nachwuchs und Talente, Potenzial und überhaupt »assets« (Führungskräfte und Mitarbeitende als Aktivposten oder Vermögenswert).

Ein mindestens ebenso wichtiger Nutzen liegt in dem Erkenntnisgewinn, den Mitarbeitende oder Führungskräfte durch diese unterschiedlichen Maße und Instrumente gewinnen. Sie ermöglichen Selbsteinschätzung und Vergleich mit anderen.

Ein bedeutender Nutzen für das Unternehmen / die Organisation besteht in Transparenz, Vergleichbarkeit und somit »Gerechtigkeit« angewandter Verfahren. Zugleich erfolgt eine differenzierte Kommunikation über Leistungsverhalten und Anerkennung bzw. Honorierung, die nicht nur intern für die Betriebskultur wichtig ist, sondern auch extern für Anteilseigner bis hin zu jungen Menschen, die sich bei attraktiven Arbeitgebern bewerben wollen.

Coaching ist in betrieblicher Perspektive freilich nur eine der Maßnahmen, die zur Förderung und Weitentwicklung der in einem Betrieb versammelten Human-Potenziale entwickelt

und eingesetzt werden. Der Nutzen von Coaching steht im Vergleich zu Training und Schulung obenan.[39]
Coaching zielt auf einen **messbaren** Nutzen. Vor einer sekundären Evaluation bzw. Nutzung seitens der Personalabteilungen (die freilich als Beobachtung zweiter Ordnung gedeutet werden können) sind die primären, elementaren, einfachen und leicht zu handhabenden der vorgenannten Maße die für die Beteiligten am nützlichsten, für den Coachee wie für den Sponsor im Unternehmen oder für den Coach. Hände und Füße und Körperabstände helfen Beziehungen oder Prozesse messen. Die Größe einer Transaktion und eines Erfolges oder die Kleinheit von Problemen spielen eine Rolle, aber die anfänglichen Maße verändern sich häufig und individuell. Alle die Maße wie Zählmaße, Längenmaße, Flächenmaße und Gewicht und vor allem Zeitmaß und Zeitempfinden, materielle und immaterielle Werte und manchmal auch Instrumente aus Psychometrie und Diagnostik differenzieren mithin die zwei fundamentalen Parameter: Beitrag und Zugehörigkeit. Beim Coaching will gemessen werden, inwiefern sich der Beitrag einer Führungskraft in seiner Nützlichkeit verändert. Und ebenso braucht es Maße dafür, wie Zugehörigkeit zum sozialen Körper sowohl dem Individuum als auch der Gruppe nützt und wie sie ausgestaltet wird.
Ohne Begriff begreife ich nichts. Um mir einen Begriff zu machen, lasse ich mich auf eine Praxis ein, auf eine Handhabung von ideellen Konzepten, von Verfahren und entsprechenden Messgrößen. Davon bilde ich mir einen Begriff. Gleichzeitig kann ich ohne Maß nichts messen. Ich muss mir auch mein Maß bilden, indem ich meine mitgebrachten Maße und Muster einbringe und sie doch zugleich verändere, der Situation anpasse, meinem Gegenüber ankopple. Indem ich Maß nehme – im praktischen Zugriff, in der Anpassung und

Veränderung meiner eigenen Maße und Muster sowie mit der Absicht und dem Willen, nützlich zu sein, beginne ich zu verstehen. In der Vielfalt von Aufgaben, Verantwortlichkeiten, Zielsetzungen und Spieldynamiken verstehe und unterstütze ich die Art und Weise des Beitrags und Zugehörigkeit einer Person zu einem Unternehmen.

1.8. SPEICHER FÜR ERNTE UND SAMEN. DIE GABE Was geschieht, wenn »das Maß voll« ist? Wann ist genug genug? Steht eine Transformation an? Braucht es größeren Raum? Oder den Wechsel auf eine andere Ebene?
Wenn die Ernte reif ist, müssen Gefäße und Bottiche, Körbe und Wagen, Keller und Speicher bereit sein zur Aufnahme. Speicher waren in früheren Zeiten gebaut aus den Erfahrungen mit dem Umfang der Ernte – geräumig genug, eine große Ernte aufzunehmen, aber nicht sehr viel mehr, also nicht das Vierfache oder Hundertfache. Und Speicher standen bereit für den Zeitpunkt der Ernte: da waren sie leer und aufnahmebereit, und die folgenden Monate über wurde das in ihnen Gelagerte dann langsam verbraucht und verzehrt. Hier wurde Vorrat gehalten und waren Ressourcen alloziert. Hier lag auch das Saatgut für das nächste Frühjahr, die Samen für neues Wachstum. So wird die Ernte im Speicher aufgebraucht, der Speicher wird gefüllt, um geleert zu werden. Transformation findet statt im Einkochen und Keltern, im Gären und Destillieren, im Verdampfen und Trocknen, im Räuchern und Pökeln, im Einsalzen oder Einzuckern, im Kochen, Garen, Einwecken oder Einfrieren. Es gab unzählige Verfahren der Haltbarmachung. Das ist heute anders. Das Haltbarkeitsdatum auf allen Lebensmitteln und Medikamenten produziert

zugleich eine Verfallsmentalität und dient der Steigerung des Konsums. An die Stelle der früheren Speicher sind moderne Lagerhäuser der Logistik getreten, Distributionszentren, die mit raschem Umschlag kalkulieren, schließlich kostet Speicherplatz Geld.

»Speicher« ist mit dem Computer-Zeitalter ein häufig gebrauchtes Wort geworden, das sich von dem früher damit Gemeinten doppelt unterscheidet. Der Speicher eines Computers wird in Bytes, Megabytes und Gigabytes gemessen und ist im Vergleich zu früher verschwindend klein, tendiert in ein Mini-Format. Speicher sind klein, unglaublich klein: ein USB-Stick kann flach sein wie eine Kreditkarte oder grade mal fingerlang. Zugleich können ungeahnte Datenmengen auf solch einem kleinen Chip untergebracht werden, der dann wieder in ein Mobiltelefon oder einen MP3-Player oder in ein Navigationsgerät eingebaut wird. Die Speicherkapazität ist riesig groß. Ein kleiner Speicher kann alle die Daten enthalten, die früher in einem Archiv auf dem Speicher gelegen haben. Nur haben die heutigen Speicher eine begrenzte Haltbarkeitsdauer. Bislang überschreitet die Verlässlichkeit des Speichermediums kaum zwanzig Jahre. Aber Kleinheit und Größe von Speicher sind kategorisch revolutioniert.

Dem Speicher des Computers entspricht als Gegenpol der »Papierkorb«. Beide Bezeichnungen sind metaphorisch. Das Speichermedium hat wenigstens noch ein materielles Substrat, während mit Papierkorb lediglich die Löschfunktion umschrieben ist. Gespeichert oder gelöscht werden Dokumente, Dokumente in Schrift, Bild (Grafik oder Zeichnung, Foto, Film) und Ton. Abgelegt, können sie mit einer Suchfunktion wieder gefunden und dann geöffnet werden und stehen damit zur weiteren Nutzen oder Bearbeitung zur Verfügung.

Was macht aus dem, was gespeichert wird, Ernte?

Wie wird aus Gespeichertem Saatgut und Samen?
Wie qualifiziert das Medium des Speichers und die Zeit des Speicherns dasjenige, was Frucht der Arbeit von Menschen ist? Primär in der Haltbarmachung bis zum Gebrauch oder Verbrauch. Das Gegenteil davon, nämlich das »Verfaulen«, wäre die »Qualifizierung« in Form von Datenkorruption – Beweis für die Vergänglichkeit früherer Leistungen (die aber mit neuerlicher Speicherung relativ mühelos wieder konserviert werden können). Noch eine andere Form der Qualifizierung ist Wissensmanagement. Gespeicherte Daten können auf die in ihnen enthaltenen Werte und das in ihnen vorhandene Wissen hin zusammengeführt, erschlossen und auf andere (neue) Weise genutzt werden. Und gespeichert. Den Daten selbst ist die Speicherung nicht anzusehen oder abzuspüren. Lediglich, wenn sie alte Maße beinhalten oder vergangene Bezugsgrößen, ist erkennbar, dass sie von früher sind, gespeichert waren für eine gewisse Zeit. Aber je mehr gespeichert wird und gespeichert werden kann, desto klarer sind es Menschen, die die gespeicherten Dokumente, Datenmengen, Dateibanken durch ihre Aufmerksamkeit und Auswahl qualifizieren.
Die Frage ist einfach: Wie qualifizieren Sie (erst recht Sie als Führungskraft) die vorliegenden Speichermengen als Ernte? Wie nutzen Sie sie als Samen und als Saatgut?
Inwiefern sind die früher gespeicherten Dokumente, Datenmengen, Dateibanken eine Gabe für Sie? Inwiefern sind frühere Informationen noch Informationen, wenn sie keinen Unterschied mehr machen? Welchen Unterschied machen Sie in der Handhabung der verfügbaren Informationen?
»Das einzige Gegebene ist die Art und Weise des Nehmens.« (Roland Barthes)[40]
Nichts, was wir nehmen, als Gegenstand oder als Wahrheit

oder als Maß, ist gegeben außerhalb von unserer Aufmerksamkeit, von unserem Zugriff, von unserem Begreifen und unserer Handhabung. Einzig ist gegeben, dass wir etwas nehmen und nehmen müssen, aufnehmen mit unseren Sinnesorganen und unserem Gemüt oder Verstand, spüren oder erfassen mit unserer Aufmerksamkeit bzw. unseren Nervenzellen. Und gegeben ist somit auch, dass es je meine eigene individuelle Art und Weise des Nehmens ist, meine Muster, meine innere Selbstorganisation, meine Erfahrung, meine Prägung und Profil, mein Dasein und mein Streben und Wollen. »Das einzige Gegebene ist die Art und Weise des Nehmens.« Dies gilt für alles, was ich nehme. Für mein Leben, für das momentane Schreiben, für mein Zeiterleben, für meinen Umgang mit Wissen und mein Interesse an Maßen, an Beitrag und Zugehörigkeit.

Ich nehme das Gegebene als Gabe. Ich nehme es mit Dankbarkeit. Häufig auch mit Neugier und Offenheit, mit Interesse. Ich versuche, meine Arten und Weisen des Nehmens zu kultivieren, zu verfeinern, auf unterschiedliche Optionen hin zu erweitern. Das führt mich zu Genuss und Dankbarkeit. Ich nehme es auf meine Weise. Ich nehme meine und unsere Praxis des Business Coaching, um dieses Buch zu schreiben: Ich nehme es auf meine Weise.

Wir leben in der westlich-abendländischen Gesellschaft in einem Ausmaß an Sicherheit, politischer Freiheit und ökonomischem Wohlergehen, für das es in der Geschichte viele Bausteine und Versuche, viele Kämpfe und mutige Vorwegnahmen, aber keinerlei derart breitenwirksame Realisierung gibt wie gegenwärtig. Um so erstaunlicher ist, wie angesichts von gesellschaftlichem Reichtum und breitem Wohlstand trotzdem eine Ökonomie der Knappheit und ein Denken in Kategorien des Mangels vorherrschen. Ein Übermaß an Wahlmöglichkeiten im konsumtiven und rekreativen Bereich, ein Überfluss an Optionen der Lebensgestaltung und der Selbstentwicklung führt vielfach zu Maßlosigkeit. Zufriedenheit, Genügsamkeit und einfaches, elementares Vergnügen, Mitgefühl und Teilhabe aber brauchen Fingerspitzengefühl und einfaches Maß.

Wie feiern wir Gelungenes? Wie zelebrieren wir die Erreichung von Zielen? Wie wertschätzen wir Erfolge? Wie achten und anerkennen wir die Beiträge unterschiedlicher Mitarbeitender und von anderer Seite? Was ist uns eine Feier wert und wann feiern wir Feste?

Auszeit ist die besondere, dem »normalen« oder aus Routine bestehenden Fluss der Zeit abgewonnene freie Zeit, ausgenommen als Ausnahme von der Regelhaftigkeit alltäglicher Verrichtung und Sorge. Der Sonntag ist Auszeit vom Werktag. Sein Maß ist einfach, im Verhältnis 1 : 6. Unser »Normalmaß« heute ist das Wochenende, Samstag und Sonntag in Relation zur Arbeitswoche, im Verhältnis 2 : 5. Ab und zu gibt es noch besondere Feiertage, einen freien Montag oder einen Feiertag mitten in der Woche. Aber das ist die Ausnahme. An diesem verlässlichen Maß haben Völker und Kulturen und Religionen über tausende von Jahren gearbeitet und gefeilt. Es ist so zeitüberdauernd und kostbar wie kein anderes Maß. Deshalb halte ich den Sonntag für unverzichtbar, als zugedachte oder geschenkte Auszeit, aber mehr noch als unverzichtbares Maß. Ohne die Gabe solcher Auszeiten würde unser Leben arm.

Fußnoten zu Kapitel 1:

[3] »Der terminus technicus *Information* kann vorläufig als irgendein Unterschied, der bei einem späteren Ereignis einen Unterschied ausmacht, definiert werden.« In: Gregory Bateson, Ökologie

des Geistes, Frankfurt am Main (Suhrkamp) 1990, S. 488 – vgl. auch: »Ja, überall, wo Information – oder Vergleich – für unsere Erklärung den Ausschlag gibt, dort findet für mich ein geistiger Prozess statt. Information lässt sich definieren als ein Unterschied, der einen Unterschied macht. Ein sensorisches Endorgan ist ein Vergleichsorgan, ein Instrument, das auf Unterschiede reagiert. Natürlich ist das sensorische Endorgan materiell, aber es ist diese Empfänglichkeit für Unterschiede, aufgrund deren wir seine Funktionsweise als *geistig* abheben wollen. Ähnlich ist die Tinte auf dieser Seite materiell, aber die Tinte ist nicht mein Denken. Selbst auf der elementarsten Ebene ist die Tinte nicht das Signal oder die Nachricht. Der Unterschied zwischen Papier und Tinte ist das Signal.«, in: Gregory Bateson, Mary Catherine Bateson, Wo Engel zögern. Unterwegs zu einer Epistmologie des Heiligen, Frankfurt am Main (Suhrkamp) 1993, S. 32

[4] vgl. George Spencer-Brown, Laws of Form. Gesetze der Form, Übersetzung Thomas Wolf, Lübeck (Bohmeier Verlag), 1999. Für eine extensive Anwendung siehe die Zusammenfassung bei Dirk Baecker, Form und Formen der Kommunikation, Frankfurt am Main (Suhrkamp) 2005, S. 281 f.

[5] Zitiert bei Ernst von Glasersfeld, Radikaler Konstruktivismus. Ideen, Ergebnisse, Probleme, Frankfurt am Main (Suhrkamp stw 1326), 1996, S. 16

[6] Dirk Baecker, Coaching Complexity, Manuskript vom Vortrag auf dem 1. Berliner Coachingtag, 3. März 2006 (http://www.uni-wh.de/baecker/), S. 13: »Mehr braucht man nicht zu wissen: Sechs Variablen, konfiguriert durch sieben Konstanten, nämlich ihre jeweilige Unterscheidung, genügen, um die Komplexität der Situationen, die das Coachen veranlassen, zu beschreiben. Aber jede dieser Variablen ist eine Variable, die nur auf dem Umweg über die Bestimmung aller anderen Variablen bestimmt werden kann. Und keine der Variablen steht in einer kausal eindeutigen Beziehung zu allen anderen. Statt dessen ist ihr Verhältnis ein kommunikatives, ein Verhältnis der Abhängigkeit zwischen unabhängigen Elementen. Aber immerhin ist die Situation, auf die das Coaching reagiert, dadurch nicht nur komplex, sondern auch wiedererkennbar. Dass das eine mit dem anderen zusammen geht, erkennt man jedoch erst, seit man sich traut, postklassisch, das heißt auf der Grundlage von Unbestimmtheit und daher Bestimmbarkeit und von Unentscheidbarkeit und daher der Möglichkeit der Entscheidung zu denken.«

[7] vgl. Hans-Joachim Spreng, Business Coaching – Eine Dreiecksbeziehung, in: Christopher Rauen (Hrsg.), Handbuch Coaching, 3.,überarbeitete und erweiterte Auflage, Göttingen (Hogrefe Verlag) 2005, S. 227 – 240

[8] Definition des Deutschen Bundesverbands Coaching, www.dbvc.de

[9] Gregory Bateson, Mary Catherine Bateson, a.a.O., S. 267

Kapitel 1. Maße.

⁽¹⁰⁾ vgl. Glotz, Peter, Stefan Bertschi, Chris Locke (Hg.), Daumenkultur. Das Mobiltelefon in der Gesellschaft, Bielefeld (Transcript) 2006

⁽¹¹⁾ René-Antoine Ferchault de Réaumur (1683–1757), Anders Celsius (1701–1744), Daniel Gabriel Fahrenheit (1686–1736), William Thomson Lord Kelvin (1824–1907)

⁽¹²⁾ In Österreich wird im Restaurant oder Café in der Regel gefragt, »ob's passt hat«. Passung ist dabei sehr sinnlich definiert, auf den Geschmack der Person bezogen.

⁽¹³⁾ vgl. Manfred Sommer, Suchen und Finden. Lebensweltliche Formen, Frankfurt am Main (Suhrkamp) 2002, S. 282–394

⁽¹⁴⁾ vgl. www.eichamt.de oder Deutsche Akademie für Metrologie, www.dam-germany.de

⁽¹⁵⁾ www@virtuelles-selbstcoaching.de

⁽¹⁶⁾ vgl. Maja Storch, Benita Cantieni, Gerald Hüther, Wolfgang Tschacher, Embodiment. Die Wechselwirkung von Körper und Psyche verstehen und nutzen, Bern (Verlag Hans Huber) 2006

⁽¹⁷⁾ vgl. Richard Sennett, Respekt im Zeitalter der Ungleichheit. Berlin (Berlin Verlag) 2002

⁽¹⁸⁾ vgl. Bernd Oberhoff, Vom mitagierenden zum beobachtenden Supervisor. Zur Praxis der supervisorischen Übertragungs-Gegenübertragungsanalyse, in Bernd Oberhoff, Ullrich Beumer (Hg.), Theorie und Praxis psychoanalytischer Supervision (Schriften aus der Deutschen Gesellschaft für Supervision e.V.), Münster (Votum Verlag) 2001, S. 183 – 195

⁽¹⁹⁾ vgl. Eckart Tolle, The Power of Now. A Guide to Spiritual Enlightenment, London (Hodder and Stoughton), 2001; Helga Nowotny, Eigenzeit. Entstehung und Strukturierung eines Zeitgefühls, Frankfurt am Main (Suhrkamp, stw 1052) 1993

⁽²⁰⁾ Jacques Le Goff, Für ein anderes Mittelalter. Zeit, Arbeit und Kultur im Europa des 5.–15. Jahrhunderts, Weingarten (Drumlin Verlag) 1987, S. 31 et passim

⁽²¹⁾ Heinz von Foerster, KybernEthik (übersetzt von Birger Ollrogge), Berlin (Merve-Verlag) 1993, S. 73

⁽²²⁾ Niklas Luhmann, Die Gesellschaft der Gesellschaft, Frankfurt am Main (Suhrkamp) 1997, S. 340

⁽²³⁾ Dirk Backer, Form und Formen der Kommunikation, Frankfurt am Main (Suhrkamp) 2005, S. 144

⁽²⁴⁾ ibid., S. 145

⁽²⁵⁾ www.valuesinaction.org oder www.viasurvey.org, vgl. Martin E.P. Seligman, Authentic Happiness. Using the New Positive Psychology to Realize Your Potential for Lasting Fulfillment, New York (Free Press) 2002, in deutscher Übersetzung erschienen als Martin E. P. Seligman, Der

Glücks-Faktor. Warum Optimisten länger leben, Bergisch-Gladbach (Bastei-Lübbe), 2005

(26) »Um diese verschiedenen Systemreferenzen unterscheiden zu können, wollen wir die Beobachtung des Gesamtsystems Funktion, die Beobachtung anderer Systeme Leistung und die Beobachtung des eigenen Systems Reflexion nennen.« Niklas Luhmann, a.a.O., S. 757

(27) vgl. zu dieser Entwicklung Martin P. Seligman, Authentic Happiness, a.a.O., S. 17-29

(28) vgl. Rüdiger Hossiep, Michael Paschen und Oliver Mühlhaus, Persönlichkeitstests im Personalmanagement, Göttingen (Hogrefe-Verlag) 2000

(29) vgl. Ralf Selbach, Karl-Klaus Pullig (Hg.), Handbuch Mitarbeiterbeurteilung, Wiesbaden (Gabler) 1992

(30) ibid., S. 232

(31) I-A-S-Kommunikations-Balance-Modell((Grundlage der DIN-PAS 1972), zertifiziert von KomZert GbR, Forschungs- und Zertifizierungsinstitut, www.COM360.de

(32) vgl. Richard Bents, Reiner Blank, Der M.B.T.I.: die 16 Grundmuster unseres Verhaltens nach C.G. Jung; eine dynamische Persönlichkeitstypologie, München (Claudius) 1997; siehe auch weiter unten, **2.3. Zugehörigkeit zur Gemeinschaft**, Seite 203 ff.

(33) DISG-Persönlichkeitsprofil. Mit dem Original DISG-Testmaterial zur Selbstauswertung, Offenbach (Gabal-Verlag) 1995

(34) Carol S. Pearson, The Hero Within. Six Archetypes We Live By, San Francisco (Harper) 1994

(35) vgl. z.B. Manfred Becker, Personalentwicklung. Bildung, Förderung und Organisationsentwicklung in Theorie und Praxis, 3., überarbeitete und erweiterte Auflage, Stuttgart (Schäffer-Poeschel Verlag) 2002, S. 333ff.

(36) Rüdiger Hossiep et al., a.a.O., S. XVII

(37) ICF, March 30, 1999

(38) DBVC, Leitlinien und Empfehlungen für die Entwicklung von Coaching als Professeion. Kompendium mit den Professionsstandards des DBVC, Osnabrück 2007

(39) z.B. mit einem durchschnittlichen ROI von 570 %, vgl. Hansjörg Künzli, Wirksamkeitsforschung im Führungskräftecoaching, in: Eric D. Lippmann (Hrsg.), Coaching. Angewandte Psychologie für die Beratungspraxis,, Berlin (Springer) 2006, S. 281

(40) zitiert bei Ernst von Glasersfeld, a.a.O. 16

2.
Beitrag

2.1. EINLEITUNG Das Wort Beitrag verstehe ich wortwörtlich als eine Repräsentanz von Hand und Wort, für das, was mit der Hand herbeigetragen wird. Im übertragenen Sinn steht Beitrag für das, was an Bedeutung beigetragen wird, mit bezeichnenden oder erklärenden Worten in einer Rede oder Bildpräsentation.

Ein Hund kann apportieren, aber er tut es mit den Zähnen. Der Mensch unterscheidet sich vom Affen durch aufrechten Gang, durch Hände die bei der Fortbewegung frei bleiben, kurzes Gesicht, den Besitz beweglicher Werkzeuge, Hirnvolumen. »Die Hand setzt die Sprache frei«.[41] Zwischen Hand und Mund entwickelt sich ein ganz spezifisches und differenziertes vorderes **Relationsfeld**. Die manipulatorische Aktivität hat in der Evolution der Primaten Geste und Werkzeug noch nicht unterschieden. Erst die Hand der Anthropinen vermag in direkter Motorik das manuelle Werkzeug von der motorischen Geste abzulösen, und spätestens im Neolithikum gelingt es, in indirekter Motorik mit der Hand beispielsweise den Antrieb einer Mühle zu steuern. Der besondere Pinzettgriff zwischen Daumen und kleinem Finger ist nur uns Menschen möglich, folglich (in der Psychokinesiologie) ein Zeichen gelingender Selbst-Regulation.

Grundlegend sind die Operationen des Greifens, Drehens und der Translation[42] (vom unregelmäßigen lateinischen Verb fero – tuli – latum, tragen). Indem die Hand in direkter und indirekter Motorik greift und dreht und trägt, entwickeln sich mechanische Programme und mechanisches Gedächtnis. Es kommt zu einer vielgestaltigen Evolution der Operationen und Gesten bis hin zu einer Evolution der Operationsketten im Zeitalter der Industrialisierung. Überdies ist die Hand »Schicksalsorgan«[43], weil sie eng mit der Entwicklung der Hirnregionen verbunden ist.

Jedes Werkzeug, das in der Hand gehalten (= getragen) und bewegt und gehandhabt wird, will »begriffen« sein, erfordert einen Begriff.[44] Begriffe ihrerseits sind wiederum Beiträge: Das mit der Hand Begriffene ist Beitrag zur Entwicklung des Gehirns; der in Sprache und Gehirn geprägte Begriff trägt seinerseits wieder zum Denken, zur Kommunikation und zur Entwicklung der Kultur bei. Zwischen Begriffenem und Begriff braucht es eine Verstetigung, eine wiederholte Anerkennung und Bestätigung, damit das Begriffene verstanden und gewusst werden kann und damit der Begriff belastbar ist und der Kommunikation und Infragestellung durch andere standhält. Der Begriff muss tragfähig sein.

Kapitel 2. Beitrag.

Im Folgenden wird die Tragfähigkeit des Begriffs BEITRAG in zwei Richtungen hin entfaltet. Eine Fragerichtung geht darauf hin, wie wir unseren Beitrag als Menschen verstehen und präzisieren können, indem wir das eigene Getragensein reflektieren und die eigene Trag- und Belastbarkeit differenziert verstehen. Die andere Fragerichtung ist darauf aus, den eigenen Beitrag klarer zu definieren und damit die Passung oder Ankoppelung an soziale Gegebenheiten verändern, verfeinern, verbessern zu können.

Was kann ein Mensch beitragen? Den Augenblick, den Moment, die Gegenwart, die Anerkennung und Wertschätzung, den Respekt[45], die Liebe, den Ton, die Heiterkeit und das Lachen, die Musik, die Begeisterung: unendlich viel Leichtes, Unfassbares, Unverrechenbares. Belebendes.

Was alles ist es, das Menschen hier und dort beitragen? Nährendes, Bergendes, Schützendes. Trost, Beruhigung, Besänftigung, Aufmunterung. Hegendes und Pflegendes. Nützliches – alles mögliche, was offenkundigen Nutzen hat oder worin Nutzen erst zu entdecken ist, indem Arbeit erleichtert wird, indem Instrumente verfeinert und indem neue Verfahren und Methoden entwickelt werden und somit Wissen erweitert wird, in der Erfahrung unterschiedlichen Lebens auf dem Planeten Erde.

Was macht die Beiträge von Menschen aus? Sehr viel Verlässliches, Belastbares, Bleibendes, Dauerhaftes, Nachhaltiges, Aufbauendes, Konstruktives.

Ein besonderer Beitrag ist Generativität. »Erikson definierte Generativität als das *Interesse an der Stiftung und Erziehung der nächsten Generation*, doch das gedankliche Konzept greift tiefer und ist umfassender. Es geht dabei um die Tatsache, daß wir Wesen sind, die sich reproduzieren und fruchtbar sein wollen, die von ihren heiligen Schriften die Weisung und von ihren eigenen Genen den Drang empfangen haben, sich zu mehren und die Erde anzufüllen. Doch als Menschen tun wir das in mehr als nur physischem Sinne. Wir tun es mit unseren Fertigkeiten und unserer Fürsorge, mit unseren Händen und unserem Geist. Wir tun es als Eltern, Lehrer, Hirten, Vormunde und Führer; als Künstler und Wissenschaftler und im Vollzug von Ritualen, als verantwortliche Bürger und Menschen, die wir in unseren Geschäften und Gemeinden Dinge bewegen. Wir tun es, indem wir Früchte tragen, Samen säen, Vermächtnisse stiften und vielleicht eine etwas bessere Welt hinterlassen, wenn wir abtreten.«[46]

Wir Menschen sind selbst ein Produkt von Generativität. Unser Getragensein hat ein Woher, den Mutterbauch und die Herkunftsfamilie mit den Generationen vor uns, und ein Wohin, das Grab und eine Erinnerung bei den Nachfahren. Vielleicht mehr. Wir verstehen nicht all zu viel von dem, was uns alles vorausgetragen worden ist. Noch viel weniger verstehen wir, was uns nachgetragen werden wird, und wohin wir getragen werden nach dem Tod. Am ehesten verstehen wir etwas vom Getragensein zwischen Aufwachsen und Sterben, wenn wir in jeweiliger Gegenwart auf Tragendes und Tragfähiges

achten. Wir können neugierig und offen sein für die Richtung unseres Tragens, für das Gewicht dessen, was wir tragen, und für die Beständigkeit unseres Beitrags:
Hier Maß zu nehmen, ist ein wichtiger und vornehmer Beitrag des Coachings.
Hier Maß zu halten, ist ein berechtigter, nicht leicht einzulösender Anspruch an Führung.

2.2. GETRAGENSEIN Dass Beitrag neben der Zugehörigkeit die elementare Bestimmung von Menschen ist, liegt an ihrer anthropologischen Tragefähigkeit. Der Mensch ist das Tragetier schlechthin. Der Mensch ist Träger und Getragener. Getragen wird er nach der Zeugung in der Regel 9 Monate lang. Getragen wird er im Fruchtwasser, und fluidumhafte Elemente sind dann auch später die grundlegenden Bereiche des Getragenseins, wie Vertrauen, Intuition, Flow, Ressourcen.
Der Zeitraum der vorgeburtlichen 9 Monate ist dann auch ein primäres biologisches Maß für die Frauen, die eine Hälfte der Menschheit. Das doppelte Getragenwerden gilt jedoch für die ganze Menschheit – nach dem Leben wird der Mensch, ob Frau oder Mann, wieder weggetragen oder hinausgetragen, von andern Menschen und von anderen Elementen wie Feuer, Wasser oder Erde.
Auch Träger oder Trägerin ist ein Mensch im Doppelsinn. Trägt der Kopf den Menschen oder tragen den Menschen die Füße? Es tragen ihn die Füße – das kann man besonders gut spüren, wenn man barfuß geht. Aber es trägt auch der Kopf, denn das Gehirn weiß – ich weiß mit meinem Gehirn, mit meinem Bewusstsein, dass mich meine Füße tragen. Ich spüre, ich sehe und weiß es. In andern Kulturen sieht man noch Menschen große Lasten auf dem Kopf tragen, vor allem Frauen in

Afrika, in Indien. Zwischen dem, was Menschen auf dem Kopf tragen und wie sie ihren Körper tragen auf und mit ihren Füßen, ist all das ausgebildet und erfunden, eingeführt und ausgeführt, was Menschen mit den Händen tragen können, wozu dann auch die verschiedensten Hebel und Werkzeuge erfunden worden sind, vom einfachen Flaschenzug bis zum Hubwagen, vom Fahrstuhl bis zur Hängekanzel zur Außenreinigung der Fenster an einem Hochhaus.
Träger und Trägerin sind Menschen auch füreinander. Jemanden auf Händen tragen, wie es in Fernsehseifenopern und Filmen immer noch bei Hochzeiten geschieht, wenn der (westliche) Mann die angetraute Frau über eine Schwelle trägt. Aber auch in den Krankenhäusern, in der Pflege. Das Tragen von Kindern, bis zum Laufalter, aber auch immer wieder danach. Um Menschen besser tragen zu können, sind unübersehbar viele Tragegeräte für unterschiedliche Ansprüche erfunden und entwickelt worden. Für die Reichen gab es die Sänften, wie noch heute für die Queen oder den Papst. Für alle aber Gehhilfen von der Krücke bis zum elektrisch oder durch Muskelkraft betriebenen Rollstuhl oder Fahr- und Stützgerät, Betten mit Motor zur Veränderung der Liegestellung, Tragen für Transporte aller Art, Fahrstühle, Aufzüge usw. Tragegeräte sind in der Gegenwart so zahlreich und den Alltag bestimmend wie nie zuvor.
Ein besonderes und besonders wichtiges Tragegerät zur Mobilität ist das Automobil. Hier ist das Getragensein verknüpft mit Geschaukeltwerden und Vorankommen. Die alte Sänfte ist mit Rädern und Motor ausgestattet und soll für alle erschwinglich sein. Die Sitzhaltung ist verbunden mit hoher Geschwindigkeit. Der Mensch ist eingekapselt in einem Wagen, in einem Gefährt, in einem Geschoss. Alle die individuellen und kollektiv nutzbaren Tragegeräte der Mobilität, Auto, Zug, Flugzeug, Hub-

schrauber oder auch Schiff auf dem Wasser beweisen, dass moderne Menschen des 20. und 21. Jahrhunderts viel mehr getragen werden, als dass sie selbst tragen.

Die Kutsche war Vorläuferin des Automobils. Die Bezeichnung der Pferdestärken, PS beim Auto, erinnert noch an sie. Obschon aus der Mode gekommen, ist die Kutsche Sinnbild und Bezugsrahmen für Coaching. Ausgedrückt wird damit eine bewusste Verlangsamung im Kontext des selbstverständlichen Automobilismus. Coaching verändert sowohl das Sitzen und Stehen, Tragen und Getragenwerden einer Person als auch die Resonanz innerhalb des allernächsten (Greif-) Raumes, den jemand mit sich trägt wie ein unsichtbares Schneckengehäuse.

Zwischen Kopf und Fuß, aufrecht und mit den Händen tragen wir Einkäufe, Schreibgeräte, Papiere, Taschen und Koffer, Schmuck und Uhren, Hosentaschen und Handtaschen, Taschentücher und Schlüssel, Geschenke und Gaben, Pläne und Bilanzen, Erfolge und Misserfolge. Wir tragen eine Niederlage mit Fassung. Wir ertragen einander und ertragen den Schmerz und das Unrecht. Wir tragen schwer am Schicksal, an den Sorgen. Das Glück tragen wir leicht.

Wir sind belastbar. Wir können viel ertragen, halten vieles aus. Leistungsfähigkeit wird häufig im Kontext von Unternehmen und Organisationen mit Belastbarkeit gleichgesetzt. Jemand kann viel, konzentriert und ausdauernd arbeiten, ist bereit, überraschende Wendungen und Notwendigkeiten aufzugreifen und angemessen zu reagieren, hält viel aus. Was aber ein Mensch ertragen kann, kann etwas völlig anderes sein als wie sehr ein Mensch belastbar ist. Seelische und körperliche Aspekte der Tragfähigkeit vermischen sich, bedingen sich, beeinflussen sich wechselseitig.

Alles in allem: Wir tragen in uns das Bewusstsein des Menschseins, unsere Erfahrungen und unsere Geschichte, unsere

Gegenwart und unsere Zukunft. Wir tragen unsere Alltagsgegenstände, Geräte, Instrumente, unsere Erwartungen und Aufgaben. Wir tragen in uns, was wir sind, und auch, was wir sein können, sein werden.

Vertrauen
Trauen wir der menschlichen Tragfähigkeit im allgemeinen? Vertrauen wir unserer eigenen Tragfähigkeit im besonderen? Wie vertrauen wir der Tragfähigkeit unserer Zugehörigkeit und unseres Beitrags? Wie weit sind unsere Wahrnehmungen und Maße verlässlich?
Vertrauen baut sich innen als Selbstvertrauen und nach außen als die Fähigkeit, Vertrauen auf und in andere Menschen zu setzen, aber auch in Strukturen, Systeme, Organisationen, Institutionen, in die Gruppe, Gemeinschaft, Gesellschaft, in Gott oder eine höhere Ordnung. Vertrauen reduziert Komplexität und ermöglicht Überleben im Sinne der unausweichlichen Filterung der in Überzahl auf uns Menschen einstürmenden unterschiedlichsten inneren und äußeren Reize. Vertrauen bedeutet, dass diese Filterung sinnvoll ist, dass die notwendig reduzierende Auswahl in etwa stimmig ist, dass Wichtiges wahrgenommen und Unwichtiges übersehen oder eben nicht für wichtig genommen werden kann.[47]
Vertrauen hat als Schwester die Intuition. Denn Vertrauen geht nach dem Bauchgefühl, dem »gut feeling«, es folgt dem »Riecher«. Was nicht durch Analyse erhärtet und durch Erfahrung belegt sein kann, das wird intuitiv entschieden. »Chemie« und »Stallgeruch« spielen eine Rolle. Vertrauen intuitiv setzen heißt nicht, dass Ähnlichkeit vor Differenz gesetzt werden muss. Aber wenn Differenz, dann muss es etwas wie Brücken geben, eine Neugier an der Andersartigkeit, eine Offenheit für Überraschung, Entwicklung und andere Wege.

Bei Vertrauen und Intuition spielen Ganzheitlichkeit eine wichtige Rolle. Explizit oder, wie meistens, implizit und mehr im Hintergrund sind ganzheitliche Bezüge wie z.B. das Unternehmen als wirtschaftliche Größe über Jahrzehnte, das Profil eines Bereichs, die Tradition einer Kombination von Ingenieurskunst und Teamgeist, die Kultur des Feierns von Erfolgen und der Mitteilsamkeit auch über Persönliches und Familiengeschehen usw. Was jeweils als das »Ganze« angesehen wird, kann unglaublich unterschiedlich sein – wichtig ist, dass da eine Größe ins Spiel gebracht wird, ein Compositum (Zusammengesetztes), das nicht in allen Einzelheiten dargestellt werden kann und das die nachzeichenbaren und abrechenbaren Alltagsprozesse transzendiert.

> **Vertrauen aufbauen**
> Die Vertraulichkeit im Coaching hat Vertrauen als Voraussetzung. Meist wird erst die Vertraulichkeit als wichtiger Bestandteil des Vertrages verhandelt und danach oder darin schon wechselseitiges Vertrauen getestet. In der ersten Sitzung eines beginnenden Coaching-Prozesses erläutere ich meist noch einmal, wie ausschließlich die Vertraulichkeit zwischen Coach und Coachee ist gerade auch dann, wenn das Coaching nicht geheim gehalten wird im Unternehmen, sondern vom Sponsor beobachtet wird, und wahrscheinlich von anderen auch.
> Für die Bildung von Vertrauen ist das erste Gespräch grundlegend, in dem wir in aller Regel ein biografisches Interview durchführen, das etwa drei Stunden dauert. Ich bekomme ein Gespür dafür, wo und wie sich mein Gegenüber öffnet, etwa bei der Frage, wann und wie sie ihren Mann kennengelernt hat, oder bei der Frage nach der Gesundheit der Schwiegereltern. Es sind diese Fragen

> zur je individuellen biografischen Entwicklung, die ganz viel Einzigartiges, Besonderes enthüllen, und die Glück und Begeisterung, aber auch Narben und Schmerz offenbaren. Aber neben den Fragen ist es auch das Zögern oder Schweigen, der leise Ton oder die glatte Oberfläche, die Verblüffung. Und alles, was sich in Gesten ausdrückt, im tiefen Atemholen, in der Unruhe der Hände oder Füße oder hinter einem verschlossenen Gesicht. Wo kann ich einen Menschen berühren, im wörtlichen und übertragenen Sinn? Wenn ich die Gegenwart und die Antworten achtsam aufnehme mit aktivem Zuhören und offenen Sinnen, dann wird häufig aus diesem Interview für den / die Coachee die Erfahrung, das eigene Leben noch nie so erzählt zu haben, so dicht, so zusammenhängend, so sehr als Ganzheit. Und häufig wird mit besonderer Zufriedenheit erlebt, dass diese Erzählung gelungen ist, dass es eine Narration ist, eine gute Geschichte: Grundlage eines Vertrauens, das im Prozess des Coachings weiter entwickelt wird.

»es geht«. Es, das Es aus der Triade von Es – Ich – Über-Ich. Das Animalische, elementar Lebendige, das im Stammhirn Gespeicherte. Das Unwillkürliche und Unkontrollierbare: das geht. Es geschieht ein Prozess, da ist etwas im Gang, was sich meiner Steuerung, meinem Willen entzieht. Es »geht«: nicht auf zwei Füßen, hat aber einen klaren Fortgang, einen Fortschritt. »Es geht« heißt auch, es läuft wie von selbst, es geht ohne Zutun, es entwickelt sich, es entfaltet die ureigene Dynamik. Gunter Schmid erzählt die Geschichte von der Managerin, die an ihrer Bürotür eine Spinne bemerkt und feststellt, »es geht nicht« – trotz aller Selbstüberredung angesichts der kritischen Blicke der Sekretärinnen.

»Es geht« oder »es geht nicht« – das ist oft so überwältigend einfach und klar, unumstößlich, nicht zu diskutieren. Ohne nachzudenken wissen wir, was geht und was nicht, und was wir selbst weiter tun. Und was wo und wie geht, ist immer bezogen auf eine gehende Person auf einer Ebene, auf einem Plateau, auf einer Laufbahn, auf einem Weg. Angst führt in die Enge. Allein schon das Wort »Angst« macht eng, macht den Atem kurz und den Brustkorb flach und füllt die Lungen nur grade noch obenhin. Dann stockt es hält an. Überforderung kann blockieren. Unterforderung zehrt aus, trocknet aus. Mobbing und Abwertung oder unangemessene Kritik zerstören, gehen unter die Haut, gehen an die Nieren, aufs Gemüt und machen die betreffende Person mutlos. Angst hält an, frisst sich ein, blockiert.

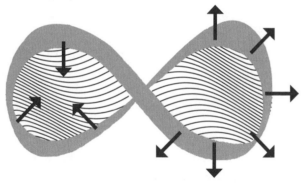

Wie auch immer wir Fließgleichgewicht im Coaching veranschaulichen und wie immer ich es (abwechselnd) bezeichne, die Möbiusschleife, das Möbiusband oder die Lemniskate[48], jedenfalls handelt es sich um eine zweidimensionale Struktur in der Topologie, die nur eine Kante und nur eine Fläche hat. Was auf der einen Seite nach innen gewendet ist, richtet sich auf der andern nach außen. So ist auch »work« und »life« in die Balance zu bringen, Privates und Öffentliches, Enge und Weite, Aktion und Reflexion.

»es geht« ist wie das englische »**Flow**«, der Fluss. Alles fließt, panta rhei, wie schon die Vorsokratiker im alten Griechenland wussten. But »you can't push the river.«

Dies erfordert von mir die Fähigkeit, mitzugehen. Ich muss mich »treiben lassen« können. Ich muss »floaten« und vor allem loslassen (let go) können. Ich bin flexibel und lasse mich von Plänen und festgesetzten Terminen und unverrückbaren Prioritäten abbringen. Wenn ich im Sinne von Flexibilität entscheide, was an bislang getroffener Vereinbarung ich in Frage stellen und was anders machen will, hilft es mir zu spüren, wie ich im Flow, im Fluss bin. Ich spüre mein eigenes Fließgleichgewicht zwischen der Festlegung in der Vergangenheit und dem augenblicklich Angemessenen, zwischen Ich und Wir, zwischen Beitrag und Zugehörigkeit. Ich finde meine Balance, das Zentrum meiner »Unruhe«.

— Wie bin ich selbst in diesem Augenblick / am heutigen Tag durchlässig für Wahrnehmungen, Ideen, Impulse?
— Wie sehr spüre ich meinen eigenen Fluss von Energie und Aktivität, wie den meiner engeren Umgebung, meines Teams, und
— Wie nehme ich die Qualität dieses Flusses wahr, seine Geschwindigkeit, seine Kraft, seine Ausdauer, seine Wellen?
— Wie sehr sind die Vereinbarungen, die schon früher für heute getroffen worden sind, ihrerseits Ausdruck von Flow?
— Wenn ich mich treiben lasse – gebe ich dann das Steuerruder aus der Hand?
— Wenn ich mich treiben lasse – wem, welchen Menschen und welchen Prozessen vertraue ich?
— Wenn ich mich treiben lasse – wie bleibe ich achtsam im Boot, wie bin ich aufmerksam und bereit? Wie

vermeide ich bei jeder kleinen Stromschnelle einen Aufschrei und wie hüte ich mich vor Langeweile und Wegdämmern? Wie kann ich das Sich-Treiben-Lassen genießen?

Ressourcen sind dem Fluss verwandt, mehr noch, sie nähren ihn. Das Lateinische resurgere = hervorquellen, auftauchen; Ressource meint also Auftauchendes oder wiederkehrenden, unerschöpflichen Quellstrom. Mit Ressourcen »bin ich flüssig«.

Ressourcen sind aber eben auch fließend, d.h. nicht feststehend, nicht ein für alle mal definiert und dann immer anzapfbar. Sie fließen wie unterirdische Wasseradern, sind deshalb häufig auch nur einer besonderen Aufmerksamkeit zugänglich, der des Geodäten vergleichbar.

Interne Ressourcen sind die wichtigsten, weil sie in der Person liegen und weil die Person durch Selbstwahrnehmung und Selbstveränderung meistens einen einfachen und schnellen Zugang zu ihnen bekommen kann. Aber auch eigene Ressourcen müssen oft erst freigelegt und erschlossen werden. Wenn sie einmal identifiziert und geortet sind, braucht es Übung wie beim Musikinstrument oder beim Sport, tägliche zumeist, zu ihrer Nutzung. Ressourcen sind empfänglich für Übung, Wiederholung, Training und Geschmeidigkeit der jeweils zuständigen Nervenbahnen, Muskeln, Glieder, Sinne (die ihrerseits wieder Ressourcen sind).

Unsere wichtigsten und zugleich knappen Ressourcen sind Aufmerksamkeit und Achtsamkeit (attention & mindfulness). Sie sind knapp, weil wir sie nur einmal vergeben, zu einem bestimmten Zeitpunkt nur einmal einsetzen können. Aber sie sind auch im Überfluss vorhanden: Schon von den millionenfach auf uns einstürzenden Selbststeuerungsinformationen unseres Körpers und unserer Sinne und der zahllosen Umweltinformationen wählt unser Gehirn eine unvorstellbar drastisch verminderte Zahl aus und lässt sie in unser Bewusstsein dringen und macht sie unserem Gefühl zugänglich. Selbstwahrnehmung ist das Resultat dieser vielfältig gelagerten, gespeicherten und verknüpften Prozesse von Aufmerksamkeit und Achtsamkeit, von »Eindruck«.

Damit Selbstwahrnehmung dann eine Ressource wird, kann sie in sich wiederum vielfältig differenziert wahrgenommen werden. Feldenkrais[49] und andere Körpertechniken führen zu einer kultivierten Körper-Selbstwahrnehmung. Sport, Schwimmen, Joggen, Tennis, Wandern, Reiten, Radfahren usw. führen bei rechter Übung und im rechten Maß zu Wohlbefinden, Ausgeglichenheit, Belastbarkeit, Spannkraft, Lebensfreude. Selbstwahrnehmung betrifft auch die Körperpflege und die Pflege der Sinne. Wie ist die Nase geübt im Riechen und wie rieche ich (mich) selbst? Wie höre ich mich selbst, meine eigene Stimme, meine Stimmung(en)? Wie sehe ich mich selbst an, im Spiegel, mit welcher Aufmerksamkeit, mit welcher Anerkennung oder Wertschätzung, mit welcher Zuneigung? Wie spüre ich meine Haltung und meine Bewegung, meine Beweglichkeit? Wie pflegt ein übermäßig viele Stunden am Tag sitzend zubringender Manager seine Wirbelsäule, so dass es zu keinem »Vorfall« der Bandscheiben kommt? Wie pflege ich meine Zähne, diese wichtigen Tastwerkzeuge, meine Beißfestigkeit, und meinen Mund als Sprech- und Kommunikationsorgan par excellence? Wie meine Augen, wie schone ich sie, wie unterstütze ich sie mit Ästhetik und Farben und Formen? Welche Musik tut meinen Ohren wohl? Welche Musik lässt mich und meine Ohren Neues hören? Das »Qualifizierungsprogramm« für Selbstwahrnehmung ist Reflexion. Innehalten und sich spüren, vergleichen, nachdenken, speichern, auf Zetteln oder im Tagebuch, mit Fotos und Notizen oder Stichworten. Reflexion, oder Meditation, Zeiten des Schweigens, des In-sich-Gehens, des Gebets, der Stille.

Externe Ressourcen sind zuallererst die Ressourcen in Greifnähe. Waschlappen und Handtuch, Bett und Kissen, Stuhl und Tisch, Glas, Tasse, Messer und Gabel, Schrank und Speicher. Der Raum, in dem ich mich jetzt bewege, in dem ich sitze oder stehe oder liege. Wie nutze ich den Boden, wie mache ich mir seine Beschaffenheit zunutze, wie lasse ich mich unterstützen von den alltäglichen Gegenständen meiner allernächsten Umgebung?

Externe Ressourcen sind dann die Lebensmittel. Alle Arten von Genussmitteln. Heilmittel, natürliche, chemisch hergestellte, homöopathische, allopathische usw. Gehhilfen, Prothesen, Verbände, Korsagen. Die Arbeitsmittel, Stift, Papier, Notizblock, Computer, Stick, Steckdose, Telefon, Mobiltelefon, Fax, Beamer, Pläne, Budgets, Sitzungen, Teams, Strukturen usw. Fortbewegungsmittel wie Auto, Fahrrad, Zug, Flugzeug – Mittel zur Raumdurchquerung, zur Beschleunigung. Informationsmedien, Zeitung und Presse, Buch, Fax, Fernsehen, Internet; Speichermedien für Filme und Präsentationen und Events.

Alles, was mir als Mittel zum Zweck der Selbsterhaltung, zur Präzisierung meines Beitrags und zur Ausgestaltung meiner Zugehörigkeit dienen kann, sind Ressourcen. Und indem ich interne und externe Ressourcen mische, finde ich Zugang zu Prozessen und Beziehungen, Vernetzungen und Strukturen, zu Namen, Worten, Begriffen, Sprachen, Theorien, Weltanschauung. »Trust the process«. **Prozess** bindet Vertrauen, Flow und Ressourcen zusammen.

Unter einem Prozess (Lat. procedere = voranschreiten) versteht man eine definierte und wahrscheinliche Aufeinanderfolge von Zuständen eines Systems in Abhängigkeit von den Vorbedingungen und den äußeren Einflüssen. Der Ablauf eines Prozesses kann vorgegeben oder übernommen sein, meist aber auch eigenständig gestaltet werden.

Man unterscheidet deterministische und stochastische Prozesse. Deterministische sind solche, bei denen jeder Zustand aus dem ihm vorhergehenden hervorgeht. Hoch komplexe, aber gleichwohl triviale Rechner sind ein gutes Beispiel. Stochastische (griech. stochazein = Bogen schießen: man zielt auf das Ziel, weiß aber nicht, ob man trifft) Prozesse sind alle die, bei denen die Zustände eines Systems nur mit einer gewissen Wahrscheinlichkeit aus den ihnen vorangegangenen Zuständen folgen. Alle menschlichen und zwischenmenschlichen Prozesses sind nicht trivial, sind kontingent, nicht deterministisch. Wir gehen im Coaching von folgendem Verständnis aus:

— Wir verstehen Prozesse als emergent, spontan und unbewußt geschehende sowie als bewusst gestaltbare Abläufe und Verlaufsformen von Ereignis und Erleben, von Denken und Handeln.

— Unbewusste Prozesse können mit verschiedenen Methoden, durch externe Beobachtung, Reflexion, Feedback bewusst gemacht werden.

— Bewusste Prozesse sind planbar, beeinflussbar, steuerbar, können mit Zielrichtungen / Erwartungen / Kriterien präzisiert werden. Aber auch sie verlaufen einmalig und irreversibel. Insofern sind sie nicht trivial, nicht vorhersagbar, ergebnisoffen.

— Prozesse sind kreativ, überraschend, spontan, unvorhergesehen, innovativ, genial, stimulierend, erkenntnisfördernd, kontingent ...

— Prozesse sind zu unterscheiden von einem Projekt, welches einmalig ist, ein spezifisches Ziel und besondere zeitliche, finanzielle, personelle und andere Bedingungen sowie eine projektspezifische Organisation hat und von anderen Vorhaben abgegrenzt ist. Auch Routine unterscheidet sich

vom Prozess durch die Wiederholung, Gleichförmigkeit und Standardisierung.
Eine Maschine dagegen ist trivial: wenn etwas synthetisch determiniert, vergangenheitsunabhängig, analytisch bestimmbar und voraussagbar ist.[50] Trivial sind auch wiederholbare Rechenoperationen. Ob ich heute 2 + 2 = 4 zusammenzähle oder morgen oder in vier Jahren, das Ergebnis bleibt mit 4 das Gleiche, die Rechenoperation ist ein trivialer Prozess. Aber wie ich heute meine Liebste oder meine Geschäftskollegen begrüße, wie ich es morgen tun werde und wie (und ob) in vier Jahren, das kann ich nicht wissen. Ein Prozess kann geplant werden, aber Planung und Durchführung differieren kategorial und grundlegend. Nur im Verlauf kann ein Prozess von einem oder mehreren unterschiedlichen Beobachtern wahrgenommen werden. Und nur im Nachhinein kann, von einem oder von mehreren Beobachtern zusammengetragen, ein Prozess beschrieben, rekursiv ausgehandelt werden. Nur Menschen können Muster beobachten.

Struktur[51]

Beobachtete Muster führen uns zu Struktur.
Neben dem Fluiden, Beweglichen und Vergänglichen, was uns trägt, trägt uns auch das Feste, das Bleibende, das belastbare Harte. Zuerst die Erde, hart oder weich. Erdboden, Holz, Steine und Zement, Beton, Metall, Marmor. Auch das Schiff, das im Wasser trägt, ist aus Erdmaterial, aus Holz oder aus Metall oder aus Kunstharz.
Struktur ist das »Errichtete«, das Geronnene, Festgewordene. So wie die vom Vulkan ausgespieene Lava zu festem Stein sich wandelt. Struktur ist der Boden auf dem ich mich bewege: Struktur hat auch ein Prozess, oder auch das Wasser hat Struktur – aber Struktur ist dann ein abgeleitetes Maß, das vom Festen her gewonnen ist, vom Atom, vom Molekül – je

kleiner wir denken und je mehr wir im Mikrobereich forschen, so geht doch diese grundsätzliche Unterscheidung vom Festen und Flüssigen mit uns, seit der Beschreibung aus dem Schöpfungsbericht der Bibel, wo Gott das Wasser und die Feste scheidet am zweiten Schöpfungstag.

Bei dem Fluiden alleine halten wir es nicht aus. Wir suchen nach dem Festen. Die Insekten haben den äußeren Halt in Panzer oder Schale, wir Wirbeltiere gewinnen Haltung mit unserem inneren Skelett, das aufrechten Gang und Grenzen überschreitende Reichweite ermöglicht. Was strukturiert uns?

Struktur ist das Paar, die Familie, Gemeinschaft, die Gruppe, die Generationenfolge oder -gemeinschaft. Struktur sind die »Schlange stehenden« Personen, die Gruppe, die Horde, die Klasse in der Schule, die Seilschaft, der Klüngel, der Verein, die Verbindung, der Jahrgang, die Generation. Struktur sind die Schicht und die Klasse, das Milieu – der bevorzugte Untersuchungsgegenstand der Soziologie. Struktur ist das Konstruktionsprinzip einer Organisation; das regelmäßig Gebaute im Gegensatz zum zufällig Gewachsenen, »Organischen«. Struktur meint den Rohbau oder das Skelett, Organisation meint das Atmende, Lebendige. Struktur ist Hängen, Streben, Stützen und die Verbindung zwischen ihnen. Im Hängen und Stützen kommen Tragen und Getragenwerden zusammen. Das Getragene hängt am Tragenden. Das Getragene stützt das Tragende, das sonst nur Stehendes oder Liegendes wäre. Es stellt Verbindung her, es hält und behauptet Spannung zwischen mindestens zwei Elementen oder Polen. Struktur beruht auf Abhängigkeit, auf beobachtbarer und kommunizierbarer, verlässlicher Bezogenheit. Struktur ist das Ergebnis der Konstruktion (oder Dekonstruktion), also im Denken Gebautes. Als Konstruktion sehen wir den Bauplan oder den Prozess des Bauens, als Struktur nehmen wir das fertige Haus.

Unsere Körperstruktur ist für jedes Individuum immer wieder neu ein individuelles, persönliches Bild[52] in der Art der Aufmerksamkeit und geübten, gepflegten oder überraschend wahrgenommenen Achtsamkeit. Und ist zugleich Rekonstruktion aus geschichtlich und sozial vorgefundenem Wissen. Die Körperstruktur ist eingefügt in einen Organismus aus Knochen und Muskeln und Röhren oder Schläuchen. Lange Zeit war der Körper ein Gefäß für humores, für Säfte[53], war eher fluider Prozess als etwas Festes. Ein Gebilde aus Erde und dem Speichel des Schöpfergottes. Oder, als Frau, aus der Rippe Adams genommen.

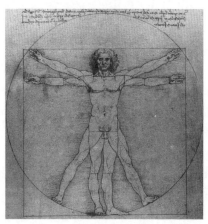

Lange bevor die Vorstellung und der Begriff von »Körperstruktur« üblich werden, ist der Körper Maß und Instrument zur Maßnahme. Und ist ein unerschöpflicher Metapherngeber. So dient Struktur auch immer der Vermessung, der Stratifikation. Im Körper sind grundlegend die drei Ebenen: Füße, Becken und Kiefer. In der Art und Weise, wie im Knochenbau Füße, Becken und Kiefer ablesbar und aufeinander bezogen sind, gibt es im menschlichen Körper »Ebene« als Kategorie und als Maß. Ebene ist nicht nur die flache, sondern auch die geschichtete Fläche, die Fläche, die sich in Schichten wiederholt oder variiert und so aufeinander aufbaut und ihre

Flächigkeit mit der Vertikalität verbindet, Konstruktion also zwei- und dreidimensional ermöglicht, in Vertikalität und Horizontalität.

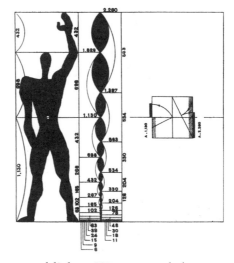

Die Vermessung des menschlichen Körpers und der menschlichen Körperstruktur ist in der Gegenwart so vielfältig und differenziert wie nie zuvor, denn alle kulturellen und geschichtlichen Maßstäbe koexistieren und konkurrieren miteinander, westliche und traditionelle chinesische Medizin ebenso wie asiatischer oder Inuit- oder Tuwa-Shamanismus und afrikanische und südamerikanische indigene Praktiken. Die westliche medizinische Forschung und Wissenschaft und die entsprechenden Apparaturen und Diagnoseinstrumente haben Maße und Maßstäbe geschaffen, die häufig nur von hoch qualifizierten Spezialisten angewandt, gelesen, interpretiert und genutzt werden können. Viele dieser Vermessungen erweisen sich als vermessen im doppelten Wortsinn – sie sind trotz technischer Präzision einem menschlichen Individuum und seiner Heilungsbedürftigkeit unangemessen und sie sind Vortäuschung der Herstellbarkeit von Perfektion.

Einen allen Menschen gemeinsames Maß ist verloren gegangen – wenn es denn je vorhanden war. Es gibt heute so viele Maße und Maßnahmen, dass eine »Eichung« für eine bestimmte Gruppe, Gesellschaft, erst recht für eine Kultur oder eine Religion, unmöglich erscheint, zumal wenn es um Maße der Zuträglichkeit, der Gesundheit, der Ethik geht.

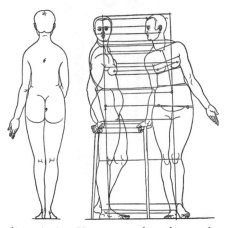

Die Ebenen, die wir im Körper wahrnehmen können, dienen als Konstruktions- und Strukturprinzipien auch für Person, Familie, Gruppe, Gesellschaft, Weltganzes. Fundament (Füße), Mittelbau oder mittlere Ebene (Becken) und Spitze oder obere Entscheidungsebene (Kopf, Gehirn) bilden die Triade, die zugleich ein Oben & Unten bestimmt und vermisst. Vermessung und Differenzierung geschieht sofort auch implizit zwischen diesen Ebenen. Oben ist, was von unten getragen wird.
Auch in der hierarchischen Ordnung sind die **Ebenen** sind eingebunden in das Oben und Unten. Welche Ebene an welche andere berichtet, welcher sie unterstellt ist, ist entschieden. In der Matrixorganisation gibt es die »dotted lines«, die gepunkteten Linien der Unterstellung. In der Regel ist die »durchgezeichnete« Linie die der direkten Weisung und Dienstaufsicht, die gepunktete die der inhaltlichen Orientierung und der Fachaufsicht. Das englische »level«, Ebene, steht im Unter-

nehmenskontext mehr für die Art von Standort, den eine Person erworben hat oder für sich selbst bestimmt und ausfüllt. Level bezeichnet im Oben und Unten häufig die Kompetenz, die Qualifikation, das Weiterbildungsniveau oder auch die erreichten Erfolge bezüglich durchgeführter Projekte oder gesetzter (und möglichst übertroffener) Ziele. »Level« als einmal erreichte Ebene wird zwar definiert als Position, möglichst mit Anforderungsprofil und Aufgaben- oder Tätigkeitsbeschreibung, wird dann aber ausgefüllt nach eigenem Gutdünken – oder besser in scharfer Beobachtung der in der Organisation und im Unternehmen geltenden Werte und gewünschten Verhaltensweisen. Um den eigenen Standort zu »ver-stehen« und auszuweiten, sind deshalb auch Mitarbeitsgespräche, Reviews, 360-Grad-Feedback und andere Einschätzungen wichtig und hilfreich. Der Radius um diesen Standort ist die Fläche für das Vorwärtskommen in der je eigenen Karriere, oder zeigt auf die Stufen, die zu nehmen, oder die Sprünge, die zu machen sind. Die eine Ebene bestimmt auch die Regeldauer vor einem Aufrücken auf die nächsthöhere Ebene, z.B. Consultant 3 Jahre, dann Director 3–4 Jahre, dann Managing Director, usw. weiter nach oben. Je mehr nach oben, desto enger werden die Karrierepfade, desto größer ist die »Gefahr«, auf einer Ebene zu verbleiben.
Hierarchie ist die Stratifizierung menschlicher Gruppen und Organisationen in der Skalierung von oben und unten. Auch hier dient der menschliche Körper wieder als Vorbild und Maßstab. Der Kopf oder das Gehirn sitzt oben, hier kommen Sprechfunktion, Gehör, Überblick und Augenkontakt, kommen alle Sinneseindrücke zusammen. Das soll wohl auch so sein bei einem Headquarter, wenn eine Konzernzentrale in hohen Gebäuden oder Türmen meistens auch ganz oben angesiedelt wird. Die Spitze der Pyramide und der Organisation ist

der obere spitze Winkel, nicht etwa ein Winkel an der Tangente / Basislinie. Die oben an der Spitze haben den Überblick. Sie konzentrieren den Ausblick auf Markt, Konkurrenz, Börse, Nachschub an Forschung, Produktion und Vertriebsmöglichkeiten und entscheiden entsprechend. Die Zwischenebene ist breiter als die Spitze oder der Kopf. Die Füße sind zwar heute meistens so, wie sie stehen, schmaler als die Hüfte, der Mittelbau, werden weniger geachtet, aber sie greifen weiter aus in der Bewegung und sind dann die horizontal breiteste Ebene. Vorne ist, wo die Augen des Kopfes hinschauen, da liegt die Zukunft und sind die Ziele. Hinten ist, was im Rücken liegt, die Geschichte, aber Erfahrung, Gewissheit, früherer Erfolg, alles was den Rücken stärkt. Zur Rechten die rechte Hand, ausführende Organe und zuarbeitende Referate und Projekte. Zur Linken die Ideen und Fragen und Möglichkeiten und Herausforderungen. So eröffnet uns die Metapher des menschlichen Körpers ein Verständnis von Hierarchie.

Hierarchie schafft Ordnung, Verlässlichkeit, Klarheit. Hierarchie entscheidet in elementarer Weise und immer wieder aktuell über das, was vorne und hinten oder bei Seite liegt, wo es lang geht, was oben auf liegt und dringlich zu bearbeiten oder zu tun ist und was drunter liegt, keine Priorität hat. Hierarchie schafft Struktur.

»Eine Hierarchie restringiert die Kommunikation unter den Mitgliedern einer Organisation unter dem Gesichtspunkt, dass Kommunikation mit Gleichgestellten freigestellt wird, aber folgenlos bleibt, und Kommunikation mit Vorgesetzten und Nachgeordneten unter scharfe Einschränkungen gesetzt wird, die sicherstellt, dass sie im Vergleich eher selten vorkommt, dafür aber hoch folgenreich ist.«[54] So besteht die Funktion der Hierarchie eben nicht darin, »*Herrschaft* zu sichern, sondern darin, die Kommunikation der Entscheidungen der Organisation laufend auf die beiden Probleme der Ausdifferenzierung (und Wiedereinbettung) und der internen Konditionierung (Erreichbarkeit und Konfliktlösung) zu beziehen. In dieser Funktion kann es zu einer Hierarchisierung von Innen und Außen kommen, ohne dass man deswegen auf die Idee kommen müsste, dass die Umwelt über die Organisation oder die Organisation über die Umwelt *herrschen*.«[55]

Hierarchie mit der Etablierung von Ebenen und der Zuschreibung von Entscheidungen konstituiert **Macht** und strukturiert sie. Macht hat, wer andere machen macht. Und wer etwas macht auf Anordnung anderer, über ihm oder über ihr Stehender, hat einen Grund für das was er / sie tut, hat eine Entschuldigung, eine Verweismöglichkeit. Die Dialektik von Herr und Knecht bindet beide aneinander, beide sind unfrei in dieser Beziehung. Macht ist deshalb immer begrenzt, legitimiert und limitiert durch Funktion, Funktionsweise und Regeln der jeweiligen Organisation als wirtschaftliches, technisches, hierarchisches, gruppenbezogenes, politisches, soziales usw. Machtgefüge. Macht ist eine Erklärung der Interaktionslogik. »Macht entsteht aus einem von den beteiligten Akteuren vermuteten Unterschied von Optionen und den aus diesen Vermutungen abgeleiteten Handlungsentscheidungen.«[56] Führungsmacht erweist sich vor allem als Definitionsmacht (Vermessung und Wahrung der Grenzen, containment), als Gestaltungsmacht (Vermessen von Strukturen und Prozessen, von Räumen und Positionen, Ebenen und Systemen) und als Nominierungsmacht (Vermessung der Zugehörigkeit und Tragfähigkeit – das Tragen von Rollen und Titeln).

Träger und Trägerin eines Namens

Beitrag und Getragensein fallen im Namen eines Menschen zusammen. Im Namen gehen Herkunft, Mission, erworbene

Qualifikation und Erfahrung und Kompetenzen, Berufs- und Lebensbiografie eine Verschmelzung ein. Und diese Verschmelzung qualifiziert sozusagen rückwirkend den in der Regel in frühester Kindheit erworbenen Namen. Eltern respektive Erwachsene benennen ein Kind. Sie unterscheiden das Neugeborene und schenken ihm mit dem Namen eine Benanntheit. Mit der Nennbarkeit merkt das kleine Kind mehr und mehr, dass es gemeint ist. Es erfährt sich als Individuum, unterschieden von den anderen. Mit dem Namen kann es auf sich zeigen oder von sich weisen. Es bringt seine Erlebnisse und seine Geschichte mit dem eigenen Namen in Verbindung.

So bin auch ich mit meinem Namen Konrad Elsässer identifizierbar durch Geburtsdatum und durch das, was ich getan habe. Mein Name qualifiziert aber auch auf Zukunft hin meine Arbeit als Coach, z.B. in einem neu beginnenden Arbeitsprozess, oder als Autor eines an die Öffentlichkeit tretenden Buches, das Erfahrungen zusammenträgt und Erwartungen weckt. Aber viel mehr noch als über solche traditionelle Veröffentlichung macht sich eine Vielzahl von Menschen heute über das Internet zur öffentlichen Person. Mit dem Tragen eines Namens verbindet sich dann der Besitz bzw. das Behaupten einer »domain«, eines virtuellen Territoriums.

Als Träger und Trägerin eines Namens haben wir in aller Regel einen oder mehrere Vornamen – entweder aus einem Reservoir von Familienmitgliedern in direkter oder indirekter Linie, aus vorigen Generationen, aus der weiteren Verwandtschaft oder nahen Freundschaft, oder aus einer Liste von Namen, die kulturell geprägt sind und bedeutsam werden sollen in diesem konkreten Träger, in dieser an einem bestimmten Ort zu einem bestimmten Datum geborenen Trägerin eines besonderen Namens. Im Namen kommt häufig schon Getragensein und Tragelast zusammen – etwa wenn die drittgeborene Tochter den Namen der mit 6 Monaten verstorbenen ältesten Schwester »aufgetragen« bekommt, oder indem ein Mädchen den Namen Dorothea (»Gottesgeschenk«) erhält bei ihrer Adoption in einer neuen Familie. Aber freilich auch, wenn der zweite Vorname Paul der Name des verstorbenen oder im Krieg gefallenen Onkels ist. Namensgebung geschieht in Erwartung von Zukunft und greift deshalb häufig in die Vergangenheit und Geschichte, oder sie greift zu gegenwärtigen Menschen in Reichweite oder in Alternativen zum einen oder andern. Der Name ist eine Gabe, die so oder so genommen werden kann.

Auch der ausgefallene und einmalige Vorname ist eine überindividuelle Gabe[57], weil Träger oder Trägerin des Namens eingebettet werden in eine soziale Gruppe, in eine Gegend, in eine Sprache, Religion und Kultur, und in einen generationsübergreifenden Zusammenhang. Dieser Zusammenhang kann groß oder klein sein; er ist von der Dynamik der Familie oder Gruppe geprägt ebenso wie von der sozialen Schichtzugehörigkeit oder von der Landschaft, dem Dialekt, der Tätigkeit von Familienangehörigen, ihren Berufen, ihren Kompetenzprofilen.

Die Namensgebung kann zivilstandsrechtliche Namensgebung sein oder für sich allein bleiben. Kommt eine Taufe dazu, kann die schon vollzogene Namensgebung entweder bekräftigt oder aber auch spezifiziert, korrigiert, abgewandelt oder erweitert werden. Mit Namensgebung und / oder Taufe wird eine Erwartung, ein Auftrag an das Baby als Träger oder Trägerin eines Namens ausgedrückt. Häufig ist dieser Auftrag unklar, im Nebel, unausgesprochen. Dann braucht es ein halbes oder ganzes Leben, um ihn zu finden und zu akzeptieren. Aber auch wenn ein Auftrag sehr eindeutig ist, braucht es das Leben des Trägers oder der Trägerin dieses Namens, um ihn zu hören oder umzusetzen, zu bestätigen oder abzulehnen. Als Träger und Trägerin eines Namens wird eine Person Träger oder Trägerin von Kompetenzen und von Erfahrungen, von einer einmaligen und unverwechselbaren Geschichte. Inwiefern er / sie auch Träger oder Trägerin einer Zukunft und Hoffnung wird, das liegt an ihm / ihr selbst, an der Art und Weise ihres Selbstverständnisses, ihrer Haltung, ihres Tuns und Lassens – und der Zuschreibungen anderer.

Wohlhabende und reich begüterte Menschen können eine Stiftung gründen mit ihrem Namen, oder ein Name kann übernommen werden für einen Raum, ein Gebäude, eine Straße (bei Lokalpolitikern in Kleinstädten beliebt). WissenschaftlerInnen stehen mit ihren Namen für ihr Fach und ihren Fachbeitrag oder ihre Erfindung in Forschung und Lehre. Autorinnen und Autoren sind unter ihrem Namen einem bestimmten Publikum vertraut, ebenso Künstlerinnen, Architekten, Dirigenten, Musikerinnen, Malerinnen und Skulptoren, Landschaftsgärtner, Politikerinnen, Minister, Regierende, Direktorinnen, Geschäftsführer, CEOs usw.

In einem ganz banalen und alltäglichen Sinn tragen wir Namen und Identität im Personalausweis, im Pass, auf dem Führerschein. Wir tragen ihn auch auf den Karten, deren Träger (card holder) wir sind: Bahn Card, eine oder mehrere Kreditkarten, Karten mit besonderem Zugang zu Gebäuden oder Vereinigungen, Karten für Bonuspunkte, für Mitgliedschaften usw. Bei bestimmten Veranstaltungen tragen die Anwesenden ihren Namen auf einem Ansteckschild auf der Brust – man lernt sich leichter kennen und kann sich mit Namen ansprechen. Man trägt Visitenkarten mit sich und tauscht sie aus. Aber nicht mit jedermann – ein Vorstandsvorsitzender hat hinter sich eine Referentin stehen, der er die ihm überreichte Karte weiterreicht. Er hat, um Visitenkarten zu tragen, eine besondere Trägerin dafür.

Titel ist im Vergleich zum Namen

CEO, Chief Executive Officer, Director, MD, Managing Director, President, VP, Vice President, Geschäftsführer, Vorstand, Vorstandsvorsitzender, Vorsitzender des Aufsichtsrats sind die wichtigen Titel in Unternehmen. Häufig sind sie kombiniert mit akademischen Titeln, Dr. oder Prof. Zur Distinktion kann aber auch gerade beitragen, dass eine Chefin oder hohe Führungskraft ohne Titel daherkommt und sich anders beträgt.[58]

Im Unterschied zum Namen wird ein Titel verliehen. Alte Vorstellungen von Machtübertragung spielen im Hintergrund mit, die eines vom König oder Herrscher übertragenen Lehens, die der Berufung, des Auserkorenseins, der Stellvertretung, der Beauftragung im höheren Sinn. Adelstitel, wie sie im Mittelalter und in der Neuzeit noch gang und gäbe waren, konnten in Deutschland bis 1918 verliehen werden und wurden ab 1920 als Teil des Familiennamens übernommen. Bevor heute ein Titel verliehen oder zugesprochen wird, muss sich ein Kandidat oder eine Kandidatin[59] würdig erweisen. Dem dient die Anerkennung von Leistungen, Auszeichnungen, Exzellenz- oder Elitezuschreibungen, Awards, Championships, Medaillen, Trophäen usw.

Als Träger oder Trägerin eines Namens oder eines Titels nach dem Ableben in Erinnerung zu bleiben, weiterhin genannt zu werden, anerkannt zu sein, vielleicht sogar bewundert, dies ist offenes oder geheimes Ziel vieler Beiträge. So entwickelt das Tragen eines Namens in sich und aus sich selbst heraus eine Dynamik, die spätere Wirkung auf anderen Ebenen zeitigen kann und das Leben des Trägers oder der Trägerin transzendiert.

2.3. BEITRAG ZUR GEMEINSCHAFT

2.3.1. Den Beitrag messen Den Beitrag eines Menschen zu messen heißt, ein Maß zu finden für das, was ein Mensch tut, was er bewirkt und wie. Ein jedes Maß ist aber eingewickelt in unternehmens- oder branchenspezifische, historische, soziale und politische Prozesse.

Arbeitet ein Mensch gegen Lohn oder Honorar, so sind diese zumindest ein, in aller Regel fundamentales, Maß zur Bemessung des Beitrags dieses Menschen. Angemessen entlohnt zu werden ist für die Integration von Menschen in eine Gesellschaft neben dem flüssigen Gebrauch der Sprache und einem gewissen Heimatgefühl elementare Voraussetzung.

Wird Arbeit noch nicht, nicht mehr oder überhaupt nicht entlohnt, so ist das Anlegen von Maßstäben für Selbsteinschätzung und Fremdeinschätzung wesentlich schwieriger. Ehrenamtliche Arbeit bringt in der Regel eine Anerkennung durch soziale Kontakte, durch Feedback zu spezifischen Tätigkeiten, durch vielfältige Formen der Anerkennung des Charakters der Freiwilligkeit oder des sozial anerkannten Einsatzes bzw. Engagements. Schülerinnen und Schüler erwerben sich neben dem Anerkennungssystem Schule durch kleine Jobs oder Arbeit in den Ferien erste Rückmeldungen zu Leistungsfähigkeit und Eignung. Bei Frauen und Männern in Rente oder in Pension spielt die entlohnte Arbeitstätigkeit und Zugehörigkeit zu einer Organisation für den Rechtsanspruch sowie für die tatsächliche Versorgung eine bedeutende Rolle. Auch wenn die Identifikation mit einem Arbeitgeber mit der Zeit abnimmt, gibt es doch Firmen, die in besonderer Weise die Beziehung zu ihren früheren Mitarbeitenden pflegen und damit (explizit oder implizit) etwas von ihrer Werteorientierung, ihren Führungsgrundsätzen oder einfach auch ihrer Marketing-Strategie vermitteln: frühere Mitarbeitende sind eine »leichte« und zugleich gewichtige Empfehlung für eine Firma oder ein Produkt.

Arbeitslosigkeit, Arbeitsunfähigkeit definieren die Maßstäblichkeit des Beitrags einer Person erst einmal negativ. Wenn Arbeit das Maß ist, ist man ohne Arbeit maßlos. Arbeitslos = maßlos? Erfahrungen mit Arbeitslosigkeit oder in Zeiten eigener Arbeitsunfähigkeit und Untersuchungen von Menschen in Arbeitslosigkeit zeigen, in welch zentraler Weise die Zugehörigkeit der Betroffenen zur Gesellschaft erschüttert wird und wie sehr das Selbstwertgefühl leidet. Die Form eines Beitrags muss sozusagen außerhalb der Sphäre der bürgerlichen / gesellschaftlichen Anerkennung geschehen, häufig mit Rückgriff auf solche, häufig aber auch am Rande oder außerhalb der Legalität, in subkulturellen oder sogar kriminellen Anerkennungsformen.

Menschen, die wegen einer Behinderung vom normalen Arbeitsmarkt ausgeschlossen sind, finden häufig in den auf sie zugeschnittenen Einrichtungen einerseits eine besondere Zugehörigkeit, andererseits eine Kultur der Anerkennung und Wertschätzung unterschiedlichster Tätigkeiten und Beiträge, die eine neue Wahrnehmung elementarer und kreativer Arbeit vermitteln. Trotzdem sind sie häufig gesellschaftlich marginalisiert.

Auch Schul- und Ausbildungszeiträume liegen außerhalb der

Maßstäblichkeit von Arbeit, allerdings dienen sie perspektivisch und proaktiv als direkte Einübung und Verinnerlichung der Maße, Maßstäbe, Vermessungen und Stratifikation der gesellschaftlichen Arbeitsorganisation. Schulnoten als Maßstab für Leistung prägen die heranwachsenden Kinder und Jugendlichen über acht oder zwölf Jahre oder länger, in gewisser Weise lebenslang. Wenn Bildung die umfassende und lebenslange Ausbildung menschlicher Fähigkeiten zu selbstverantworteter Lebensgestaltung und -entfaltung ist, dann ist Ausbildung doch in genereller oder spezifischer Weise auf das Ausüben eines Berufs oder einer oder mehrerer spezifischer Tätigkeiten hin ausgerichtet.

Maßstäbe und Normen zum Messen des Beitrags von Frauen und Männern zur Gemeinschaft haben sich im Kontext der Entwicklung der modernen Gesellschaft[60] vor allem herausgebildet in den Feldern

— Beruf und Profession
— Führung
— Bereichsverantwortung und Management
— Wertbeitrag
— Vision und Mission / Auftrag
— Dynamik und Energie

2.3.2. Beruf Jeder Beruf bestimmt die ihn ausübende Person in zwei grundlegenden Hinsichten: Einerseits hinsichtlich einer Berufung oder eines Rufs (calling), also in Richtung auf ein »Sich-herausgefordert-wissen« von oder durch etwas. Andererseits durch die Konkretion und Spezifizierung der jeweiligen Berufsbezeichnung und des dazugehörigen Arbeitsbereichs oder Tätigkeitsfeldes. Letzteres vermitteln vor allem Personalberatungsfirmen (head hunting) auf dem Arbeitsmarkt für Führungskräfte der Wirtschaft. Teilweise werden Stellen aber auch noch in Zeitungen wie Frankfurter Allgemeine Zeitung, Handelsblatt, ZEIT veröffentlicht.

Fragen zum Beruf
— Wie wird der Beruf vorbereitet, was sind Voraussetzungen dafür – welche Ausbildung(en) und oder welche praktischen Erfahrungen, welche Ausübung anderer Tätigkeiten oder Berufe?
Wie messe ich Berufsvorbereitung im Verhältnis zum Beruf selbst? Was zähle ich zum Beruf, was nicht?
— Wie hat dieser Beruf sich ausgebildet und profiliert – wie war die Einarbeitung, wie die Entwicklung innerhalb des konkreten organisatorischen Umfeldes, wie die Präzisierung und Profilierung des Berufs und des eigenen Beitrags in diesem Kontext? (Wie messe ich, oder wie misst ein/e Coachee den Beitrag in einem konkreten Beruf innerhalb einer Organisation?)
— In wie weit konnte innerhalb der spezifischen Berufstätigkeit in der konkreten Organisation X die eigene Berufung bzw. der eigene Beitrag (im Sinne des »Sich-herausgefordert-wissen«) realisiert oder weiter entwickelt werden? (Wie misst sich Beruf und Berufung qualitativ, im Verhältnis, in Kategorien von Eigentlichkeit oder Erfüllung, und wie in quantitativer Hinsicht?)
— Welche Perspektiven und Konsequenzen ergeben sich aus der konkreten Einbettung des ausgeübten Berufes in Organisation / Gegenwartsfamilie / Familiengeschichte / Weiterentwicklung und »Nachlass«?

Beruf und Profession

Gemeinhin wird unterschieden zwischen Job, Beruf und Profession. Job gilt am ehesten als eine Tätigkeit, die eine Person ohne besondere innere Anteilnahme und ohne lange Vorbereitung auf diese Tätigkeit auszuführen in der Lage ist. Ein Job ist eher kurzfristiger Art. Mittelfristig bis »lebenslang«, also für die Dauer eines Arbeitslebens, wird Beruf verstanden. Typisch sind Handwerks- und traditionelle Dienstleistungsberufe. Elektriker, Krankenschwester, Verkäuferin, Klempner, Maurer, Köchin, Serviererin, Dachdecker, Schornsteinfeger, Landwirtin, Gaststättenbetreiber usw. Berufe und, noch mehr, Jobs, unterliegen in rasanter Weise dem technologischen und gesellschaftlichen Wandel. Berufsbilder, Berufsausbildungen und Berufe verändern sich. Abdecker, Bader, Büchsenmacher, Hofnarren und Hofmarschälle, Flurschützen und Turmwächter, Plattner, Schriftgießer, Zeltmacher, Zeug- und Zirkelschmiede gibt es heute so wenig wie Fratschlerinnen, Büglerinnen, Wäscherinnen, Klöpplerinnen, Weißzeugnäherinnen, Mägde, Putzmacherinnen usw.[61] Berufe gibt es meist in geschlechtsspezifischer Ausprägung. Jobs haben dagegen eine egalisierende Tendenz.

Professionen sind gegenüber Beruf und Job die stärker an Dauer und Überlieferung orientierten und in Disziplinen ausgebildeten Tätigkeiten – a »fiduciary responsibility for any important segment of a society's cultural tradition« (Talcott Parson).[62] Professionen setzen meist eine akademische Ausbildung voraus. Sie sind klassisch entwickelt in Theologie, Jurisprudenz, Medizin. Sie setzen sich mit der Bewältigung von existentiellen Übergängen und Gefährdungen menschlicher Lebensführung auseinander. Mittels professioneller Ethik und professioneller Selbstkontrolle gewährleisten sie eine Verpflichtung gegenüber dem individuellen Klienten und seiner Situation und seinen Bedürfnissen. Alle Professionen erfordern auch eine professionelle »Reinheit« im Handlungsbezug, also in Form der Verschwiegenheit, der Vertraulichkeit oder auch der funktionalen Ausgestaltung des Ortes der professionellen Arbeit (Orthopäde im Krankenhaus – Internist in Privatpraxis – Richterin am Landgericht – Notar — Rechtsanwältin in einer Kanzlei – Gemeindepfarrer – Klinikseelsorgerin – Apothekerin usw.)[63]

Expertinnen und Generalisten

In allen diesen Feldern, bei Jobs, in Berufen und Professionen gibt es besondere Fachkräfte, Spezialistinnen und Spezialisten, Expertinnen und Experten[64], die in besonders ausgeprägter oder auch in sehr genereller Form über Erfahrungen, Kenntnisse, über Wissen und Handlungskompetenz verfügen, die entweder sich innerhalb eines Berufes oder einer Profession begreifen lässt, oder sie gerade auch überschreitet und damit Professionelles mit den speziellen Aspekten eines (anderen) Berufes oder eines Jobs oder auch einer ehrenamtlichen Tätigkeit verbindet. In besonderer Weise sind die Profile von Expertinnen und Spezialisten mit dem gesellschaftlichen Wandel verbunden, häufig als vorantreibende Agenten und Agentinnen, manchmal aber auch in Nischen als Bewahrende einer besonderen Herausforderung, einer Tradition, eines sehr spezifischen Wertbeitrags zur Arbeits- oder Unternehmens- oder auch Wissenschaftskultur.

Karrieren

Jede Karriere ist so einmalig wie die dazugehörige Frau oder der dazugehörige Mann. Sie bildet sich aus der Person und ihren Gaben und Neigungen, aus Schule und Ausbildung, aus Lernzeiten und Lehrerfahrungen, und aus Jobs, Beruf(en) oder

Profession. Für Karrieren war als Normalmaß lange Zeit gültig der männliche Alleinverdiener und Ernährer einer Familie. Heute sind es eher bestimmte Muster – die steil nach oben führende »Leiter«karriere, die »Breitwand«karriere oder die Patchwork-Karriere.[65] Karriere und Coach / Kutsche entstammen demselben Metaphernhorizont – der Zeit des Übergangs von der agrarischen Gesellschaft in die Neuzeit, in Aufklärung und Industrialisierung. Das französische »carrière« leitet sich vom lateinischen »carrus« ab; diese Bezeichnung bezieht sich auf das Steuern des eigenen Wagens, des »Lebensgefährts«. Auch Coaching als Gerundium von Coach, das sich von der »Kutsche« herleitet, ist das Gefährt, das sich auf Laufbahnen und Wegen und holprigen Straßen bewegt. Karriere und Coaching sind Ausdruck und Reflexion der »Selbstbewegungsgehäuse« (Auto-Mobile), der Konstruktionen von Berufstätigkeit und Erwerbstätigkeit, die sich im Kontext einer individuellen Lebensführung herausbilden.

Fragen zur Karriere
— Auf welchem Weg sehen Sie sich mit Ihrer Karriere?
— Wie sehen Sie die Zeiten von Ausbildung im Verhältnis zu den tatsächlichen Karriereschritten?
— Welche Höhepunkte und Tiefen sehen Sie in Ihrer Karriere?
— Welches Karrieremuster können Sie erkennen (Leiter, Kletterwand, Bastelkarriere)?
— Sehen Sie sich auf einem Plateau oder auf dem Weg, im Anstieg oder Abstieg?
— Welche Bedeutung haben Intervalle, Auszeiten, Sabbatical, Rückzug, Vorbereitung?
— Als was und wer wollen Sie am Ende Ihrer Karriere erinnert werden?

— Welche Art des Ausstieg aus Ihrer Karriere halten Sie für angemessen? Welche Bewegungsform von Leben folgt der Lebensform der Karriere?
— Wenn Sie Ihren Beruf und Ihre Karriere als abgeschlossen, »fertig« betrachten, welche Bedeutung haben diese dann für ihr Leben, für seine Erfüllung? Was ist Ihr Beitrag?

2.3.3. Führung Führung ist allgemeines Thema im Kontext von Lebensführung: Jede Frau und jedermann führt ihr oder sein Leben auf eigene Weise. Und führt es zielgerichtet, dynamisch, nachlässig, achtsam oder achtlos, oder führt es auch nicht – was eigentlich gar nicht möglich ist: aber ein Leben kann auch nur führungslos aussehen oder erscheinen.
Führung ist aber ein besonderes Lebensthema im Horizont von Beruf und Profession. Führung geschieht in jeder Gruppe, in der Arbeitswelt ebenso wie in der Freizeitgesellschaft. Führung ist unverzichtbar für eine jede Organisation, für Arbeitsorganisationen ebenso wie für Freiwilligenorganisationen.
Im beruflichen und unternehmerischen Kontext ist Führung eine wertvolle Dienstleistung einzelner Frauen und Männer, die in hohem Maß eine besondere, manchmal alleinige Verantwortung für ganze Bereiche oder für die Gesamtheit eines Unternehmens übernehmen. Die systemische Notwendigkeit besteht in Entscheidungen, die orientierend, regulativ und »störend« den Erfolg des Unternehmens ermöglichen und unterstützen.
Die Führung eines Vorstands ist wie die Führung eines Teams oder einer Gruppe, aber kritischer deshalb, weil alle Mitglieder selbst Führende sind. D.h. alle sind in der Alpha-Position, möglicherweise nur in diesem Gremium nicht in der Alpha-Rolle. Einerseits sind Titel, Budgets, Größe und Be-

deutung der Verantwortungsbereiche von direktem Einfluss auf die Position innerhalb der Führungsgruppe. Andererseits ist gerade die Führung eines Spitzengremiums sowohl formal stark geprägt durch Corporate Governance und andere Regularien als auch informell kontingent hinsichtlich Energiefluss, Verlässlichkeit und Flexibilität seiner Mitglieder. Eine entscheidende Führungsfrage eines Vorstands ist, ob und wie der / die Vorsitzende oder der Sprecher führt oder ob sich das Gremium stärker kollegial führt, und vor allem, was es in die Organisation hinein als Führungsstil und nach außen als Ziele kommuniziert.

Führung geschieht zwischen den Polen von einerseits Direktion (engl. direction) im Sinne von Zielvorgabe und andererseits von Leitung (guidance) im Sinne einer Unterstützung beim Finden oder Beschreiten eines Weges. Guidance hat häufig auch die weitere Bedeutung der Unterstützung bei der Lebenswegklärung.

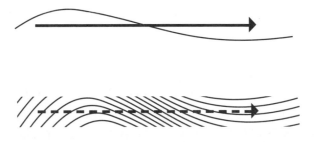

Direktion kann Kommando oder Anweisung sein – auch wenn hervorzuheben ist, dass Anweisungen insofern unmöglich sind, als Menschen als sich selbst organisierende und nicht-triviale lebendige Systeme nicht instruierbar sind. Man kann eine Anweisung hören, muss sie aufnehmen und selbst verstehen und an sich anpassen, in den eigenen Handlungshorizont integrieren und hernach so oder so agieren und diese

Aktion dann als erfolgreiche, genaue, pflichtschuldige, kreative usw. Umsetzung der Anweisung interpretieren – oder auch nicht. Führung ist demnach nur möglich als »supportive leadership«.[66] Im Coaching ist Direktion aber meistens bezogen auf den Personenkreis der »Directs«, die direkt Unterstellten, und auf die Handlungsstränge von »Alignment« und »Empowerment«. Also WEN führen und WIE führen.

WEN führen?
Zuallererst und einmal ganz und gar ausschließlich: sich selbst. Niemand anderen als sich selbst. Dies einerseits in der systemischen Erkenntnis, dass ich als sich selbst organisierendes autonomes Wesen niemand außer mir selbst führen /dirigieren kann. Andererseits aber auch in der philosophischen Tradition, die vom sokratischen »erkenne dich selbst« bis zu Martin Buber und Wilhelm Schmid reicht.

— Wen führe ich – rechtlich in der Verantwortung für andere Menschen (meine Kinder in der Familie bis zur Rechtsmündigkeit; im Betrieb in direkter oder indirekter Personalverantwortung, mit Fach- oder Dienstaufsicht, mit bestimmten Rechten und Pflichten bezüglich Sicherheit, Zugang, Haftung, Berichtswesen, Procura usw.)

— Wie führe ich mich selbst und wie fühle ich mich dabei?

— Wie führe ich mich und wie lasse ich mich, wie lasse ich mich »in Ruhe«, wie und wann lasse ich mich gehen? (Wie lesen Sie das?)

— Wie führe ich mein Privatleben? Wie führe ich meine Ehe? Meine Familie? Freundschaften? Beziehungen? Wie pflege ich alte Beziehungen, Schulkameraden, Verein, Universität, frühere Firmen, Netzwerke usw.?

— Wie führe ich mich ein, wie stelle ich mich vor? (Wie trete ich dabei auf, wie halte ich mich, wie führe ich mich auf?)
— Wir führe ich meinen Kalender?
— Wie führe ich meine Schrift? Meinen Schriftzug in handschriftlichen Schreiben? Meine Unterschrift (italienisch: firma!)?
— Wie führe ich meinen Weg, meine Karriere, mein Leben?

WEN und WIE vermischen sich. Person und Prozess sind unentwirrbar ineinander verwoben. Und auch ICH SELBST kann mich nicht immer von anderen Personen klar differenzieren, wenn ich mich in Kommunikation oder Interaktion verstehe und mich damit nicht nur in einfacher, sondern doppelter Kontingenz befinde (ich kann nicht voraussehen, was mein Gegenüber als nächstes sagt oder tut, so wenig wie ich wissen kann, was ich dann sagen oder tun werde). Aber wie in konzentrischen Ringen kann ich von MIR SELBST in der Führung von innen nach außen gehen und die Stringenz und Kohärenz meiner Art von Führung reflektieren und überprüfen bzw. neu gestalten.

— Wie führe ich mein Büro?
— Wie führe ich meine Sekretärinnen oder Sekretäre? In welchen regelmäßigen Abständen, in welchem Stil, mit welchem Feedback, mit welcher Anerkennung, mit welcher Aufmerksamkeit usw.? Wie rede ich über sie Dritten gegenüber?
— Wie führe ich andere Personen, die mir zuarbeiten, Referentinnen oder Referenten, den Fahrer des Dienstwagens, anderes Service-Personal?
— Wie führe ich meine »Directs« – kollegial, meine Kolleginnen und Kollegen; direktoral meine mir

direkt Unterstellten; und wie meinen Chef, Boss, meinen Aufsichtsrat, meinen Aufsichtsratsvorsitzenden?
— Wie führe ich dabei die Gespräche, wie die Sitzungen, mit Vorbereitung und Zusendung der relevanten Informationen vor der Sitzung, mit Protokoll und zeitnahem Feedback nach der Sitzung, wie auch hier wieder mit Anerkennung, Lob, Kritik, mit welchem Stil?
— Wie führe und strukturiere ich einen Sitzungsverlauf mit Informationen, Diskussion und Entscheidungen? Wie sichere ich Ergebnisse und führe damit weiter in die Zukunft, in ein nächstes Budget, in ein neues Projekt, in eine Expansion oder Ausweitung oder in Wachstum oder Nachhaltigkeit?
— Wie führe ich strategisch, mit Blick auf das Ganze, im Interesse von Nachhaltigkeit, im Kontext erwartbarer Trends sowie gesamtgesellschaftlicher und globaler Entwicklungen? Mit welcher Strategie führe ich?
— Wie führe ich – mit einer Vision, mit einem allgemeinen oder besonderen Auftrag, mit welchen Zielen und Instrumenten?

WIE führen – Alignment & Empowerment
Alignment meint die vertikale Führung, die Abstimmung auf Unternehmensziele, auf Leitsätze oder Führungsgrundsätze, die Übereinstimmung mit Rechtsnormen und Corporate Governance, die Einpassung in die Firmengeschichte und in den Branchenkontext und in professionelle Standards, die langfristigen, mittel- und kurzfristigen Ziele sowohl der eigenen Person als auch des eigenen Verantwortungsbereiches und die Abstimmung mit den direkt (oder manchmal auch indi-

rekt) betroffenen und beteiligten Personen. Alingment ist Führung als Zielgerichtetheit und in Kohärenz.

Empowerment dagegen meint Breitenwirksamkeit, Partizipation, »buy in« oder »comitment«. Empowerment gesteht anderen die Umsetzung zu, die Übertragung, Realisierung, Aus- oder Durchführung bis hin zur Ergebniskontrolle. Empowerment »gibt« aber nicht zuerst, sondern lässt vor allem zu. Empowerment lässt anderen die Gelegenheit, die Verantwortung, die Ressourcen und die Entscheidungskompetenzen, etwas nach eigenem besten Verstehen zu tun, zu managen, zu gestalten oder auszuwerten. Empowerment gibt dazu vorweg das Vertrauen, sodann in möglichst klarer Form die Aufgabe und die Erwartung. Empowerment trägt aber nicht, wenn es nur ein anfänglicher Impuls ist. Es braucht Power nicht als Strohfeuer, sondern als verlässliche Energiezufuhr. D.h. Empowerment ist wohlwollende Aufmerksamkeit und Achtsamkeit und Wertschätzung, ist Unterstützung, speziell in kritischen Situationen, ist Feedback und Reflexion und Auswertung und Planung von Ressourcen, ist Balancierung von Ressourcen und Herausforderungen, ist Vertrauen und Orientierung (plus eine Prise guidance).

Fragen zu Alignment haben vor allem zu klären, welche Zuständigkeiten und Informations- und Entscheidungswege zu beachten sind. Dies gilt erst recht in Matrixorganisationen. Wie werden Ziele, Aktions- Budget-, Projektziele, robust und klar definiert? Wie sind sie zeitlich, inhaltlich und in der Rollenzuschreibung bestimmt? Wie präzise in finanzieller Hinsicht, wie solide in Planung und Architektur, wie stringent in Art und Weise des Projektmanagements, wie transparent hinsichtlich der Kriterien, wie nachhaltig in Bezug auf Einarbeitung früherer Erfahrungen, Auswertung, Dokumentation, Transfer, usw. usf.

Fragen zu Empowerment klären Voraussetzungen wie Kompetenz, Erfahrung, Interesse, Engagement, Art und Weise der Herausforderung (des »stretching«). Sie sondieren die Bedeutung der Aktion in unterschiedlichsten Kontexten (eigene Karriere, Unternehmensentwicklung, Sichtbarkeit in der Abteilung, Charakter der Innovation). Sie zielen auf Zufriedenheit, Lernerfolg, Wissensmanagement, Transfer bzw. Wiederholbarkeit, Fehlerfreundlichkeit, Nachhaltigkeit usw. Im Coaching und in unserer Firma nutzen wir als Maß in diesem Zusammenhang häufig das Dreieck von Enjoyment – Learning – Pleasure.[67] Es lässt sich für die Reflexion einer einzelnen Person ebenso nutzen wie als Feedback-Instrument für die Auswertung einer Vorstandssitzung oder einer Arbeitsgruppe. Es lässt sich auch leicht als Dreieck aufmalen und, derart reduziert, auf nur eine Priorität hin gewichten. Das Instrument wird als Maßstab ganz auf den Prozess hin ausgerichtet und fokussiert somit Empowerment in idealer Weise.

Performance, Enjoyment, Learning (p, e, l)
– Feedback Instrument

		1	2	3	4	5	6	7	8	9	10	gesamt
p	Qualität der Diskussion											
	Qualität der Entscheidungen											
	Zeitmanagement											
e	Tun											
	Energie											
	Respekt											
l	aha für mich											
	aha für alle											

2.3.4. Unternehmens- und Bereichsverantwortung Führung ist entweder Unternehmensverantwortung oder Bereichsverantwortung. Sie ist Verantwortung entweder für das Ganze der Firma oder des Unternehmens, eine Art letztliche Alleinverantwortung, oder sie ist geteilte, segmentierte, spezialisierte Verantwortung für einen bestimmten Bereich. Führung ist immer qualifiziert, zumeist als Durch- oder Ausführung = execution (s.u. CEO). Sie kann aber auch Einführung bedeuten – eines Produkts, eines Verfahrens, von Personal etc. Oder sie hat als Ausführung definitiven Charakter im Sinne von »etwas zu Ende bringen« oder zur Vollendung: habe fertig. Und durch all diese Spezifizierung und über sie hinaus ist Führung immer Führung durch unwegsames Gelände, über den sichtbaren Weg hinaus: guidance and direction.

Führung hat emergente Qualität: sie entsteht, sie ist da, sie ist wirksam. Dem verstetigenden Zugriff entzieht sie sich schnell. Sie ist flüchtig. Und sie ist außerordentlich persönlich, abhängig von der individuellen Person und ihrem Stil. Führung leiht sich sozusagen immer die Kleider einer bestimmten Person. So bleibt dann ein Stil und Muster von Führung gegen die Flüchtigkeit oft auch noch dann, wenn die Person, die sie ausgeübt hat, nicht mehr da ist, ein bestimmter Ton, eine Kultur, eine Art Nachhaltigkeit, Generativität (oder auch das Gegenteil: Fehler, Not, Mangel, Orientierungslosigkeit, Ungewissheit usw.)

Bereichsverantwortung ist sozusagen die Scheibe von dieser Salami.

Die Bezeichnungen für Personen in diesen Positionen sind von Unternehmen zu Unternehmen unterschiedlich; in den letzten Jahren ist eine starke Angleichung an die US-Terminologie zu verzeichnen, die trotzdem manchmal in der deutschen Geschäftswelt merkwürdig wirkt. Dass der Unternehmensverantwortliche der Deutschen Bank Chief Executive Officer,

CEO und nicht mehr Sprecher des Vorstandes ist, ist begründet darin, dass diese Bank international auftritt und Englisch die verbindliche Geschäftssprache ist. Entsprechend gibt es dann auch CFO, COO, CIO, also Chief Officers für Finanzen (F), für Organisation (O) oder für Information und Informatik (I) und andere. Aber ob ein Vorstandsvorsitzender dann CEO oder Sprecher oder Vorsitzender ist oder ob Präsident oder Direktor, da hängt von der jeweiligen Kultur eines Unternehmens ab.

Leader, Führer ist in Unternehmen nie ein Titel, sondern immer die Funktion.

Alle anderen Begriffe wie Direktor, Präsident, Vice President, CEO, CFO, FOO, CIO usw. usf. kombinieren Titel mit Funktion entsprechend den Standards in einem Unternehmen.

Auch Führung für ein Unternehmen als Ganzes oder eine Alleinverantwortung geschieht in einem Kontext und Umfeld, ist eingebettet in Zusammenhänge und Strukturen, die für die Ausrichtung und Steuerung der Führung entscheidend sind, entscheidend auch für ihre Qualität. Hier gibt es die größte Führungsspanne: sie reicht von Alleinverantwortung und Selbstführung der einzelnen Person (mit oder ohne Ich-AG!) über Führung und Alleinverantwortung eines Handwerksbetriebes oder eines Familienunternehmens bis hin zu multinationalen Großkonzernen mit Hunderttausenden von Mitarbeitenden. In all diesen unterschiedlichen Größenordnungen gibt es wirtschaftliche und gesellschaftliche Regelungsmechanismen, die die jeweilige Führung konditionieren.

Im Coaching und im Einzelfall ist es immer eine Herausforderung, zu verstehen, wie die Führung im Sinne der Alleinverantwortung konstruiert ist. Gleichzeitig ist es immer wieder und in jeder Hinsicht spannend. Denn jedes Unternehmen, und vornehmlich jede Führung eines Unternehmens bestimmt nach eigener Maßgabe die Art von Vertikalität und Horizontalität, die die Organisation in ihrer Hierarchie und in ihrer Reichweite hat (also wie viele Stufen und Ebenen, in wie vielen Ländern, auf welchen Kontinenten, in welchen Städten usw.). Die Führung definiert Zentrum und Peripherie (faktischer und rechtlicher Sitz des Unternehmens, alle Festlegungen von »Außen«, Rand und von Grenzen). Und mit Produkt und Dienstleistung oder den Prozessen, die ein Unternehmen anbieten kann, entscheidet Führung auch über die Art der Einbettung in Markt, Wirtschaft, Kultur und Gesellschaft.

Führung an der Spitze entscheidet also über

— Zentralität
— Ethik
— Prozess (im Sinn von Produktionsprozess, was das Produkt mit einschließt).

Bereichsverantwortung leitet sich von solchen grundlegenden Entscheidungen ab. Sie ist als Teil eines bestimmten Ganzen meist viel klarer, sie ist organisatorisch konkreter bestimmt. Ein Bereich steht in Relation zu anderen Bereichen – zu wie vielen, auf der gleichen Ebene (z.B. heißen alle Geschäftsführer eines Landes Country Head, aber dann gibt es große und kleine Länder, wovon Big Five auf einer Ebene repräsentiert sind, verschiedene kleinere Länder aber zusammengefasst in MEA, Middle East Africa)? Horizontale und laterale Segmentierung und Streuung eines Bereiches ist zu unterscheiden von der vertikalen Stufung. Vertikale Stufung lässt sich innerhalb der organisatorischen Hierarchie scheinbar leicht zählen. Vorstand – Bereichsleitung und in den Bereichen dann erste, zweite, dritte Ebene usw. Aber meisten gibt es dann Unterschiede zwischen beispielsweise der zweiten Ebene im Bereich A im Verhältnis zur zweiten Ebene im Bereich B oder C oder

D, erst recht wenn ein Bereich mehr auf Forschung und Entwicklung, ein anderer auf Vertrieb, Kundendienst, Controlling usw. spezialisiert ist. Zwar ist Hierarchie unvermeidlich. Sie erlaubt Maßnehmen und Ermessen in Form des Ausschneidens und Zuschneidens von Bereichen. Sie organisiert gegenseitige Beobachtung und Beachtung. Und sie erlaubt das Unterbrechen von Routine. Aber Hierarchie erlaubt auch, oder lädt gar dazu ein, die an der Spitze getroffenen Entscheidungen an der Basis zu beobachten, umzusetzen, umzukehren, und zurückzuspielen.
Auf horizontaler Ebene liegt die Spannung in der Ausdehnung der Zugehörigkeit: was ist innen, was ist draußen? Wie weit lässt sich der Innenraum ausdehnen? Hat die Firma nur einen Standort und eine Zentrale (oder Hauptquartier), oder hat sie verschiedene Standorte – »locations«? Und wie sind mit den verschiedenen Lokationen auch Allokationen verbunden, welchem Standort kommt welche Bedeutung, welches Ressourcenpotenzial, welche Aufmerksamkeit zu? Wenn Standorte über ein Land und über einen Sprachraum hinausgehen, wie wird dann dieser Raum gemessen und durchmessen? Selbst wenn ein Unternehmen als globales auftritt, wird zu fragen sein, in welchen Ländern, auf welchen Inseln des Planeten es nicht vertreten oder nicht erreichbar ist.
Führung ist Steuerung im dreidimensionalen Raum.
Führung koordiniert die horizontale und vertikale Struktur. Und je nachdem, von welchem Ausgangspunkt her sie das tut, liegt der hauptsächliche dreidimensionale Raum vor, hinter, unter oder über ihr. Wer sich weltweit »on top« unter den Forbes 500 Companies oder im DAX 100 befindet, hat andere Perspektiven als ein familiengeführtes, aber gleichwohl international aufgestelltes Unternehmen mit »nur« 200 Mitarbeitenden in Deutschland, aber 70 Repräsentanzen welt-

weit. Die Balancierung der jeweiligen horizontalen und vertikalen Struktur ist vornehmste Aufgabe für die Führungsgruppe, für den Vorstand oder Aufsichtrat. Sie ist dann auszubuchstabieren für die Ebene der Bereichsleitenden oder Country Heads, für die Managing Directors sowie für ihre »Directs«, die Unterstellten: Mitarbeitende, Referentinnen und Referenten, personal assistants, Sekretärinnen, Fahrer, usw.

Führung ist zu ermessen hinsichtlich des Führungsteams, was es ist und wie es sich versteht, wer dazugehört und welche Rolle und Aufgaben hat; hinsichtlich der Gruppendynamik, wer für Struktur und Genauigkeit sorgt und wer für Kreativität und Schlamperei; hinsichtlich der Produktivität, wer wie auf welche Weise Ergebnisse und Prozesse maßgeblich prägt und mitgestaltet; hinsichtlich der Verlässlichkeit und des Profils der Gruppe oder des Boards, vor allem im Vergleich zu anderen, und hinsichtlich in seiner internen Leit-Differenzen, Vielseitigkeit, in seiner »Diversity« (also Unterschiedlichkeit bezüglich Rasse, Geschlecht und sexueller Orientierung, Alter, Zugehörigkeit, physischer und psychischer Konstitution); hinsichtlich Konfliktfähigkeit, Belastbarkeit, Harmoniebedürftigkeit und hinsichtlich Anerkennung und Wertschätzung.

Führung in Unternehmens- und Bereichsverantwortung setzt und nimmt Maß. Dies klingt selbstverständlich – so selbstverständlich, dass es in der Praxis allzu leicht übersehen wird. Es ist die ureigentliche Aufgabe von Führung, Maße zu geben und Maße zu nehmen. Führung ermisst die Höhe, die Breite und Reichweite der eigenen Wirksamkeit. Ebenso bemisst sie Höhe, Breite und Reichweite der Wirksamkeit sowie der Auswirkungen anderer, zuvörderst der direkten Gleichgestellten, der Überstellten, der direkt Unterstellten – also der Nächststehenden. Die Nächststehenden sind dann auch Maß und

Maßstab für die Fernerstehenden. Aber freilich gibt es auch einzelne fern oder außen Stehende, die als Maß für die Nächststehenden genommen werden können (dann ist es in der Regel gut, wenn letztere es wissen und nachvollziehen können).

Gesamtführung und Bereichsverantwortung ermessen die Dichte, die Streuung, die Ausdehnung, die Strebung, die Zielentfernung. Sie kalkulieren Hindernisse und Herausforderungen, Bedrohungen und Risiken. Sie bemessen die Verfügbarkeit und Erreichbarkeit, die Zuverlässigkeit in Kundentreue und Kundennähe. Sie legen Maße fest für interne Differenzierungsnotwendigkeiten, für Boni und Prämien, für Ehrungen und Jubiläumsgeschenke, Anerkennungs- und Dankschreiben. Regelmäßig messen sie Konzentration, Kohärenz, Dauer und Dauerhaftigkeit. Sie messen Ausstrahlung, Werbewirksamkeit, Renommee. Sie setzen Maße für die eigenen Ansprüche, für Internationalität, für (Welt)Marktführerschaft, für Wettbewerb und Exzellenz. Sie klären den eigenen Standpunkt und das eigene Maß für Premium-Position und für Rankings und Benchmarking (welche Position im DAX?). Sie setzen Maße des Reichtums, des Überflusses und des Luxus, und definieren auf der Kehrseite auch Mangel, Knappheit, Bedürftigkeit, »shortages«, Ungenügen.

Führung in Unternehmens- und Bereichsverantwortung kann nicht auskommen ohne **Metaphern und Bilder**. Es leuchtet ein, dass Führungspersonen, »Menschen, die über Macht verfügen, ihre eigenen Metaphern den weniger mächtigen Mitmenschen aufdrücken.«[68]

So ist ja das gängige Allerweltsmaß das »nüchterne« Maß steigender Gewinn- Prozentzahlen und Dividenden: Es gilt als »hart«. Aber selbstverständlich ist die augenscheinliche Härte nur ein Maß unter vielen. In vielen Unternehmen sind die

Metaphern und Bilder häufig militärisch oder sportlich ausgelegt. »Härte« eines Produkts oder Erfolgs, »Zusammenprall« von Kulturen, »Kampf« um Prozente und Marktanteile, »war of talents«, »Eroberung« und »Behauptung« von Ölfeldern oder anderen natürlichen Ressourcen, Headquarters oder Hauptquartier, Befehlszentrale, Feldherrnhügel und geheime Ordres sind die mentalen Überbleibsel aus mehr als dreitausend Jahren Überlebenskampf der Menschheit von der Agrargesellschaft zur Postmoderne. Und zweifellos gibt es in diesen kriegerischen und sonstigen militärischen Erfahrungen wichtige Ressourcen für Führung und Strategie. Fraglich ist lediglich die Tragfähigkeit dieser Bilder und Metaphern heute, weil nach den Erfahrungen von Kriegsführung im 20. Jahrhundert oder jüngst etwa in Afghanistan und Irak die »Kollateralverluste«, die Zerstörungskraft, der Raubbau, die Entwurzelung und Vertreibung, die Verletzung und Beschädigung und Vernichtung von Menschenleben und von vielen anderen Ressourcen vielfach so unerhört und maßlos, schmerzlich und traurig ist.

Sportliche Metaphern erfassen den Charakter von Konkurrenz besser. Sie sind aber meist ausgerichtet auf einen einzigen und ausschließlichen, den ersten Platz, und damit auf eine simple lineare Skala, die wenig Raum für Maßvielfalt lässt und die eine Eindeutigkeit von Bemessung propagiert, die letztlich herabsetzend und reduzierend für alle wirkt. Auch wenn es heißen mag, »the winner takes it all«, so ist doch schon ein nächster dabei, dem Gewinner seinen Gewinn wieder abzujagen und es noch besser zu machen.

Welche Metaphern und Bilder angemessen sind für Führung und Bereichsverantwortung, ist eine der spannendsten Fragen in der Coaching-Arbeit. Für mich spielen eine große Rolle die Geschichte des Unternehmens, die Art der Einbettung in Stadt oder Land und Gesellschaft, der Name, das Produkt, die Struktur der Organisation, die anstehenden Herausforderungen usw. »Fulda« z.B. ist ein Reifen, eingebunden in die Stadt gleichen Namens in der geografischen Mitte Deutschlands und an einem Fluss mit dem Namen Fulda (der aber im Zusammenfluss mit der Werra seinen Namen einbüßt und dann zur Weser wird), eingebettet in eine deutsch-amerikanische Geschichte von Zusammenarbeit mit den Firmen Goodyear und Dunlop (die wiederum ihre Erfinder oder Gründer und Geschichten und Ausprägungen haben), die alle insgesamt Automobile und Krafträder und PKWs zum Laufen bringen. Laufräder von Transport und Verkehr und von Verteilung oder Allokation, vielleicht auch des Fortschritts. Aber selbst mit solchen eher generischen Zuschreibungen des Metaphernhorizonts sind konkrete Bilder noch nicht klar, eindeutig, farbig und aussagekräftig genug, um Menschen miteinander zu verbinden, um Einstimmung und Kooperation zu unterstützen und um einen Rahmen zu bilden, innerhalb dessen Aktion und Planung geführt werden kann. Metaphern spiegeln bei alledem die Werte- und Weggemeinschaft eines Unternehmens.

Die Macht der Sprache

Als John, Vorstandssprecher einer international agierenden Bank für den deutschen Bereich, sein Coaching bei mir aufnimmt, steht eine Fusion an. John verhandelt erfolgreich eine Aufteilung der bisherigen Geschäftsbereiche sowie eine Übergabe bzw. Neu-Eingliederung. Auch seine eigene Karriere kommt an einen Scheideweg, entweder er geht (wieder) ins Ausland in eine andere höhere Position in dieser Bank oder er wechselt innerhalb von Norddeutschland in eine andere Organisation. Bei einer

Sitzung beharre ich auf der Metapher, die John eher nebenbei eingebracht hat, »der letzte macht das Licht aus«. Mit diesem Bild wird offensichtlich von manchen John's erfolgreiche Umstrukturierung und das gelungene Outplacement bezeichnet. Ich frage ihm, wie es ihm mit diesem Bild geht; wir arbeiten an den Fragen des Abschiednehmens, von Abbruch, Ende und Schluss. In den Überlegungen im Gespräch, bei denen es dann auch um die konkrete Gestaltung und Kommunikation von Auflösung und Transfer geht, spielen wie von selbst die Metaphern von Samen, Verpflanzung und Wachstum eine Rolle. An die Stelle der düsteren Eindeutigkeit des Licht-Auslöschens tritt die Transformation. Sie passt zu Metaphern wie Kokon/Schmetterling, Blüte/Frucht, Brücke, Schleuse usw. Mit solchen Sprachbildern können Weiterentwicklung, neue Herausforderung, sinnvolle Anstrengung und Neugier kommuniziert werden.

John berichtet in der darauffolgenden Sitzung erleichtert, wie er selbst mit dem Perspektivenwechsel für sich weiter arbeiten konnte. Und er erzählt stolz, dass und wie es ihm gelungen ist, in den verbliebenen drei Abteilungen eine Atmosphäre von Neugier und Mut für den Übergang zu erzeugen.

Die List der Sprache

Maria erzählt mir, als es in einer der ersten Sitzungen um ihre Selbstbehauptung und Selbstdarstellung geht, von ihrem Führungsalltag und davon, dass sie es als ärgerlich empfindet, immer zu den schon bestehenden vielfältigen internationalen Aufgaben mit ihrem Team in den verschiedenen Ländern noch etwas »on top« von ihrem Europa-Koordinator aufgetragen zu bekommen. Ich

> hake bei dem »on top« ein und bitte sie, mir das auf ein großes Blatt aufzumalen. Sie schreibt in Stichworten ihre hauptsächlichen Führungsaufgaben, zählt sie auf, macht dann einen Rahmen drumherum. Und »on top« malt sie zwei kleine Kästchen mit Projekten – das sind die Aufgaben, die ihr ihr Boss noch zusätzlich aufdrückt.
>
> Schon das Bild ist erhellend: ein Kasten mit den normalen Führungsaufgaben groß und raumfüllend, die beiden kleinen Kästchen oben drauf fast wie Schmuck oder Sahnehäubchen. Im Dialog qualifizieren wir den großen Bereich der Führungsaufgaben als »Routine«, die beiden Kästchen als »challenge / enjoyment« – hier sieht sich Maria in besonderer Weise zu Kreativität und Innovation herausgefordert, und das macht ihr auch Spaß, selbst wenn es manchmal Stress bedeutet.
>
> Ich bitte Maria, eine andere Metapher anstelle des »on top« zu finden, das sie ja im Sinne von »zusätzlicher Aufgabe« begriffen hat. Schon durch ihre Zeichnung ist deutlich geworden, dass es etwas ist, das sich wie die Blüte zum Stengel verhält, oder wie ein Boot zum Wasser, auf dem es schwimmt. Aber ich bin gespannt, welche Metapher Maria das nächste Mal selbst gefunden hat.

2.3.5. Wertbeitrag Nicht Tauschwert und Gebrauchswert, sondern Buchwert, Gewinn, Profitabilität sind die Maßstäbe unternehmerischen Handelns, die die Wirtschaft insgesamt prägen. Und die werden in Zahlen ausgedrückt. In Zahlen, die betriebswirtschaftliche Maßstäbe sind wie Umsatz, Ergebnis vor Steuern, Jahresüberschuss (einschließlich Rücklagen und Ausschüttung), Cash Flow aus der Geschäftstätigkeit. In Zahlen zu Anlagevermögen (immaterielle Vermögensgegenstände, Sachanlagen, Finanzanlagen), Umlaufvermögen (Vorräte, Forderungen, flüssige Mittel einschließlich Wertpapiere), Eigenkapital (gezeichnetes Kapital, Rücklagen, Konzerngewinn, Eigenkapitalquote in Prozent, Eigenkapitalrendite nach Steuern in Prozent), Fremdkapital (Rückstellungen, Verbindlichkeiten). In der Bilanzsumme, in Zahlen zu Investitionen (in Sachanlagen und immaterielle Vermögensgegenstände), zu Abschreibungen (auf eben solche), zu Forschungsaufwand, über die Zahl der Mitarbeitenden, den Personalaufwand. In Zahlen und Prozenten zu Aktien, spezifiziert auf Dividende und Konzerngewinn. Dies sind die wichtigsten Zahlen, die einen Geschäftsbericht ausmachen, die aber jeweils noch um ein vielfaches differenziert werden können.[69] Andererseits sind Zahlen nur Zahlen, deren Vielfalt und Detailgenauigkeit Zeichen ist und nicht das Bezeichnete, Karte und nicht Territorium, Maßstab und nicht die Sache oder die Person.

Werte und Präferenzen sind Geschwister. Werte »gleichen nicht, wie einst die Ideen, den Fixsternen, sondern eher Ballons, deren Hüllen man aufbewahrt, um sie bei Gelegenheit aufzublasen, besonders bei Festlichkeiten.«[70] Wert ist also keine fixe Größe, keine Sache und kein Gegenstand, sondern eine kommunikativ erarbeitete Maßstäblichkeit, eine Bezugsgröße und Messlatte, die konventionell oder unkonventionell gekerbt ist. Sind Werte erst einmal bestimmt, d.h. ist für ein Unternehmen eine Auswahl von Grundwerten getroffen[71], so lassen sie sich als Kommunikationsmedium verstehen. Sie generieren und ziehen nach sich Erläuterungen, Ausführungsbestimmungen, Untersuchungen im Anschluss oder zur Überprüfung der Wirksamkeit. Der Wertekanon eines Pharmaunternehmens kann z.B. in Studien zur Zufriedenheit der Mitarbeitenden abgefragt werden. Der Wertekanon der Wertekommission / Initiative Werte Bewusste Führung (Respekt,

Mut, Verantwortung, Vertrauen, Nachhaltigkeit und Integrität) wird in einer jährlichen »Führungskräftebefragung« erhoben.[72] »Werte beziehen ihre Verbindlichkeit aus ihrer Unverbindlichkeit, indem sie sich in dem Maße bewähren, in dem sie unterstellt werden können, ohne auf die Probe gestellt werden zu müssen. Werte dienen dazu, eine Kultur im Sinne einer Präferenzordnung zu strukturieren, damit man weiß, was für wichtig gehalten wird und was nicht, ohne damit jedoch ausschließen zu wollen, fallweise das Unwichtigere für das Wichtigere halten zu können.«[73]

Das Coaching eröffnet einen privilegierten Ort zur Klärung von Präferenzen und Werten, ihrer jeweiligen Wichtigkeit und Bedeutung. Ein Abwägen des Gewichts der Werte. Im Einzelgespräch kann dialogisch erhoben werden, welcher Wert wie verstanden wird und welche Konsequenzen sich daraus ergeben. Im Coaching eines Teams können Werte priorisiert werden; mittels Aufstellung oder Skalierung wird für die Beteiligten sichtbar und verständlich, welche Ausprägungen bestimmte Werte haben, in welchem Kontext sie stehen und wie sie von den Beteiligten gehandhabt werden. Und meist gibt es in einer Gruppe aufgrund vorhandener persönlicher Unterschiede in der Wahrnehmung und wegen sonstiger inhaltlicher Differenzen untrügliche Indizien dafür, wie kohärent Werte praktiziert werden. Wertedifferenz kann ja auch ein gemeinsamer Wert sein. Schwieriger scheint es, wenn in einer Gruppe sich widerstreitende Werte offenbaren, z.B. Pünktlichkeit und Perfektion versus individuelle Gestaltungsfreiheit. Aber auch dann es hilfreich sein, sich über »non-values«, Un-Werte auszusprechen, wie es Friedrich Glasl methodisch stimmig vorgeschlagen hat,[74] also auszuhandeln, was am meisten stört, was im Sinne eines »weg von« am ehesten verlassen, verändert werden soll (»hin zu«).

Kapitel 2. Beitrag.

Kreativität und Innovation[75] gelten im allgemeinen als wichtige Wertbeiträge in einem wirtschaftlichen und gesellschaftlichen Umfeld, in welchem Veränderung und Wandel (»change«) selbst hohen Wert haben. Sie zu messen, ist schwieriger. Neue Verfahren, Erfindungen, erst recht Patente bedürfen der Beobachtung und der Bewährung. Das heute Neue wird vom Neuen morgen überholt. Wie lassen sich Wertmaßstäbe entwickeln und wie lassen sich die davon abgeleiteten Projekte und Prozesse, Haltungen und Verfahren von Erneuerung, Bewahrung und Nachhaltigkeit messen? Das Rad muss nicht jedes Mal neu erfunden werden, aber jedes Mal neu gebaut oder zumindest bewegt werden muss es.

Qualitätsmanagement ist eine Spezifizierung innerhalb der Managementfunktionen in den letzten zwei Jahrzehnten, die sich fast auf alle Bereiche der Unternehmensbereiche ausgedehnt hat und die mit Controlling gekoppelt werden kann. Qualitätsmanagement fragt nach dem WAS eines Prozesses oder Produkts, nach der Schlüssigkeit der Wertschöpfungs- oder Leistungskette, nach expliziten und überprüfbaren Standards und Normen und Maßstäben. Mittlerweile gibt es auch für das Coaching Qualitätsmanagement. Auf der einen Seite entwickeln Coaching-Verbände einen Kanon von Standards und Normen für Qualität. Auf der anderen Seite entwickelt sich ein inhaltlicher Diskurs über Qualität im Coaching.[76]

Qualitätsmanagement trägt zum Ermessen von Werten in Unternehmen oder im Markt bei, ist aber zugleich selbst ein Wert, der so oder so veranschlagt werden kann. Vielleicht steht uns demnächst auch ein Wertemanagement bevor. Dann wird es spannend werden zu sehen, wie sich Qualitätsmanagement und Wertemanagement zu einander verhalten.

2.3.6. Mission »Geschickt zu etwas« – die deutsche Sprache lässt in ihrer Weisheit offen, ob geschickt hier im Sinne von »qualifiziert, mit der erforderlichen Geschicklichkeit ausgestattet« zu verstehen ist oder ob geschickt mehr im Sinne von »gesandt zu« aufgefasst werden soll. Eine Mission setzt sich aus beidem zusammen, sie beinhaltet Bote / Botin und Botschaft. Hermes ist die eine Figur, der Götterbote, der alle möglichen Botschaften überbringt, leichtfüßiger Repräsentant des Handels. Der Apostel Paulus ist eine andere Figur, Missionar, Zeuge und Märtyrer, der mit seinem Leben für seine Mission eintritt und dabei unermüdlich um die damalige zivilisierte Welt des Mittelmeers reist. Judit wiederum ist eine dritte, eine Botin für ihr Volk und seinen Glauben an Gott, die sich mit ihrer Botschaft in das Zelt des fremden Feldherrn Holofernes begibt, ihn tötet und so die Belagerten befreit.

Mission hat immer einen Weg bei sich, einen Raum, der zu durchschreiten, zu überwinden ist. »Geschickt sein« ist nicht denkbar ohne Weg – auch für geschickliche Menschen. So sind auch Menschen mit einer Mission unterwegs. Aus der Überlieferung kennen wir Über-Setzer wie Charon, Hermeneutinnen wie La Malinche, Einsiedler und Wanderprediger, Begleiterinnen wie Florence Nightingale, ausgewanderte wie Mutter Teresa, versteckte wie Anne Frank. Aus dem Geschäftsleben kennen wir Charles Handy, Jack Welch, Dale Carnegie, Henry Ford, Adolf Würth – also Männer. Aber auch Frauen wie Adolfine Henschel, Christina Licci, Carly Fiorina, Nicola Leibinger-Kammüller. Und aus Kultur und Wissenschaft und anderen Gebieten. Vorbilder.

Es ist der Widerspruch aller Karrieren, dass Geschick / Mission sich mit Standort / Position streiten muss. Und sich in die Haare kriegt. Denn wie soll das gehen, dass jemand unterwegs ist, flexibel neugierig offen sich den Umständen von Wind und

Wetter und Wegwindung anpassend, und andererseits unter einem Dach auf festem Boden gut abgeschirmt von Störungen selbst nach Gutdünken entscheidet und andere stört, unterbricht, dazwischenredet, hineinregiert, anordnet, erlässt? Wie Knochengerüst und Muskeln im Menschen gehören hier Statik und Motion zusammen, ebenso wie Auftrag und Standort, Vorgabe und Flexibilität.

Position ist deshalb Positionierung, d.h. immer nur auf Zeit. Früher konnten Stellen / Positionen auf zwanzig oder dreißig Jahre besetzt werden. Heute geht es kaum über fünf oder sieben Jahre hinaus, und dann meist mit großen internen Veränderungen. Die einmal vor Jahren besetzte und begonnene Position ist meistens schon nach drei Jahren inhaltlich und organisatorisch eine wesentlich andere.

Es gibt aber auch das Quid pro quo. Das eine steht für das andere. An die Stelle der Mission wird die Position gesetzt. Und, auch dies ist wohl das Ergebnis der Entwicklung der Industriegesellschaft und der ihr eigenen Arbeitsteilung seit Mitte des 19. Jahrhunderts, Positionen gelten in der Gesellschaft als das Erstrebenswerte. Sie sind das, worauf es ankommt. Die Positionen des Vorstandssprechers, des Mitglieds des Vorstands, der Leiterin des Bereichs, des Country Heads, der Managing Directors usw. usf. sind wie die Schachfelder, die es zu erobern gilt. Hier entscheidet sich scheinbar Wohl und Wehe, Schicksal und Geschick der Person, die »geschickt« ist.

Positionierung zielt auf die »pole position«. Erster Startplatz für ein Rennen, beste Ausgangsbedingung. Alpha-Position. Rudelführer. Bestimmer. Aber auch Gründer, Vater, Ideengeber, Initiator, Erstgeborener sind möglich. Und immer noch der Mann vor der Frau.

Wichtig ist, zuerst gesehen zu werden, als erster oder erste.

Damit wird dem Rechnung getragen, was unter »Priming« beschrieben worden ist. Es gibt auch ein soziales Priming. Wer in einer Gruppe oder Versammlung als erstes redet, hat eine höhere Aufmerksamkeit als die späteren. Wer als erstes nach einem längeren Vortrag in einem Plenum das Wort ergreift, bleibt besser im Gedächtnis als die späteren – zumal, wenn es die erste stimmlich-akustische Alternative nach der vortragenden Person ist.

Positionierung ist notwendigerweise Fixierung, Markierungsleistung, Grenzziehung. Positionierung besetzt einen Platz. Dieser ist damit für andere fürs erste unzugänglich, eben »besetzt« wie die Toilette, wo schon jemand sitzt und sein Geschäft macht.

Ausgeschlossen ist, dass ein anderer sich gleichzeitig »da drauf« setzen kann. Ausgeschlossen sind die, die nicht die Ersten sind, oder zumindest verwiesen auf die hinteren Plätze. Ausgeschlossen aber nun auch wirklich welche, die in diesem Platzwettstreit nicht mithalten können, die vom Platz gestellt werden, die keinen Platz finden auf der Spielfläche oder dem Tanzboden. Ausgeschlossen = exklusiv. Und dies kann ja wiederum in zweierlei Richtung gelesen werden. Bei uns, im Deutschen oder im angelsächsischen Raum, ist »exklusiv« das Auserwählte, Seltene, Teure, Hochwertige am oberen Ende der sozialen Hierarchie. »Os excluidos« in Brasilien sind die Ausgeschlossenen in den Favelas am unteren Ende der Pyramide, Obdachlose, Arbeitslose, vom Zugang zu den notwendigen Ressourcen des Lebens Ausgeschlossene.

Positionierung zielt auf den Erwerb einer Position. Ist die Positionierung erfolgreich verlaufen, ist man Inhaber oder Inhaberin der Position. Die »Inhaberschaft« von Stellen ist im Beamtenrecht definiert. Dies Vorbild staatlicher, militärischer und kirchlicher Bürokratie hat sich auf die Geschäftswelt und

Arbeitsgesetzgebung ausgewirkt. Nach 15 Jahren Betriebszugehörigkeit (Zugehörigkeit!) ist eine Kündigung von Mitarbeitenden im Normalfall nicht mehr möglich. Eine Position innezuhaben, verleiht also Rechte, nicht nur einen Titel.

Die mit einer Position verbundenen Rechte auf der Führungsebene in Unternehmen bestimmen sich in Weisungsbefugnissen, Zeichnungsrechten (Unterschriftsleistung nach 2-oder 4-Augenprinzip), Zutrittsrechten und spezifischen Zugehörigkeiten, die wiederum ebenfalls rechtlich definiert sind, z.B. wer zu welchem Gremium gehört, wer angehört werden muss, wer wo und wie mitbestimmen darf, wer beschließt, wie Beschlüsse dokumentiert werden müssen und wie lange sie archiviert werden.

Eine Position auf Führungsebene bedeutet jene Macht, Zugehörigkeit zu definieren. Im gestalterischen Sinne handelt es sich eher um die Macht zur Aufstellung eines Gremiums, eines Teams, eines Bereichs; aber auch zur Aufstellung eines Organigramms, zur Aufstellung von Organisations- oder Projektstrukturen. Solche ausführenden (executive) Positionierungen können der Mobilität einer Mission dienlich sein, können sie aber auch lähmen.

Wo die Mission die Richtung weist, da ermöglicht die Positionsmacht die Unterscheidungen und Bestimmungen von Oben und Unten, Links und Rechts. Positionsmacht ordnet die Zugehörigkeit(en). Positionsmacht ver-ordnet; im Streit der Richtungen kann sie Ordnung schaffen.

Vermittelnd zwischen Mission und Positionsmacht wirkt Beziehungsmacht: häufig findet sich dies heute in der Form von »Customer Relationship Management«. Im Coaching ist es ein prominentes Thema:

— Wie sehen Sie Ihre Beziehung zu Ihrem Boss / Ihrer Chefin (Vorstandsvorsitzenden, Aufsichtsratsvorsitzenden usw.)?
Wie bewerten Sie sie; was in dieser Beziehung würden Sie gerne verändern, und in welche Richtung (auf welche Mission hin)?
— Wie sehen Sie ihre Beziehung zu Ihren Peers?
— Wie zu Ihren Directs? Welches ist die »schwierige Person« – wie stellt sich dies dar und seit wann; was könnte diese Art von »Positionierung« für die Gruppe bedeuten, was ausdrücken, wen entlasten?
— Wie sehen Sie Ihre Beziehung zu möglichen Konkurrenten, zu Stellvertreterinnen und Stellvertretern? Wie beziehen sie Nachwuchs-Führungskräfte in die Entwicklung ein, wie gestalten Sie die Leadership Pipeline?
— Wie gestalten Sie Ihre Beziehungen zu den verschiedenen Unternehmens-Umwelten (konkret von Familie bis hin zu Alumni, Netzwerken, Verbänden, Politik, anderen gesellschaftlichen Gruppen, internationalen Zusammenschlüssen und Ebenen usw.)

Wozu ich mich geschickt weiß, das ist mein Auftrag. Also mehr als das, wozu ich geschickt bin (von andern gesandt bzw. beauftragt) oder wozu ich mich als geschickt, qualifiziert verstehe: mein Auftrag ist das, was ich in eigener Verantwortung als meine Aufgabe ansehe und annehme. Die Gabe, die ich nehme, ist das, was mich trägt; die Aufgabe, die ich mir herausnehme und die ich annehme, ist der Auftrag, der mir Grundlage ist.

Um mich dabei zu vergewissern, bedarf ich der Resonanz. Es braucht mehr als Feedback und Anerkennung und wohlwollende Beurteilung und Vergütung, es braucht empathische Resonanz auf meine Mission hin, auf mein Lebensgeschick und Schicksal. Denn von da, von meiner geahnten oder gewussten Mission her, vom Verständnis meines Geschicks her bestimme ich, welche Beziehungen ich wie gestalte und lebe, wie ich eine Position für mich wähle und besetze, wie ich diese meine Position einnehme und ausfülle.

2.3.7. Dynamik und Energie Der **Beitrag** von Menschen zur Gemeinschaft **trägt bei** zum **Wachstum**. Wachstum geschieht nach allgemeinem Verständnis nur in der Natur von selbst, unterstützt oder gehemmt von natürlichen Bedingungen und menschlicher Einwirkung. Wachstum im gesellschaftlichen und wirtschaftlichen Bereich bedarf zwar in vielerlei Hinsicht auch der Voraussetzungen von Boden, Kapital, Arbeit und anderer Ressourcen. Aber es sind vor allem die konkreten menschlichen Beiträge in vielfach differenzierter Gestalt, die das Wachstum eines Unternehmens oder Geschäfts, einer Stadt, einer Region, eines Landes, einer Gesellschaft oder einer Kultur möglich machen.
In der Wirtschaft wird Wachstum vorwiegend als Steigerung der Profitrate verstanden. Aber auch als Erhöhung der Beschäftigtenquote. Oder als Erhöhung des Bruttosozialproduktes. So ist Wachstum gleich Steigerung oder Erhöhung. Wachstum ist aber auch Expansion, Ausweitung; Vergrößerung eines Unternehmens durch Übernahme und Einverleibung eines anderen, eines Konkurrenten oder eines Experten oder Spezialisten. Auch wer sich mit dem Ziel eines Wachstum im Sinne von Expansion »breiter aufstellt«, hat letztlich Wachstumsziele von Erhöhung bzw. Steigerung. Niemand will vorsätzlich so hoch wachsen, um dann einzuknicken und umzufallen. Wachstum als Expansion hat also eine

Grenze innerhalb des Steigerungs- oder Erhöhungs-Wachstums. Diese möglichen oder notwendigen Grenzen des Wachstums werden gegenwärtig in Gesellschaft und Politik breit diskutiert, in der Wirtschaft aber nach wie vor ausgedehnt, belastet, getestet, übersprungen.

Der Beitrag von Menschen zum Wachstum der Gemeinschaft hat zwei grundsätzliche Dimensionen. Einerseits gibt es die positive Dynamik von Zielerreichung, Resultat, Output, Wirkung, von Input, Schaffung, Konstruktion, Heilung. Andererseits gibt es die Dynamik von Nutzung, Ausbeutung, Infektion, Überbelastung, Überdehnung, Zerstörung, Dekonstruktion. Aber was positiv, was negativ ist, entscheiden Kriterien und Werte, über die man sich verständigen muss. Kreativität lässt sich in beiderlei Hinsicht beobachten und einsetzen. Und häufig sind erst mit zeitlichem Abstand die wirklichen und nachhaltigen Ergebnisse zu würdigen, hängen aber wiederum am subjektiven Werturteil.

Mein jeweiliges Verständnis von gut und böse, von wertvoll oder wertlos, meine Ethik und meine Moral sind der Horizont, innerhalb dessen ich den eigenen Beitrag zum Wachstum bestimme – oder auch zur Abnahme gewisser Steigerungen, zum Weniger-Wachstum (weniger an Gewalt, an Kinderarbeit, an unzureichenden Löhnen und Lebensbedingungen), was ja wieder nur ein Wachstum in eine andere Richtung ist.

So ist die Frage, wie ich selbst wachsen will, wie ich Wachstum verstehe, wie ich meinen eigenen Beitrag in meiner konkreten Tätigkeit und in meinem Leben messe und gewichte. Wie auch sonst, ist Coaching die Resonanz für diese Frage, nicht schon die eilige Antwort. Coaching erkundet die Art und Weise der Einbettung, die gleichgerichteten oder gemeinsamen Kräfte und Energien, alle die Tätigkeiten, die mit »Ko-« zu tun haben wie Kommunikation, Kooperation, Ko-kreativität, competion,

Kapitel 2. Beitrag.

coopetition. Und freilich auch die Gegenkräfte oder Widerstände, die Dynamik und Energie hemmen.

Fußnoten zu Kapitel 2:

(41) André Leroi-Gourhan, Hand und Wort. Die Evolution von Technik, Sprache und Kunst, Frankfurt am Main (Suhrkamp) 1980, S. 42

(42) ibid., S. 303

(43) ibid., S. 320 »*Mit seinen Händen nichts anzufangen wissen* wäre auf der Ebene der Spezies nicht sonderlich beunruhigend, denn es dürften noch Jahrtausende vergehen, bevor ein so altes neuro-motorisches Dispositiv sich zurückbildet; aber auf individueller Ebene liegt die Sache ganz anders. Mit seinen Händen nicht denken können bedeutet einen Teil seines normalen und phylogenetisch menschlichen Denkens verlieren. Auf der Ebene des Individuums und vielleicht auch auf der Ebene der Spezies stehen wir also in Zukunft vor einem Problem einer Regression der Hand.«

(44) vgl. Savoir faire et pouvoir transmettre: transmission et apprentissage des savoir-faire et des techniques, sous la dir. de Denis Chevallier, Paris (Ed. de la Maison des sciences de l'homme), 1991

(45) vgl. Richard Sennett, Respekt im Zeitalter der Ungleichheit. Berlin (Berlin Verlag) 2002

(46) John Kotre, Lebenslauf und Lebenskunst. Über den Umgang mit der eigenen Biografie, München (Carl Hanser) 2001, Originalausgabe: Make it Count. How to Generate a Legacy That Gives Meaning to Your Life, New York 1999

(47) vgl. Niklas Luhmann, Vertrauen. Ein Mechanismus der Reduktion sozialer Komplexität, Stuttgart (Ferdinand Enke) 1968; Reinhard K. Sprenger, Vertrauen führt. Worauf es im Unternehmen wirklich ankommt, Frankfurt /New York (Campus) 2002

(48) Lemniskate, nicht in der mathematischen Form von Cassini oder Bernouilly

(49) vgl. Moshé Feldenkrais, Die Entdeckung des Sebstverständlichen, Frankfurt am Main (Suhrkamp) 1987; ders., Bewusstheit durch Bewegung, Frankfurt am Main (Suhrkamp)1996; ders., Das starke Selbst. Anleitung zur Spontaneität, Frankfurt am Main (Suhrkamp) 1992

(50) vgl. Heinz von Förster, Short Cuts, Frankfurt am Main (Zweitausendeins) 2001, S. 163 ff.

(51) Unter Struktur (lat.: struere = schichten, structura = ordentliche Zusammenfügung, Bauwerk) versteht man den (inneren) Aufbau einer Sache oder eines Systems, also die Art und Weise, wie Teile eines Ganzen untereinander und zu diesem Ganzen verbunden sind. Das deutsche Wort »Gestalt« (das auch so ins Englische übernommen worden ist) hat einen ähnlichen Bedeutungsgehalt, der aber vorwiegend durch die Gestaltpsychologie eingeführt worden ist. Vgl. Wikipedia

(52) vgl. Gerald Hüther, Die Macht innerer Bilder, Moshe Feldenkrais, a.a.O.

(53) »Blut, Milch, Fett, Sperma«, vgl. Thomas Laqueur, Auf den Leib geschrieben. Die Inszenierung der Geschlechter von der Antike bis Freud, Frankfurt / New York (Campus), 1992, S. 49

(54) Dirk Baecker, Organisation als System. Aufsätze, Frankfurt am Main 1999 (Suhrkamp Taschenbuch Wissenschaft;1434), 1999, S. 182

(55) ibid., S. 222

(56) Ruth Seliger, in: ZOE Zeitschrift für OrganisationsEntwicklung, Heft 2, 2000, S. 49

(57) vgl. Maurice Godelier, Das Rätsel der Gabe. Geld, Geschenke, heilige Objekte, München (C.H. Beck) 1999

(58) vgl. Pierre Bourdieu, Die feinen Unterschiede. Kritik der gesellschaftlichen Urteilskraft, Frankfurt am Main (Suhrkamp) 1984, S. 39 ff.

(59) lat. candidus, candida = blendend weiß im Sinne von unbeschrieben

(60) freilich ein unglaublich differenzierter und spannungsvoller Prozess! Vgl. im allgemeinen Anthony Giddens, Konsequenzen der Moderne, Frankfurt am Main (Suhrkamp) 1995

(61) vgl. Rudi Palla, Verschwundene Arbeit. Ein Thesaurus der untergegangenen Berufe, Frankfurt am Main (Eichborn, Die andere Bibliothek) 1994

(62) zit. in Rudolf Stichweh, Wissenschaft, Universität, Professionen. Soziologische Analysen. (Suhrkamp) Frankfurt 1994, S. 280

(63) vgl. Stichweh, a.a.O., S. 296 ff.

(64) vgl. Gabriele Goettle, Experten, Frankfurt am Main (Eichborn, Die andere Bibliothek) 2004

(65) Robert Nelson Bolles, Durchstarten zum Traumjob. Das ultimative Handbuch für Ein-, Um- und Aufsteiger. Aus dem Englischen übersetzt und bearbeitet für die deutsche Ausgabe von Madeleine Leitner, (Campus Verlag) Frankfurt / New York, 2007

(66) so Prof. Gerald Hüther im Vortrag beim ZAV-Symposium »Engpass Führungskräfte« am 3. 4. 2008 in Bonn. Der Begriff ist wissenschaftlich aber noch nicht gefüllt, wie vor allem hervorgeht aus einem Vergleich mit J. Donald Walters, The Art of Supportive Leadership, Nevada City CA (Crystal Clarity Publishers) 1987

(67) vgl. W. Timothy Gallwey, a.a.O., S. 86

Kapitel 3. Zugehörigkeit.

(68) vgl. George Lakoff, Mark Johnson, Leben in Metaphern. Konstruktion und Gebrauch von Sprachbildern, Heidelberg (Carl-Auer-Systeme), 1998, S. 181, zu Orientierungsmetaphern ibid., S. 154 und S. 22 ff; vgl. auch unten S. 138 f

(69) ein Beispiel in Englisch: 1. net sales, 2. other operating income, 3. materials and services, 4. notes concerning personnel and administrative body members, 5.personnel expenses, 6.depreciation and value adjustments, 7. other operating expenses, 8. financial income and expenses, 9. items included in extraordinary incomes and expenses, 10. appropriations, 11. changes in provisions, 12. incomes taxes, 13. intangible assets, 14. tangible assets, 15. investments, 16. receivables, 17. shareholder's equity, 18. appropriations, 19. provisions, 20. deferred tax liabilities and assets, 21. non-current liabilities, 22. current liabilities, 23. interest-free debt, 24. securities given and contingent liabilities.

(70) Niklas Luhmann, Die Gesellschaft der Gesellschaft, Erster Teilband, Frankfurt am Main (Suhrkamp) 1997, S. 342

(71) vgl. z.B. Deutsche Bank: **Leistung** Leistung bestimmt unser Handeln; **Vertrauen** Unser Handeln ist von Verlässlichkeit, Fairness und Ehrlichkeit geprägt; **Teamwork** Die Vielfalt unserer Mitarbeiter und Geschäftsfelder macht uns in der Zusammenarbeit erfolgreich; **Innovation** Wir stellen herkömmliche Ansätze immer wieder in Frage und entwickeln neue Lösungen zum Nutzen unserer Kunden; **Kundenfokus** Der Kunde steht im Mittelpunkt all unserer Aktivitäten. Wir orientieren uns kompromisslos an seinen Zielen und Wünschen (englisch: **Performance; Trust; Teamwork; Innovation; Client Focus**)

(72) z.B. Wertekommission, Führungskräftebefragung 2007, hrsg. von Mathias Bucksteeg und Kai Hattendorf. Eine Studie in Zusammenarbeit mit dem Institut für Angewandtes Wissen e.V. (IAW-Köln) Köln 2007

(73) Dirk Baecker, Form und Formen der Kommunikation, a.a.O., S. 144

(74) Friedrich Glasl, Selbsthilfe in Konflikten. Konzepte – Übungen – Praktische Methoden, 4., bearbeitete Auflage, Stuttgart (Verlag Freies Geistesleben) 2004, S. 124–126

(75) vgl. Boris Groys, Über das Neue. Versuch einer Kulturökonomie, München Wien (Carl Hanser Verlag) 1992

(76) vgl. Konrad Elsässer, Qualitätsmanagement im Business Coaching, in: www.coaching-magazin.de, 2005 (4 Seiten), oder auch Böning, Uwe und Fritschle, Brigitte, Coaching fürs Business. Was Coaches, Personaler und Manager über Coaching wissen müssen, Bonn (Manager Seminare Verlag), 2005, S. 147 ff.

3.
Zugehörigkeit

3.1. EINLEITUNG Als Kind eines Pfarrers, der von außen in das Dorf ins Pfarrhaus gezogen war und nun mit seiner Familie in der Dienstwohnung neben der Kirche am Berg lebte, wurde ich von den schon immer im Dorf Wohnenden gefragt »wem gehörst du?«. In der Beantwortung nannte ich meine Eltern. Die Frage selbst fand ich schon als Kind etwas ungehörig, unhöflich direkt. Und ich verstand nicht, weshalb ich überhaupt jemandem »gehören« sollte.
Zugehörig sein meint die Herkunft und die Beziehung. Jemandem gehören erinnert an Leibeigenschaft. Zugehörigkeit setzt auf das Individuum, das hört und das seinen besonderen Resonanzraum hat. Zugehörigkeit ist aber auch umgekehrt der bestimmte soziale Raum, innerhalb dessen Individuen ihre Eigenart entwickeln können. Die Hörweite ist das ursprüngliche Maß der Zugehörigkeit: ich höre die Stimmen der Familie und des Dorfes und der Tiere. Ich kann mich hörbar machen im Haus, in den Straßen und Gärten, über die Felder. Ich höre die Menschen bei der Arbeit, Handwerker an Schleifmaschinen, Menschen mit Rasenmähern, Nachbarn im Garten, Autos der angrenzenden Straßen, Glockenschläge des Kirchturms. Andere hören mich, wenn ich spät nachts nach Hause komme, wenn mein Moped knattert, wenn ich meinem Freund auf der andern Straßenseite etwas zurufe.
Dieser Hörraum existierte über sehr lange Zeiträume. Zuge-

hörigkeit bleibt als Thema, auch wenn sie die Formen gewechselt hat.

Ich möchte im folgenden den Innenraum dieses Hörens abhören, möchte ihn aushorchen mit allem, was für mich dazugehört. Ich entfalte ihn einmal als Sich-Bewohnen. Und dann skizziere ich den Außenraum des Innenraums als Zugehörigkeit zur Gesellschaft.

Zugehörigkeit trägt mit sich im Wort das Hören. »Hören« wiederum umgibt unmittelbar das Wortfeld horchen, zuhören, gehorchen, zugehören, aushören, sich einhören, sich umhören. Aber auch aufhören (und dieses Wort erzählt dann oft eine je ganz eigene Geschichte). Das Ohr wird unterschieden als Außenohr und Innenohr. Die Form des Außenohrs bildet den Embryo in seiner gekrümmten Haltung ab.[77] Das Hörorgan entwickelt sich innerhalb des Mutterleibs ganz zu Anfang. So geht also Zugehörigkeit als Zuhören nach innen und nach außen. Zugehörigkeit ist selbstbestimmt und angekoppelt. Es handelt sich immer um das Hörorgan einer bestimmten Person. Es ist die Hörmuschel, die Schallwellen aufnimmt und im Hörorgan übersetzt und weiterleitet als Reize an das Gehirn und also hört.

Die Welt ist Klang.[78]

Order from noise.[79]

---

zuhören und zugehören

Angefangen hat es als eine Geschichte, die ich sofort meinem Geschäftspartner erzählt habe, weil ich noch selbst richtig darüber erstaunt, »außer mir« war. Ich habe in einer Coaching-Sitzung nach einem mich überwältigenden Redefluss eines Klienten einfach den Mund gehalten und geschwiegen. Ich hatte nicht einmal die klare Absicht irgendeines Feedbacks oder einer Frage dazu. Ich war einfach noch so sehr im Hören, im Aufnehmen der Worte und Sätze, im Versuch des Verstehens. Ich schwig. Im Schweigen merkte ich, dass ich nichts zu sagen hatte. Ich konnte nicht mit ein paar Worten oder einer weiterführenden Frage angemessen reagieren. Während ich aber schwieg, war mir mein Schweigen bewusst. Meine erste Reaktion war darauf, jetzt muss ich etwas sagen, sonst redet ja mein Schweigen. Aber genau dann fing ich an, selbst auf mein eigenes Schweigen zu hören, im Bewusstsein oder in der Annahme, dass auch mein Klient mittlerweile mein Schweigen »hören« musste. So konnte ich mein Schweigen währen lassen. So lange und lange genug, dass ich danach Hören und Schweigen in einer Frage einfangen konnte.

Statt einer mich befriedigenden Antwort wurde ich jedoch erneut von einem Redeschwall überflutet. Unbewusst begann ich zu spüren, dass ich diesem Klienten nicht mit Fragen, sondern nur mit der Zeit eine Grenze zeigen konnte. Aber im Nachhinein wurde mir dann klar, dass ich als Coach, dass Coaching überhaupt nicht die passende Unterstützung war.

»Zugehörigkeit« klärte sich anders als erwartet, für den Klienten in der Aufrechterhaltung seiner Position im bisherigen Team, für mich in weiterer Arbeit mit dem Chef dieses »Klienten«, der dann eben zu diesem Zeitpunkt nicht unser Klient geworden ist.

Zuhören ist Aufmerksamkeit. Es gibt Aufmerksamkeit auch anders.[80] In der Selbstwahrnehmung richte ich meine Aufmerksamkeit im Spüren meines Fußes oder im bewussten Atmen. Im Aktenstudium lenke ich meine Aufmerksamkeit auf einen Vorgang, der vor gut 14 Tagen begonnen hat und sich seitdem immer komplizierter verwickelt gestaltet. Ich löse meine Aufmerksamkeit von dem kürzlich stattgefundenen Konfliktgespräch, das sich mir auf die Schultern gelegt hat. Ich lasse meine Aufmerksamkeit frei schweben, nehme hörend wahr, schaue ohne Fokus breit in den Raum, überlasse mich dem Betrachten. Ich werde meines Standorts inne und meiner Umgebung samt Temperatur und Luftbewegung und dem Stand der Sonne, ich atme gelassen und spüre mich selbst. Ich bin aufmerksam – einfach so, nicht aufmerksam auf etwas oder für etwas, sondern so, und d.h. für das Unerwartete, für das was kommt ohne mein Dazutun, für das Nächste.

Zugehörigkeit zu sich selbst ist mit dieser Qualität von Aufmerksamkeit getränkt. Aufmerksamkeit für die Art und Weise, wie ich mich habe, wie ich mir Raum nehme und mich selbst bewohne. Aufmerksamkeit für den Raum, in dem ich mit anderen atme und arbeite, lebe und mich bewege, wie ich mit anderen und ohne andere bin.

Aufmerksamkeit kann ungerichtet sein. Sie kann kommen aus halbgeschlossenen Augen, aus einem Dämmerzustand, und vom ersten besten Impuls erregt, ergriffen werden und sich also wenden, zuwenden, ausrichten und zupacken, ja sich verbeißen in etwas.

Aufmerksamkeit ist aber auch immer die meine. Sie steckt mit mir unter einer Decke, teilt sich mit mir Haut und Kopf, Sinne und Körper. Meine Aufmerksamkeit ist die Art und Weise, wie ich merke, also wie ich einen Unterschied mache vom Unbemerkten zum Merken. Dafür setze ich »Marker«[81], Unterscheidungen, die für mich einen Unterschied machen.

Meine Aufmerksamkeit ist entsprechend einer populär gewordenen Bestimmung der Neurolinguistik »VAKOG«: visuell, auditiv, kinästhetisch, olfaktorisch, gustativ. Sie umfasst diese fünf Sinne. Sie mischt diese Sinne. Aber sie fügt in aller Regel noch einen sechsten Sinn dazu, der mit dem Hören zusammenhängt, zumindest physiologisch; dem Hörorgan als akustischem Sinn ist das Gleichgewichtsorgan eingebaut bzw. umgekehrt. Der Gleichgewichtssinn als meine Fähigkeit, aufrecht zu gehen und mich aufrecht zu halten, ist sozusagen das Lot und das Haltegefäß für meine »fünf Sinne« und die Art und Weise, wie sie sich mischen und wie sie vom einen zum andern wandern und zusammenspielen.

Kann man Aufmerksamkeit messen? Ich kenne meine eigene Art und Weise, aufmerksam zu sein. Ich kann meine Aufmerksamkeit sozusagen reflexiv darauf richten, wie und mit welchem Sinnesorgan ich aufmerksam bin, was ich höre indem ich die Ohren »spitze«; was ich rieche indem ich durch die Nase einatme; was ich schmecke indem ich die Zunge am Gaumenbogen hin und her bewege; was ich sehe, indem ich meine Augen schweifen und kreisen lasse und in den Augehöhlen hin und her bewege; was ich spüre, wie ich sitze und mich halte und wie Skelett und Muskeln ineinander hängen und miteinander verbunden sind. Ich kann also meine Aufmerksamkeit wahrnehmen. Ich kann sie richten, ihr eine Richtung geben, sie ausrichten auf etwas. Messen kann ich sie nicht. Umgekehrt, ich kann mit meiner Aufmerksamkeit messen, Abstände und Entfernungen, Nähe und Distanz, Gleichförmigkeit und Differenz, Wohlklang und Disharmonie, »guten« Geschmack und keinen Geschmack oder schlechten Geschmack (in der Mode und beim Essen), Stimmigkeit von Formen und Farben und Proportionen usw.

Vor allem Messen und Maßnehmen liegt die Aufmerksamkeit. Maßnehmen ohne Aufmerksamkeit führt in die Maßlosigkeit, in die Desorientierung, in unnütze Komplexität. Oder in Anmaßung. Wenn ich wahrnehmen, prüfen und differenziert

wahr nehmen will, brauche ich ein sorgsames Maßnehmen mit entsprechender Aufmerksamkeit.
Aufmerksamkeit ist elementare Ressource. Aufmerksamkeit ist knappe Ressource, weil ich sie immer nur einmal, im Augenblick grade jetzt, auf etwas richten kann. Ich habe sie immer nur einmal, nie doppelt. Ich kann sie sensorisch kombinieren, ich kann sie breit streuen, verschwenden, vergeuden, aber ich habe sie dabei immer nur einmal. Ich kann sie nicht horten, nicht anhäufen, kann sie nicht speichern. Ich kann sie aber üben und trainieren, ich kann sie pflegen und schärfen, ich kann sie entwickeln und differenzieren, ich kann sie verfeinern.
Jeder Mensch hat nur seine Aufmerksamkeit. Wenn mehr als eine Person ihre Aufmerksamkeit auf etwas Gleiches richten, dann multipliziert sich Aufmerksamkeit aus dem dialogischen Spiel heraus in eine unbegrenzte Vielfalt. Sie schwebt in doppelter Kontingenz und tanzt ihren eigenen Tanz. Sie kann sich lösen aus der leiblichen Beschränkung auf Ich und Selbst und hinausgehen in Figur und Hintergrund, in Vorfeld und Hintergrund und Hinterland, in differenzierte Unterscheidungen und Benennungen, in Wahrnehmungen und Erfahrungen und Weltanschauung und Glaubensüberzeugung.
Aufmerksamkeit kann sich vervielfachen im Dialog, d.h. in der Ankoppelung an ein anderes Ich oder an mehrere andere. Sie kann, aber sie muss nicht. Sie kann auch im Dialog bei sich bleiben, für sich sein, auf sich beschränkt, mit sich selbst zufrieden oder allein. Sie kann sich auch im lebhaftesten Gespräch zurückziehen auf sich selbst und sich selbst genug sein. Sie kann reich sein an sich selbst oder auch verkümmern an sich selbst.
Coaching ist Makeln der Aufmerksamkeit.[82]
Der vertrauliche Raum des Coaching entspricht der Kutsche,

also einem Kasten, der sich in der ihm gemäßen Geschwindigkeit durch die Landschaft bewegt, der Resonanz bietet für das Sprechen und Hören im Dialog, der Ausblick eröffnet auf einen Ausschnitt durch ein »Fenster«. Ein Coach makelt die Aufmerksamkeit seines / ihres Klienten. Der Coach lenkt und stimuliert, reflektiert und aktiviert die Aufmerksamkeit des Gegenübers vor allem mit Fragen, mit Resonanz oder Echo, mit Verlangsamung und Beschleunigung oder Anhalten.

Als Coach makle ich die Aufmerksamkeit meiner Klientin. Ich makle natürlich zuerst meine eigene Aufmerksamkeit, ich höre und nehme wahr, spüre und vergleiche, finde Begriffe und verstehe, oder ich verstehe nicht und nutze mein Nicht-Verstehen oder Unverständnis zum Fragen und zur Klärung, ich suche nach Metaphern und Bildern, nach Wegen und Lösungen, nach Schritten und Markern, nach Bestärkung und Anerkennung dessen, was der Klientin hilfreich ist. Mit meiner Aufmerksamkeit erbringe ich eine Dienstleistung. Meine Haltung ist eine dienende, keine dominierende. Meine Aufmerksamkeit ist eine geburtshelferische, suchende, kreative, vielleicht auch konfrontative.

Ich makle auch die Aufmerksamkeit meines Klienten. Ich nicke und bestätige und bestärke. Ich frage nach und suche zu verstehen. Ich schweige und mache Pausen. Ich kläre und bohre in die Tiefe, oder ich sammle Informationen in der Breite, ich suche nach Zusammenhängen und Gründen und nach Lösungen und Wegen und nach Zukunft – für meine Klientin, für meinen Klienten. Ich unterbreche, »störe«, perturbiere, irritiere, verunsichere – aber immer nur so weit und so stark dass die vertrauliche Beziehung und das Vertrauen in das gemeinsame Arbeiten nicht mutwillig riskiert oder aufs Spiel gesetzt wird. Ich ordne mich dem Wohlergehen meiner Klientin unter. Ich versuche, ihren Spielraum für Optionen zu erhöhen, ihre Ressourcen zu erweitern und zu vervielfachen, ihr Selbstbewusstsein und ihre Selbststeuerung zu unterstützen und zu stärken. Meine Aufmerksamkeit ist das Rumpelstilzchen, das um die Prinzessin herum tanzt.

Jacqui Scholes-Rhodes hat in einer ungemein sorgfältigen Selbstbeobachtung herausdestilliert und beschrieben, wie die Aufmerksamkeit im Coaching als Prozess verläuft und in diesem Prozess jeweils fokussiert wird.[83] Sie beschreibt es in fünf Schritten, die aber parallel verlaufen und nicht aufeinander folgen, also eher wie die fünf Finger der Hand zugleich etwas begreifen, wobei alle Finger einzeln beteiligt sind. Da ist ein »intuitive structuring«, ein Sich-Einfühlen in einen Prozess des Dialogs und damit das Setzen einer intuitiven Struktur. Da ist ein »unfolding an embodied truth«, das in der konkreten Gegenwart im Gespräch Ans-Licht-Holen einer verleiblichten Wahrheit. Da ist ein »intentional and attentional patterning«, eine Art und Weise der Musterbildung, die Intention, Wunsch, Zielsetzung, Strebung einerseits mit Aufmerksamkeit andererseits verbindet. Da ist »language as a living expression«: Gedanken suchen und finden ihren Ausdruck in Worten, die schnell oder langsam, tastend oder begreifend, schmiegsam oder schroff gesprochen werden mit der Klangfarbe der Stimme und Haltung und Gestik. Und da ist schließlich ein »respectful and generative listening«, ein Hören und Zuhören in Respekt für den Anderen / die Andere und für das Andere, welches aus dem Gehörten / Wahrgenommenen weitere Worte, Gedanken, Fragen und Antworten gebiert.

Gerade weil ein Coach Aufmerksamkeit makelt und durch das Zuhören Resonanz bildet, ist seine Zugehörigkeit von erstrangiger Bedeutung. Wie gehört der Coach sich selbst, wie »bewohnt« er / sie sich selbst, so dass angemessene Resonanz auf die Situation der Klientin wahrscheinlich ist? Wie ist ein

Coach zugehörig zur Erfahrungswelt der Unternehmenswirklichkeiten, zur Wirtschaft, Führung und Management? Und wie gehört schließlich der im vertraulichen Rahmen arbeitende Coach einer spezifischen »Gesellschaft«, einem Verband oder einer Firma an, die Professionalität hält und entwickelt und die Beitrag und Zugehörigkeit des Coachs qualifizieren hilft?

3.2. SICH BEWOHNEN

3.2.1. Leib und Körperraum »Bewohnte Frau« ist der Titel eines frühen Romans von Gioconda Belli.[84] Daher »Sich Bewohnen« – eine etwas ungewöhnliche, aber sehr angemessene Vorstellung. Als nächstbestes Wort fällt mir »bei sich sein« ein – es beschreibt denkbar knapp eine Art der Selbstbeziehung, die nahe und unterstützend klingt. »Sich ausdehnen«, »sich ausbreiten« kann dem Atem folgen und »sich ausfüllen« bedeuten, aber geht möglicherweise zu sehr in die Breite. »Sich selbst zugehörig sein« drückt die Zuordnung aus, und: ich bin in Ordnung. Es ist mehr eine Verhältnisbestimmung und damit eine Klärung, als das pure »auf sich selbst hören«, schließt es aber mit ein (wer sich dauerhaft überhört, wird leicht das Opfer von Tinnitus oder Hörsturz).

»**Sich bewohnen**« aber gibt und öffnet Raum, macht Mann oder Frau selbst geräumig, bietet einen Speicher (mit Boden und Keller) mit ganz viel Platz, lässt in sich selbst Mitte und Ränder, Zentrum und Peripherie spüren. »Sich bewohnen« ist Selbstbeziehung, besser noch Selbst-Kohabitation. Und ist Selbst-Souveränität, weil Sie die eigene Herrin, der eigene Herr im Hause sind. »Sich bewohnen« geht gegen den Trend, der seit der Nachkriegsentwicklung in Deutschland und in

Westeuropa wie zuvor in den USA dazu geführt hat, dass der genutzte Wohnraum pro Kopf der Bevölkerung um ein Vielfaches gewachsen ist und heute eine Person in der Bundesrepublik durchschnittlich 41,6 m² Wohnraum zur Verfügung hat[85]. Altbauten vor und nach 1900 haben häufig Raumhöhen zwischen 3 und 4 Metern. Sie wurden dann im 20. Jahrhundert mehr und mehr abgesenkt und haben wohl in der Nachkriegszeit nach 1945 ihren »Tiefpunkt« in Wohnungen und Büros aus dieser Zeit, die manchmal nur etwa 2,20 hoch sind. Heute wird wieder höher gebaut, auch weil die Zahl hochgewachsener Menschen zunimmt. Aber gegen die nach außen getriebene Ausdehnung der Wohnflächen und des Lebensraums (ein wesentlich von den Nazis gebrauchter Begriff zur Legitimation gewaltsamer Expansion) ist Sichbewohnen eine Fokussierung der Aufmerksamkeit nach innen, in die Art und Weise des Bei-sich-seins und Bei-sich-bleibens, des Mit-sich-gehens und Mit-sich-umgehens.

Ich will in diesem Kapitel die subjektive Art und Weise der Zugehörigkeit entfalten, die das Sich-bewohnen bedeutet:
Zunächst: **Ich gehöre mir selbst.** Mein Leib ist mein eigen, ich bin nicht leibeigen irgend einer andern Person gegenüber oder ihr (im rechtlichen Sinne) hörig. Ich habe Menschenrechte und Bürgerrechte – so selbstverständlich, wenn ich im »eigenen« Land lebe, dass leicht in (Selbst-) Vergessenheit gerät, wie schwer und langwierig die Kämpfe um ihre Verwirklichung waren und vielfach auch heute noch sind, vor allem für Migranten. Derart privilegiert, verfüge ich über mich selbst. Leib und Körper sind der Raum, den ich habe und der ich bin, den ich mir nehme und den ich ausfülle. Ein Raum, der Resonanz hat – auf sich selbst, auch auf von mir nicht ausgesprochene, noch nicht einmal ganz gedachte Tätigkeits- oder Ausführungsbefehle, auf eigene Interdependenzen, die

mir unbewusst bleiben. Zugehörig mir selbst, verliere ich mich nicht. Eigen-Resonanz. Ich kann mich verausgaben, erschöpfen, aber nicht gänzlich ausleeren, nicht los werden. Wenn ich mich entwickle, verändere, dann behalte ich mich doch, behalte und ändere meine Identität zugleich: bleibe mir zugehörig.

All dies kann zu vielen Fragen in konkreten Coaching-Situationen führen. Das wichtigste bei diesen Überlegungen scheint mir aber der absolute Respekt vor der Körperlichkeit und der leiblichen Gegenwart meiner Klienten.

Die deutsche Sprache bietet mit der Unterscheidung von **Leib und Körper** einen besonderen Raum. Körper ist etwas, was man wie einen Fremdkörper besehen und betasten kann, aber auch besitzen. Also habe ich einen mir eigenen Körper – den aber auch die Ärztin, der Chirurg, die geliebte Person sehen, diagnostizieren, abtasten oder liebkosen kann. Leib, und darin ist die deutsche Sprache einzig, ist der Gegenstand eigenleiblichen Spürens, und diese Art des Spürens ist seit Schopenhauer und Bergson eine eigenständige Grundlage der Erkenntnistheorie. »Neben unteilbarer Ausdehnung ist absolute Örtlichkeit (eine zur Identifizierung genügende Abhebung aus Weite, unabhängig von Lage- und Abstandsbeziehungen) für den gespürten eigenen Leib charakteristisch.«[86]

»Der spürbare Leib hat keine Haut und keine Flächen. Man kann Flächen ebenso wenig am eigenen Leib spüren, wie man sie hören kann; überhaupt hat die leiblich spürbare Räumlichkeit mit der hörbaren einiges gemein. Dazu gehört, dass in beiden Fällen trotz Flächenlosigkeit Volumen vorliegt. Beim Einatmen spürt man z.B. deutlich, wie die Brust- und Zwerchfellgegend voluminös anschwillt; ganz ähnlich ist das spürbare Volumen ausladender Gebärden etwa bei stolzem Sich-aufrichten oder wohlig befreiendem Dehnen der Glieder bei tiefem Atemzug in frischer Luft, scharf zu unterscheiden von der oft geringfügigen zugehörigen Körperbewegung, die im Ausmaß hinter der großartig gespürten leiblichen Weitung zurückbleibt.«[87]

Bewegung und Gefühl sind dem Leib zugehörig – im Spüren. Hören und Spüren. Sehen kann ich Bewegung und Gefühl (teils) am eigenen Körper und am Körper anderer. Wenn ich bei anderen etwas zu spüren meine, bin ich es, der spürt. Die Zugehörigkeit von Bewegung und Gefühl, die sich als verlässlich entsprechende Beziehung eigenleiblicher Volumina und Bewegung und Ausdehnung zu Gefühlen darstellt, spüre ich am lebendigen Leib in einer Art und Weise, dass sie teilweise nicht in der Sprache ausgedrückt werden können. Mein Leibraum ist mir elementar zugehörig – ich kann meinen Leib als Körper messen: meine Körpergröße messen (170 cm), das Gewicht wiegen (71 kg), den Brustumfang messen (98 cm), den Umfang des Bauchs, der Hüfte, die einzelnen Glieder messen – all das sagt nichts darüber aus, wie ich mich lebendig fühle und mich als Leib spüre, wie ich den Innenraum meines Mundes und meine Zunge, den Atemraum meiner Lungen oder der oberen Atemwege in Nase und Stirnhöhlen, wie ich meinen Kehlkopf oder meine Muskeln oder den Magen spüre. Enge und Weite sind die Grundkategorien. »Leiblich sein bedeutet in erster Linie: Zwischen **Enge und Weite** in der Mitte zu stehen und weder von dieser noch von jener ganz loszukommen, wenigstens so lange, wie das bewusste Erleben währt.«[88] Beide sind dynamisch, als Engung und Weitung. Die Engung ist der Angst verwandt, auch im Wort. Die Weitung lässt mich aus mir »herausgehen«, spricht mir Mut zu, ganz ohne Worte.

So spüre und empfinde ich mich, als (eher) groß oder (eher) klein, als mehr dick als dünn oder dünner als vor zwei Jahren, als müde, erschöpft, loslassend, abhängend oder als bereit, energisch, unternehmerisch, kreativ, auf dem Sprung. Ich kenne mein Oben und Unten, trage den Kopf aufrecht auf meinen Schultern und stehe mit beiden Beinen auf der Erde. **Oben und unten, links und rechts, vorne und hinten** spüre ich an mir selbst und verorte mich so im Raum.[89] In meinem Leib habe ich eine innenräumliche Orientierung, die mir auch als Ausgangspunkt für die Orientierung meiner selbst im umgebenden Raum notwendig und unersetzlich ist. Ich kann durch den Raum krabbeln, kriechen, gehen, schlurfen, laufen, rennen, joggen, fahren, segeln, fliegen, tauchen. Immer habe ich dabei meine leibräumliche Orientierung. Wenn ich mich um mich selbst drehe, spüre ich wie ich »rund« bin, die Achse meiner selbst, mein eigener Dreh- und Angelpunkt. Mir selbst Ausgangspunkt, kann ich aus mir »herausgehen«, auf andere zu. Mir selbst zugehörig sein.

Leibsprache

Rolf ist mir von unserer ersten Begegnung aufgefallen als ein Mensch, der seinen Kopf wie eingezogen zwischen den Schultern trägt. Rolf ist etwas kleiner als ich. Mit seiner Verantwortung für einen Marketingbereich über ganz Europa ist er fast die Hälfte seiner jährlichen Arbeitszeit unterwegs, häufig im Flugzeug. Überdies hat er eine Zeit lang in den USA gearbeitet, hat Freunde dort und einen seiner Söhne zum Studium. Rolf reist ausgesprochen gerne. Nicht nur geschäftlich, sondern auch im Urlaub mit seiner Frau zusammen. Trotz seiner 50 Jahre ist er körperlich fit, fährt Ski und Rennrad im Gebirge. Von Rolfs Sponsor weiß ich, dass er im Board und in Teamsitzungen manchmal als außerordentlich präsent und präzise erlebt wird, manchmal aber auch wie randständig wirkt und andere nicht recht wissen, wo sie mit

> ihm dran sind. In einem unserer Gespräche frage ich Rolf, wie er die Qualität seines Reisens beschreibt. Er, der sich auch selbst, wo immer er aktiv mit einer Rolle auftritt oder teilnimmt, als sehr präsent beschreibt, kann sich beim Reisen prächtig entspannen. Kann schlafen auf Langstreckenflügen, kann dösen und abschalten.
> Ich spüre eine besondere Resonanz auf die Art und Weise, wie Rolf Präsenz mit Selbstschutz und Erholung verbindet. Ich »sehe« eine Art embryonaler Körperhaltung bei ihm, aufrecht oder beim Schlafen im Flugzeug. Ich glaube, seine leicht eingezogene Kopfhaltung hilft ihm, die Ansprüche an seine Beiträge und Präsentationen zu balancieren. Dann wirkt er etwas kleiner, als er ohnehin ist, und kann mögliche Erwartungen, die er an sich gerichtet sieht, besser abwehren.
> Vielleicht kann ich durch sorgfältig insistierendes Fragen nach Haltung, Gestik und Körperempfinden herausfinden, wie Rolf sich aufrichtet, sich weitet und Raum nimmt, und vor allem, wie er darin sich in Beziehung setzt zu andern, mit ihnen den gemeinsam den Raum gestaltet. Und auf diese Weise seine Zugehörigkeit ansprechen: welchem Kontinent, welcher Kultur rechnet sich Rolf auf Dauer bzw. in der Zukunft zu? Und wie spürt Rolf seine Zugehörigkeit zu sich selbst, und kann vielleicht besser, klarer vermitteln, dass er sich selbst gehört und niemandes »Knecht« ist?

Die primitive Gegenwart übersteigt das Dämmern oder das Vegetieren im Augenblick oder im Innewerden von plötzlichem, akuten Jetzt: gewärtigte Gegenwart. Sie entfaltet sich ab frühester Kindheit hinein in fünf zeitliche Momente, die parallel wahrgenommen werden (können). Eines ist das Ich im eigenen Leib, die personale Emanzipation der Subjektivität. Die Bildung des Dieses ist ein zweites, also die Form der Eindeutigkeit durch Identität und Verschiedenheit. Dazu kommen dann die Emanzipation des Daseins als Wirklichkeit, sowie das Hier und Jetzt und die räumliche Verortung, und schließlich die zeitliche Vergegenwärtigung zwischen Vergangenheit und Zukunft.[90]

Diese Verknüpfung des leibräumlichen Empfindens mit der ganzheitlichen Orientierung des eigenen Lebens und dem alltäglichen und beruflichen Tätigsein nenne ich »konativ«: ein inneres Wissen und Vermögen, in und mit sich selbst »eine Spur zu finden« und »einen Weg zu sehen und zu gehen«.[91]

Mein Eigensinn »sinnt« etwas, hat einen Sinn und eine Richtung. Etwas davon spüre ich, etwas davon ahne ich, etwas davon lebe ich aus und verwirkliche mich so selbst.

Der Philosoph Martin Heidegger hat in seinem Hauptwerk »Sein und Zeit« die Situation des »Geworfenseins« in die menschliche Existenz reflektiert. Ich bin »in« mir selbst. Nicht nur bei mir selbst, neben mir, mir nahe, sondern in mir drin, unauflöslich, unausstülpbar. Ich bleibe mir selbst verhaftet, werde meine Zugehörigkeit zu mir selbst nicht los. Aber so kann ich auch inne halten. Ich kann mich er-innern.[92] Aus dem, was ich erinnere und als mir zugehörig rekonstruiere, baue ich die Erzählung meiner selbst, meine Narration, die über mich Auskunft geben kann, über mein Selbsterleben und meine Selbstwahrnehmung, über mein Wollen und Streben, meine Intention und Attention / Aufmerksamkeit. Wenn ich mich erzähle, spüre ich meine Lebensgeschichte wie eine Bekleidung. Wenn ich mich denke, spüre ich meinen Lebensweg und mein Interesse (lat. Dazwischensein) an andern, an und in der Welt. Wenn ich mich fühle, spüre ich wie ich gewollt, geworfen, geworden, gewachsen, gefallen, gestanden, gemacht bin.

Narrationen

Zu Beginn eines Coachings führen wir in aller Regel unser ausführliches Biografisches Interview durch. Häufig bekommen wir auch den Lebenslauf, CV (Curriculum Vitae) einer Person; gelegentlich sogar auch noch Reviews oder Beurteilungen oder Testergebnisse. Und die Erwartungen des Sponsors, also eine für das Coaching wichtige Fremdwahrnehmung (häufig genug Anstoß für das Coaching selbst).

Oft wird als besondere Qualität des Biografischen Interviews hervorgehoben, dass man noch nie so ausführlich über sich selbst in solch konzentrierter Weise gesprochen habe. Und häufig wird diese Erfahrung als beglückend beschrieben.

Ab und zu ermutige ich einen Klienten oder eine Klientin, eine explizite Narration, eine Selbsterzählung zu erstellen; also einen Text über sich selbst aufzuschreiben und sich selbst dann auch vorzusprechen oder auswendig zu lernen.

Freilich ist jede dieser Narrationen eine Konstruktion. Dennoch scheint sie mir wirklichkeitsträchtiger als ein CV, denn der CV ist für fremde Augen bestimmt, während sich die Klientin in der Narration selbst (neu) entwirft. So kann diese Art und Weise, sich selbst im Zusammenhang zu beschreiben und zugleich auszusprechen, ein wichtiges Element der Selbstwahrnehmung, der Selbstunterstützung, der Selbstentwicklung sein.

3.2.2. Raumerfahrung Ich erfahre mich im Raum zuerst im Mutterleib, dann in den Händen der Mutter oder auf dem Arm des Vaters. **Den Raum durchqueren** lerne ich, sobald ich krabbeln und später dann laufen kann. Von da an lerne ich, Raum auch im übertragenen Sinn zu durchqueren, beschleunigt durch Laufen, durch Ortswechsel, vermittels Anwesenheit hier und Abwesenheit dort. Wälzen, rollen, rutschen, gleiten, fahren und gefahren werden, schaukeln, wippen, schwimmen, tauchen, fliegen sind weitere, manchmal spielerische, manchmal unangenehm überraschende Erfahrungen.

»Erfahrungen«: Der Anteil des Gefahrenwerdens bildet einen überwiegenden Erfahrungshintergrund für uns Menschen, die das Auto als alltägliches und massenhaftes Mittel der Fortbewegung kennen. Und zugleich sind die Gefahren bei der Durchquerung großer räumlicher Distanzen gegenüber früheren Generationen radikal minimiert worden.

Ich lerne, mein Gleichgewicht zu halten, senkrecht zu stehen, gerade zu sitzen, ich lerne den aufrechten Gang. Mit dem Roller oder Fahrrad lerne ich gleiten und fahren auf Rädern und eine höhere Geschwindigkeit der Fortbewegung. Diese verändert und steigert sich mit dem Automobil (Motorrad, PKW, Bus, Bahn, Flugzeug) – Geräte, die einen eigenen Antrieb haben, aber der Steuerung von Menschen bedürfen.

Diese Form der Fortbewegung ist aber für viele Menschen heute völlig alltäglich und normal. Die Zeit, die dafür aufgewendet wird, wird aber nicht mehr nur verschlafen, mit Warten »vergeudet« oder zum Lesen genutzt, sondern auch zum Telefonieren. Mit der mobilen Telekommunikation kann fast immer und überall, kann vor allem wesentlich mehr kommuniziert werden. Einerseits schrumpft die Welt zum Telefonhäuschen früherer Zeiten zusammen. Man kommt aus diesem Telefongehäuse gar nicht mehr raus. Andererseits kann mittels Telekommunikation der geografische Raum immer und jederzeit durchquert und überwunden werden.

Der **Unterschied zur herkömmlichen Selbstbewegung** vergrößert sich. Im Zug und im Flugzeug werde ich gefahren oder geflogen – ich kann untätig sitzen oder mir eine zum Sitzen passende Tätigkeit suchen. Im Auto fahre ich, ich werde aber auch gefahren. Während meine Selbstbewegung im Flugzeug und im Zug auf meinen Sitzplatz beschränkt ist (und den Gang zur Toilette, oder im Zug auch zum Zugrestaurant), ist sie im Auto begrenzt auf Lenkrad, Schalthebel, Gangschaltung, Bremse, (Kupplung und) Gas. Und freilich muss ich im Auto auf den Verkehr schauen, während ich im Zug oder Flugzeug in die Zeitung schauen kann.

Wir heutigen Menschen bewegen uns viel und über weite Strecken, ohne uns selbst zu bewegen. So wie wir vom Wohnort zur Arbeit in die nächste Stadt fahren, so fahren oder fliegen wir auch vom Wohnort in die übernächste Stadt oder fliegen zu einem Ort im Ausland – uns selbst bewegen wir deshalb nicht mehr als zuvor. Eher weniger, weil das Bewegtwerden zur Durchquerung großer Räume Zeit braucht.

Manager und Führungskräfte bewegen sich im großen und ganzen sehr häufig und über sehr weite Strecken. Meistens gibt es kaum eine Woche, in der sie nicht reisen müssen, auf europäischer Ebene oder in die USA und nach Asien oder Nahost, und dann in Deutschland von München nach Hamburg und von Frankfurt nach Berlin und von Gütersloh nach Ulm usw.

So bildet Coaching in dieser Situation (als »Kutschen«) eine strukturelle Klammer oder Brücke zwischen eigenmotorischer und selbstverantworteter Bewegung und der technisch beschleunigten und fremdgesteuerten, der man sich im Alltag ohne Kenntnis von Steuermann oder Kapitän blindlings anvertraut und die einen doch spürbar wie von Zauberhand von einem Land in ein anderes versetzt, von einem Ort zum andern. Die Büros gleichen sich, die Temperatur mag mittels Air Conditioning die gleiche sein, aber der jeweilige Ort kann seiner konkreten Örtlichkeit entkleidet sein.

Auch dies ist Globalisierung: doppelte Raumdurchquerung. Einerseits virtuell mit dem Computer und Internet über Zeit-

zonen hinweg und ohne Tag und Nacht: ohne Zeitgrenzen, andererseits real durch eine Transplantation der Führungskräfte von einem Ort zum andern: ohne Raumgrenzen. Ihre körperliche Präsenz wird Allgegenwart und Ubiquität, und wird gerade darin zu virtueller, zufälliger Anwesenheit.
Diese multiple Beweglichkeit mündet in der Ortlosigkeit. Raum, die ewige und unermessliche Ressource früherer Zeiten, schmilzt zusammen zum Hindernis, das zu durchqueren oder kommunikativ zu überwinden ist. Statt einer Erfahrung (Erfahrung!) der Weite und der Überraschungen des Weges wird der durchquerte Raum zu einer Einengung am zugewiesenen Sitzplatz im geschlossenen Gehäuse, das sich wie ein Geschoss bewegt ohne unser eigenes Zutun. Dies halte ich für die folgenreichste Umkehrung: dass Raum einengt statt weitet. Ich kann dieser Tendenz nur entgegenwirken, indem ich versuche, die Weite des Raums zu beachten und zurückzugewinnen, Zeitmarkierungen wie das Läuten von Kirchenglocken oder das Schlagen von Uhren wahrzunehmen, um Grenzen zu erfahren, indem ich Schwellen und Stufen als Intervalle zwischen unterschiedlichen Räumen und Tätigkeiten nutze.
Utopie, altgriechisch ouk topos, heißt: kein Ort. Wofür man keinen Ort wusste, das erwartete man in der Zukunft. So hat Utopie den Sinn bekommen, noch nicht realisierte Visionen von Zukunft vor Augen zu stellen, am berühmtesten Thomas Morus' Utopia zum Ausgang des Mittelalters. Heute sehen wir den Zerfall der Utopien und ihre völlige Trivialisierung in Hunderten von Filmen und Tausenden von Büchern und in der Verramschung altehrwürdiger Inhalte. In Unternehmen wird stattdessen an Visionen gearbeitet und werden Missionen geklärt, mission statements verfasst und publiziert. Aber beiden fehlt es infolge ihrer Marktförmigkeit an Leuchtkraft:

ihre Ausstrahlung reicht nur noch in die Fernsehkanäle für die Dauer des nächsten Marketing-Konzepts.

Wie kann gleichwohl eine Erdung, eine Verortung, eine Beheimatung erlebt, erfahren und verstärkt werden? Wie lassen sich Zugehörigkeit und Bodenhaftung verstärken? Seit Jahrtausenden und Hunderttausenden von Jahren **gestalten Menschen den Raum,** in dem sie leben. Sie markieren ihr Revier und stecken ihr Territorium ab.[93] Vorgeschichtliche Höhlen sind ausgemalt mit Tierbildern. Reste von Pfahlbauten im Wasser oder Ausgrabungen an Hügeln und auf ebener Erde an unterschiedlichen Orten in Afrika oder der Türkei und im Zweistromland von Euphrat und Tigris zeugen von den frühesten Hausbauten, die wir kennen. Die Architektur (griechisch = den Türbogen haltend) gestaltet das menschliche Gehäuse als Höhle, Zelt, Nische, Erdbau, Holzhütte, Fachwerk und Steinhaus oder heute als Konstruktion aus Stahl, Beton und Glas.

Wie riesig auch immer ein Unternehmen oder eine Organisation sein mag, der einzelne Mensch, die einzelne Führungskraft hat »ihren« oder »seinen« Raum, in aller Regel ein Zimmer mit Fenstern und einem Ausblick irgendwohin und einer Möblierung, die unter unterschiedlichsten Kriterien betrachtet und bewertet werden kann. Ob und wie ein solcher Arbeitsraum bergendes Gehäuse darstellt und eine Art Beheimatung bietet, oder ob es ein ungeschützter, zugiger Ort des Durchgangs oder von unwirtlicher Transparenz ist, ob der Ort Raum gibt für Eigeninitiative und begrenzte Behaglichkeit oder nicht, entscheidet weithin über die Art und Weise, wie der Mensch selbst dort Platz findet, sich »**am rechten Ort**« weiß, Platz nimmt und arbeitsfähig ist oder auch nicht[94].

— Wie möbliert sich das Selbst einer Person –
  in welchen Räumlichkeiten? Bleibt die allgemein

übliche Trennung von Privatraum und öffentlichem Raum im Büro / Unternehmen gewahrt? Wo tauchen im Büro private Gegenstände auf? Welches ist Konstante, welches die Variable?
- Wie ist der Raum der Arbeit den Arbeitsvollzügen angemessen – von der Sitzplatzgestaltung bis zur Ablage in Schränken?
- Wie wirkt sich die Raumgestaltung in der Zugänglichkeit und Schließbarkeit, in der Möblierung, in Heizung und Ausblick aus Fenstern aus auf Arbeitsfähigkeit und Wohlbefinden oder Schmerzen? Wirkt es gesundheitsfördernd / salutogen oder krankmachend, pathologisch?
- Wie ist die Hinführung zum konkreten Raum der Führungskraft oder des Vorstands als Gremium, wie führen Achsen, Podeste, Zeichen, Bilder und Symbole usw. durch den Raum? Wie ist der Raum zugänglich für Mitarbeitende, welche Schleusen, Kontrollpunkte, welche Türwächter müssen sie passieren?
- Welche »Bedeutung« hat der Raum durch seine Lage (oberstes Stockwerk – Sitz der Hierarchie?)
- Wie lässt sich der Raum »hören«? Wie ist die Akustik, wie ist die Kommunikationsarchitektur (frontal in der Zentralachse, kreisförmig, im Oval oder Pentagon, wie im Hörsaal usw.)
- Für welche Art von Stimme ist der Raum geeignet und bietet oder verweigert Resonanz? Ist er für Stimme solo oder im Chor oder für Begleitung durch Instrumente (welche?) ausgelegt?
- Bietet der Raum eine Art Feedback auf die Position der innehabenden Person, auf deren Ruf bzw. Berufung? Ist der Raum Resonanz oder Echo auf die

Bedeutung, die ein Unternehmen dieser Person (als Vorstandssprecherin, CEO, Geschäftsführerin, Abteilungsleiter usw.) zuspricht?
— Wie erlaubt ein bestimmter Raum auf einer bestimmten Etage, der für eine bestimmte Funktion vorgesehen ist (und wo schon die Vorgängerin in gleicher Funktion über Jahre oder Jahrzehnte gearbeitet hat), seinen Platz zu finden und einen Platz einzunehmen in Entsprechung zu den gegenwärtig gegebenen Aufgaben und Herausforderungen?
— Wie ist es möglich, in einem so bestimmten Raum Position zu beziehen – man selbst oder gastweise anwesende Andere?
— Was offenbart oder verschweigt oder verhüllt der konkrete Raum über das »Sich Bewohnen« seiner Inhaberin /seines Inhabers? Was sagt er aus über ihre / seine Selbst(für)sorge?

3.2.3. Selbstbewegung Liegen in Rücken-, Seiten- und Bauchlage, ist die vorrangige Form der Positionierung während des Schlafs und in der Nacht. Zugleich die bevorzugte Position der Rekreation, der Reproduktion, der Sexualität. **Liegen** ist die am meisten »animalische« Bewegungsform; im Liegen trage ich nichts; im Liegen lasse ich meinen Verstand und meine Bewusstseinstätigkeit los; im Liegen ruhe ich. Liegend und schlafend verbringen wir ein Viertel oder ein Drittel unserer Lebenszeit, oder noch mehr. Liegen steht heute im krassem Gegensatz zur Arbeit. Selbst in der Kultur der Mittelmeerländer ist die Siesta aus dem Arbeitsbereich so gut wie gänzlich verdrängt. In kaum einem Unternehmen gibt es einen Raum, wo man sich zwischendurch hinlegen kann – auch wenn Gesundheitsratgeber eben dies empfehlen. Es scheint, dass die hierarchisch entschiedenen und organisatorisch motivierten Positionierungen und Positionen in Unternehmen so sehr in Bewegung und andauernder Veränderung sind, dass die reine Form der Positionierung, nämlich in einer Position zu verharren und zur Ruhe zu kommen, ausgeschlossen ist.

Die Kinästhetik lehrt und rekapituliert, wie der Mensch als Säugling lernt, vom Liegen in die aufrechte Haltung zu kommen, und wie dies am elegantesten und ökonomischsten vor sich geht.

Vor dem Knien kommt dabei die Bauchlage mit angezogenen Knien und bei gekrümmtem Rücken, das **Sich-Beugen**. Für Muslime ist dies eine der privilegierten Gebetshaltungen, die Prosternation (lat. prosternere – sich hinstrecken). Auch bei uns im Abendland war sie über lange Zeiträume üblich, als Unterwerfungshaltung vor Herrschern und Potentaten. Diese Haltung ist eine Demutshaltung. Demut ist Diene-Mut, also der Mut und die Souveränität, sich anderen »zu Diensten« zu geben aus freien Stücken. Sich beugen bzw. sich verneigen ist ein interessantes Maß, das einerseits den menschlichen Körper zusammenstaucht oder verkürzt oder komprimiert, andererseits eine unsichtbare innere Haltung in Verbindung setzt mit der Orientierung der Vita Activa, der Leistungserbringung für andere. Als sichtbarer körperlicher Ausdruck von Unterordnung stellt diese Haltung oder Positionierungsform die Frage nach den unsichtbaren Formen der Unterordnung, mehr noch nach den erfolgreichen Mechanismen der Unsichtbarmachung. Bandscheibenvorfälle, die ja eine häufige Managerkrankheit sind, können m.E. in diesem Kontext besser verstanden werden.

Knien, ebenfalls mehr eine Form der Positionierung als eine der Bewegung, ist in gleicher Weise ziemlich ungebräuchlich geworden. Selbst Katholiken beim Gebet knien heute nicht mehr regelmäßig oder unwillkürlich. Kniebänke gibt es aber noch überall in den katholischen Kirchen. Auch das Knien ist der Demutshaltung der Prosternation verwandt, ist aber eher noch eine Haltung der Anbetung, weil der Oberkörper einem Gegenüber zugewandt ist, z.B. dem Altar[95].

Nur noch an Wallfahrtsorten begegnet man heute Menschen, die sich auf den Knien auf Stufen oder einem Weg nach oben oder nach vorne bewegen – dies ist dann deutlich eine Bußbewegung. Eine Ausnahme ganz und gar.

Hocken und Sitzen auf der Erde sind für »primitive« Völker eine Positionierungsform der Ruhe, der Bewegung, dem Fortkommen oder gar dem Fortschritt entgegengesetzt. Man hockt auf der Stelle – wo auch immer; d.h. man braucht dazu weder Gerät noch Erlaubnis. Für bestimmte Länder und Kontinente ist das Hocken auch heute noch eine – zumindest für die Männer – privilegierte Haltung. Eine Haltung des Abwartens und der Geduld. Häufig aber auch eine Haltung der Vorbereitung auf etwas Unbekanntes. Und Hocken ist die Haltung des Defäzierens. Frauen, die pinkeln, gehen in die Hocke, Männer und Frauen, die scheißen, gehen in die Hocke – seit Jahrhunderttausenden, und auch heute noch in den zivilisiertesten Ländern, wenn jemand im Freien das Bedürfnis überkommt. Unschwer nachzuspüren, dass hier der »Stuhl« schon als bloßes Wort den Kultursprung hinein in Aufklärung und Moderne leistet. Hocken erlaubt individuellen und spontanen Körper»ausdruck«, während Stuhl Zivilisation mit ihren Regelungsmechanismen bedeutet.

Sitzen ist unsere heute privilegierte Haltung. Sitzen macht es möglich, Dinge zu halten und mit den Händen zu bewegen und zu bearbeiten. Es eröffnet ein Relationsfeld und einen Spielraum, den weder das Liegen noch das Sich-Beugen noch das Knien gewährt. Liegen, Sich-Beugen, Knien und Hocken sind Positionierungsformen, die das Tragen nicht oder kaum erlauben. In ihnen erscheint der Mensch also nicht als »Tragetier«. Die genannten Positionen sind den Tieren am nächsten; in ihnen sind wir am animalischsten. Zwar kann man im Hocken eine Tasse Tee halten oder tragen. Und man kann beim Knien eine Kerze halten. Noch wesentlicher aber, beim Knien ist der Oberkörper aufrecht (»ich halte mich«), und so ist es möglich, mit den Händen eine (mehr oder weniger) ruhige Gestik auszuführen und mit den Sinnen, mit Augen und Ohren, Geruch und Stimme, mit dem Verstand etwas mitzugestalten und sich als Mensch in eine Gemeinschaftshandlung einzubringen. Beim Knien öffnet sich das Relationsfeld zwischen Händen und Wort / Kopf, beim Sitzen ist es voll »aufgemacht«.

Ursprünglich ist **Sitzen** eine Herrschaftsposition. Die babylonischen und die ägyptischen Herrscher sitzen – auf einem Hocker, aufrecht, mit grade aufgesetzten Beinen und aufrechtem Kreuz oder Oberkörper. Die Hände liegen häufig ruhig auf den Knien, oder zeigen eine Geste der Souveränität oder ein Symbol der Herrschaft. Sitzen wurde dann populärer auf den Bänken, auf denen man bei Festen zu Tische saß (z.B. die Darstellungen der beiden Breughels), oder auch bei den Mönchen und Chorherren, die im Chor hinter (vor?) dem Lettner ihr Gestühl hatten und da sowohl sitzen als auch stehend lehnen konnten bei den lange währenden Gottesdiensten.

Sitzen auf einem Stuhl war eine Positionierungsform. Der Stuhl war über Jahrhunderte ein Steh-Möbelstück. Heute dagegen ist der Stuhl ein ziemlich bewegliches Sitzmöbel. Als Rollstuhl mit Miniaturrädern ist er das vorherrschende Sitzmöbel in den Büros und vor den PCs. Er erlaubt leichte und schnelle kurze Bewegungen nach links und rechts oder vor und zurück am Schreibtisch und kann sich um sich selbst drehen. Man kann die Höhe verstellen. In der Regel ist die Lehne ebenfalls beweglich, man kann aufrecht sitzen oder sich zurücklehnen. Man kann dauernd in Bewegung bleiben und muss sich selbst weniger bewegen: die vielen kleinen Selbstbewegungen innerhalb dieser Positionierungsform können aber umschlagen in eine Selbstbehinderung, weil wirklicher, in der Differenz gespürter Positionswechsel nur mehr selten stattfindet.

Das Sitzen auf dem Büro-Rollstuhl ist die Haltung schlechthin für die Arbeit am PC. Das über Jahrhunderte differenziert ausgebildete Relationsfeld zwischen »Hand und Wort« (Leroi Gourhan), zwischen Tätigkeit der Hände einerseits und Wahrnehmung mit den Augen und Äußerungen mit der Stimme andererseits hat den PC als gemeinsamen Gegenstand der Aufmerksamkeit. Für den Uhrmacher braucht es eine Vielzahl von Instrumenten, mit denen er im Relationsfeld von Hand und Kopf arbeitet. Ebenso für den Schuster, der dabei lange Zeit gehockt hat, oder für Schneider. Schreiber sind die Vorgänger unserer Sitzhaltung vor dem PC. Nur braucht der PC nicht mehr Papier, Tinte, Federkiel oder Füllhalter. Noch braucht es ein Buch mit beschränkter Seitenzahl und etlichem Gewicht. Der PC ist beides, Schreibpapier und Buch, Aktenschrank und Bibliothek – und mittlerweile auch Warenkatalog, Landkarte, Bildarchiv, Telefonbuch, Fahrplan, Bildschirm für Film und Fernsehen usw. Der PC ist ein Bildschirm, der den Blick der Augen und die Aufmerksamkeit des Verstandes fokussiert und die der Hände zugleich auf die Tastatur bannt. Auf dem Schirm und vermittels des »elektronischen Filzes«[96] wird eine Welt zugänglich und ein Himmel sichtbar, der so voller Informationen, aber auch so voller Wolken, voller Gewitter und voll Sonnenscheins ist, dass einem schwindlig werden kann. Wenn der Bildschirm den Blick und die Aufmerksamkeit 4 oder 6 oder 8 Stunden eines Tages lang fesselt, dann ist auch der Mensch gebunden und unfrei. Mit den Aktivitäten in seinem Relationsfeld ist er zwar in permanenter sparsamster Bewegung. Aber diese eingeschränkte Bewegung lässt die übrigen Bewegungsbedürfnisse des Körpers verkümmern. Erst recht, wenn die gleiche Rahmung des Blicks dann am Abend noch einmal vom Fernsehen verlängert und verstärkt wird.

Stehen ist die dem menschlichen »Zustand« zwischen Himmel und Erde am besten angemessene Haltung. Aber auch hier: wie steht ein Mensch, gerade aufgerichtet und den Kopf oben tragend, in sich gespannt und locker zugleich in Knochen, Muskeln und in den drei Ebenen von Füßen, Becken und Kinn? Stehen geht nicht ohne Haltung. Man kann freilich unbewusst und auf eine Weise stehen, ohne eine Haltung einzunehmen, haltungslos oder haltlos »herumhängen«. Aber meistens offenbart die »stehende« Haltung eine »bewegte« Haltung, zeigt die äußere eine innere Haltung. Haltung ist etwas anderes als Position. In Unternehmen und Organisationen meinen viele Menschen, die Position, d.h. da wo eine oder einer steht, mache den Standort und das Ansehen aus, das jemand »verdient«. Und diese Art der Positionsbestimmung ist durch Industriegesellschaft und Bürokratie der Neuzeit so vielfältig uns differenziert bestimmt und beschrieben[97], dass auch heute noch die Aushandlung von Status (lat.: Stand), Position (lat.: Stellung) und geschäftlichen Positionsveränderungen und -optionen das hauptsächliche Spiel bei der erwerbsmäßigen Beschäftigung darstellt. Die ökonomische Vernunft hat zwar Leistung in Produktion, Dienstleistung und Handel als Zweckbestimmung, aber das Spiel ist immer und überall ein Spiel um das Erreichen und Halten, um das

Gewinnen und Verlieren von Positionen. Auf diese Weise ist viel mehr Bewegung in der Position des Sitzens, als dem Sitzen selbst abzulesen ist. Zugleich ist diese Bewegung entkörperlicht und abstrakt, sie bindet die Aufmerksamkeit des Verstandes, hält aber nicht Muskeln und Gebeine gelenkig.

Position hin oder her, man oder frau nimmt eine Haltung ein. Unausweichlich. Mensch ist also aktiv in der Art und Weise, wie er oder sie Maß nimmt und eine entsprechende, ihr oder ihm und der Situation gemäße Haltung einnimmt. Wenn ich eine Haltung unbewusst einnehme, dann kann eine wichtige erste Veränderung sein, dieselbe Haltung bewusst einzunehmen. Und nehme ich eine Haltung bewusst ein, dann kann ich sie verändern, kann die Haltung selbst variieren, den Tonus, die Spannung, den Ausdruck, die Strebung, die Ausstrahlung, die Reichweite, die Stringenz. Und wenn ich noch Stimme mit Haltung kombiniere, kann ich ausdrucksfähig, eloquent, überzeugend, resonant, gewinnend wirken.

Stehend bin ich Träger oder Trägerin. Nicht nur weil ich meine Visitenkarte aus der Tasche ziehe und überreichen kann, sondern weil so, wie ich stehe, ich als Träger meines Namens und als eine Person da-stehe, die den Augenblick und die Gegenwart trägt – oder verstreichen lässt.

Vom Stehen komme ich zum Gehen. Auch beim **Gehen** zeige ich Haltung. Gehen nötigt die Haltung zur Ökonomie, zur Sparsamkeit und Eleganz bezogen auf die ganz konkreten Voraussetzungen in Körperbau, Muskeln, Fettgewebe usw. Ich folge bewusst und vergnügt dem Pfad des geringsten Widerstandes[98] und verbinde dies mit der Neugier des Unterschieds in der Bewegung. Andere Menschen gehen von einem »inneren Schweinehund« aus und vergegenwärtigen sich so den animalischen Anteil ihrer Leiblichkeit. Allerdings trägt der »innere Schweinehund« eine Abwertung mit sich. Das metaphorische

Haustier unter der eigenen Haut wird zum Gegner, den es zu überwinden oder zu kasteien oder sich zu unterwerfen gilt oder der mit harten Übungen, Prüfungen oder Nötigung gezähmt werden muss. Wahrscheinlich ist das selten zielführend, denn wenn der »innere Schweinehund« sich erst einmal als Haustier etabliert hat, erweist er sich dann auch als sehr vital. Man kann freilich auch ohne dieses Haustier leben. Ich komme ohne es aus und nutze als ein Maß, das ich anlegen kann, die Art und Weise der Selbstliebe, der Akzeptanz des eigenen Selbst, der Selbstregulation, der Selbstentwicklung usw.

»Das Unveränderte ist nicht wahrnehmbar, solange wir nicht bereit sind, uns im Verhältnis zu ihm zu bewegen.«[99] Es kommt also darauf an, dass etwas »in Gang kommt«, eine Veränderung im Eindruck oder in der Intention, in der Aufmerksamkeit oder in der Neugier auf die Situation wahrzunehmen: einen Unterschied. Dann entspricht Gehen dem Spiel der Schublade. »Es geht«, und mit dem Gehen kommt die Überraschung.

In die Vielfalt der Arten von Gang und Bewegung will ich mich an dieser Stelle nicht verlieren. Wichtig ist mir die kompensatorische und rekreative Funktion von Joggen, Golfen, Tennis, Reiten, Wandern, Turnen, Schwimmen oder Fitness-Training. Wenn es einigermaßen regelmäßig ausgeübt wird, hat es meistens auch eine wohltätige Wirkung und trägt zur Balancierung von Arbeit und Leben in der Eigenzeit bei. Großenteils sind solche sportlichen Aktivitäten heute eingebettet in eine Fahrt mit dem Auto hin zum Ort der körperlichen Betätigung und zurück. Das Auto trägt eine/n an den Ort der bewusst bewählten Bewegungstätigkeit. Teils ist es unvermeidlich, teils aber auch gut vermeidbar, wenn man statt per Auto sich selbst bewegen (Auto-Motion) und mit dem Fahrrad oder zu Fuß dorthin gelangen kann.

Die sieben Formen der Positionierung und Selbstbewegung, Liegen, Sich-Beugen, Knien, Hocken, Sitzen, Stehen, Gehen sind immer und überall auf der Stelle möglich; selbst Laufen, wenn es ein Auf-der-Stelle-laufen ist: Nelson Mandela hat im Gefängnis auf Robben Island täglich ein ausführliches Laufprogramm in seiner Zelle absolviert und sich so körperlich auf unabsehbare Jahre der Gefangenschaft fit gehalten. Diese sieben oder acht Bewegungs- und Haltungsformen erlauben ein Maximum an Selbstbewegung und an innerer Bewegung. Sie ermöglichen ein Inne-werden. Sie erlauben das Innehalten. Sie können wirkungsvolle Instrumente zur Selbstunterbrechung und zu neuer Anpassung sein. Sie ermöglichen Selbstregulation und Selbststeuerung, und zwar so subtil und ökonomisch sparsam und effizient, dass Umstehende es kaum bemerken müssen oder können. D.h. diese sieben oder acht Formen der Positionierung und Selbstbewegung sind ein permanent zugängliches Reservoir zur Selbstunterstützung: Ressourcen, die von der Last der Leistungserbringung befreien und den Himmel offen halten.

3.2.4. Zeitempfinden Wie kann sich heute noch eine spezifische zeitbezogene **Empfindungsfähigkeit** herausbilden und entwickeln bei Menschen, die überall von Uhren, Kalendern, Zeitansagen und zeitlich definierten Vorgaben und Programmen umgeben sind? Kann Zeitmanagement ohne Zeitempfinden eingeübt werden? »Work-life balance« ist Inbegriff dafür geworden, Arbeits- und Privatleben ausgewogen zu gestalten, zu balancieren. Diese Balancierungsleistung kann mit Coaching und mit vielfältigen Techniken[100] unterstützt werden. Oft muss allerdings zuerst an der Wahrnehmungsleistung des diesbezüglichen Gleichgewichtsorgans gearbeitet werden. Damit dann eine wirkliche **Balance** zustande kommt, empfiehlt es sich, auf die unterschiedlichen Gewichte zu achten. Es zeigt sich schnell, wenn sie ungleich verteilt sind. Arbeitsleben ist ohne Privatleben nicht möglich, weil ein Mensch auf ein Minimum an Essen, Schlaf und sonstiger körperlicher Reproduktion nicht verzichten kann. Umgekehrt ist ein Privatleben ohne Arbeitsleben sehr wohl denkbar.

Wichtiger als eine Balancierung dieser zwei ungleichen Begriffe und Lebenssphären erscheint aber, **Eigenzeit** als Kategorie zu bestimmen und in der Lebenspraxis zu etablieren und zu verstärken. Eigenzeit ist selbstbestimmte Zeit, d.h. nicht die private Zeit beim Zähneputzen am Morgen oder im Gespräch mit der Familie oder am Krankenbett des Schwiegervaters, sondern Zeit, die als Zeit für mich selbst zur Verfügung steht. Eigenzeit steht gegen fremdbestimmte Zeit und will als solche eingeübt sein. Sie ist sozusagen die Anzeigenadel zwischen den beiden Schalen der Waage. Ohne sie erscheint jede Balancierung illusorisch.

Wie wird Zeit vorab jeder Maßeinheit **empfunden?** Denn Zeit muss empfunden werden, wahrgenommen, bevor sie gemessen wird! Wie soll sie denn sonst gemessen werden? Wie schwer ist sie oder wie leicht, wie schnell oder wie luftig, wie dünn oder wie zähflüssig? Welches ist dann die der Person angemessene Zeiteinheit, jenseits von Armbanduhr und gesellschaftlich vorgegebenen Maßen? Kinder und Jugendliche werden auf Zeiteinheiten in der Schule und mit Schulstunden von 45 Minuten Dauer hin erzogen. Das Arbeitsleben hat einen Normalarbeitstag von nach wie vor 8 Stunden, die Normalarbeitswoche umfasst 40 Stunden, früheren gewerkschaftlichen Minimierungsversuchen zum Trotz. Wenn aber jemand in der Regel 12 oder mehr Stunden pro Tag arbeitet und häufig auch am Wochenende, wie kann er oder sie die Zeit balancieren? Wie kann Eigenzeit erkannt, genutzt, erweitert werden?

Inwiefern ist der **Sonntag vom Werktag unterschieden** hinsichtlich der Zeitqualität? In der jüdisch-christlichen Tradition ist der Sabbat oder der Sonntag der Tag der Schöpfung, der Re-Kreation – im Erinnern der ursprünglichen Schöpfung erholen sich die Menschen von ihrem fortwährenden Tätigsein und ihrer wöchentlichen Erschöpfung und finden neue Ressourcen in der Distanz von und zu der alltäglichen Mühe, im Nichtstun, in der Gelassenheit, in Anbetung, Lobpreis und Feier, beim Spaziergang (einer sehr deutschen Erfindung) oder in der Langeweile (zunehmend selten angesichts der Unterhaltungsindustrie, aber von ihr auch gerade wieder produziert).

Die **Interpunktion** des Zeitflusses eines Menschenlebens geschieht mit Hilfe dieser Zeitmaße und Zeiteinheiten. Intervalle und Zeitmaße sind unersetzlich für unser Erinnerungsvermögen. Wir brauchen Meilensteine oder Markierungen, die ein Vorher vom Nachher trennen und ein Ereignis lokalisieren und verorten. Wie sehr ein Mensch in Stunden und Arbeitstagen von 12 oder mehr Stunden denkt und lebt, wie sehr eine Rentnerin sich dem Gleichfluss der Zeit ohne Kalender hingeben kann, wie sehr auch ein Lebemann sich im Verzehr aufgehäuften Reichtums durch die Welt und ihre Zeitzonen bewegen mag: jeder Mensch nutzt **auf ihm eigene, wo möglich gemäße** Weise die Tage und Wochen, die Monate und Jahre, die Jahrzehnte und ein Leben, mit begrenzter Zeit und unvorhersehbarem Ende.[101]

Die **Qualifizierung** von Zeit »**in Maßen**« ist unerlässlich, wenn ich Prioritäten setzen will – was ich nur innerhalb der Zeit tun kann. Ich unterscheide in Chronos und Kairos, in ablaufende und erfüllte Zeit, in der ich ganz in der Gegenwart aufgehen kann. Ich frage aber auch nach dem konativen Zeitempfinden, der unbewusst-untergründigen Richtung und

Ahnung von Zeit, nach der Qualität von vertrauensvoller Stetigkeit oder dem Getriebensein im Leben, nach Leistungsnotwendigkeit und Freiheit des Engagements, nach Lebensplanung und in Erfüllung und Freude gelebtem Leben. Ich frage nach der Empfindung von Zeitverlust und Zeitgewinn. Ich frage nach Müdigkeit und Spannkraft. Und ich kümmere mich selbst immer wieder und immer neu um Zeitwohlstand – ich für mich persönlich, weil ich der Auffassung bin, dass ich ohne Zeitwohlstand anderen Menschen nicht wirklich in ihrem oft hart eingezwängten Zeiterleben neue Optionen erschließen helfen kann. Ich frage nach Langeweile – nicht unbedingt, um sie herbeizureden, eher als Qualität im Gegensatz zu schnell, klar, effizient, ergebnisorientiert usw.

Was braucht lange Weile, was hat die Qualität des Verweilens? Ich frage nach erfüllter Zeit – und wie ich sie besser wahrnehmen kann; wahrnehmen im Sinne von sehen und wertschätzen und wahrnehmen im Sinn von wahr machen, nutzen, selbst gestalten.

Der Beschleunigung von Zeit und der Zeitersparnis, dem Zeitmangel setze ich die Entschleunigung entgegen, den Fluss oder auch den Überfluss der Gegenwart, den Zeitwohlstand (und vielleicht zunächst nur als Utopie).

3.2.5. Selbstzustände Westliche Menschen verstehen / begreifen sich überwiegend als wach, rational, bewusst. Als Gegensatz von »wach« gilt »schlafend«, weniger »träumend« und sehr eingeschränkt nur »dämmernd«, »versunken«. Als Gegensatz von »rational« gilt »emotional«, also den Gefühlen freien Lauf lassend, unbeherrscht, unkontrolliert, sich rationaler Logik abwendend oder verschließend. Als Gegensatz von »bewusst« gilt der Alltagssprache das »Unbewußte«, »le non-dit«, das Vergessene und Verdrängte, das Geheimnisvolle, das dem Wissen und der Wissenschaft Unzugängliche, die Trance, die meditativ nach innen gerichtete Haltung, das Mythische, Esoterische. Was wäre der Gegensatz von kreativ? Krank, gehemmt? Und welche Elemente aus all den genannten Begriffen (und noch weiteren, die zu nennen wären) müssten kombiniert werden, um Kreativität einigermaßen angemessen zu bestimmen?

Die Selbstzustände sind einerseits Zustände. Andererseits sind sie hergestellt, »leib-eigen« oder (lebens-)lang gelernt oder auch kurzfristig willkürlich induziert. Atem, Tonus, Gestimmtheit, Aufgelegt-sein, Stress in Form von Eustress oder Distress, Equilibrium und Balance, Momentum und Strebung, Loslassen oder Gerichtetsein. Aber auch die Kombination von Focus, Energie und Intention.

Guter Laune oder aufgeregt.

In der Ruhe liegt die Kraft.[102] Aber es gibt »leibeigen« auch Narben, Verletzungen und Selbstverletzung, Schaden und Selbstbeschädigung, Selbstbestrafung, Tätowierung (heutzutage ein eigenes Kapitel, Beschriftung der Außenhaut bei gleichzeitigem Verstummen der inneren Organe), Verstümmelung, Erniedrigung, Ausgrenzung, Eingeschlossenwerden.[103]

Diese Arten von »negativ beschriebenen« Selbstzuständen verweisen immer in je spezifischer Weise auf die Art der Zugehörigkeit oder Nicht-zugehörigkeit. Das Soziale und das Individuelle sind ineinander verwoben, das eine die Schrift, das andere das Papier, aber je nachdem, wechselnd, mal so und mal anders.

Selbstzuständigkeiten

Mathias hat sich im letzten Drittel unserer Zusammenarbeit im Coaching einen Hund gekauft. Seine Kinder hatten schon lange um einen gebettelt. Er und auch seine

Frau hatten abgelehnt im sicheren Wissen, dass er doch überwiegend derjenige sein würde, der morgens mit ihm rausgehen würde. Aber als er das dann selbst wollte, waren zwei Bedingungen klar: Seinen allgemeinen Selbstzustand betreffend, nach dem Bandscheibenvorfall und nach der Operation, war die gewisse Einsicht, dass regelmäßiges Gehen unter freiem Himmel ein für ihn unbedingt notwendiges Atemholen war. Das Gehen in der Frühe war ein Raum, der nur ihm gehörte, wo er sich auf den Tag in der Bank einstimmen und innerlich vorbereiten konnte, wo er in privilegiertem Kontakt mit sich selbst und der umgebenden Natur auftanken konnte. Und ein Hund, der allenfalls bellt, aber nicht spricht, stellte sich als der optimaler Begleiter für dieses Gehen heraus. Auch sozusagen als »Objektivierung« der Notwendigkeit des selbstverschriebenen Gehens. Die Selbstverschreibung beruhte aber auf der Gewissheit, dass Gehen ein lebensnotweniger Selbstzustand für Mathias ist.

Und Selbstmanagement (die zweite Bedingung) bedeutete dann lediglich, dafür Sorge zu tragen, dass dieser vitale Selbstzustand auch täglich und regelmäßig ermöglicht wurde: dazu der »selbstverschriebene« Hund, der freilich auch zugleich die Beziehung zu seinen drei Kindern verändert hat.

Nicht immer ist es so einfach, »auf den Hund zu kommen«. Aber es braucht im Coaching in den meisten Fällen mehrere intensive Sitzungen vertrauensvoller Zusammenarbeit, bis im Dialog ein bestimmter Selbstzustand thematisiert werden und Selbstmanagement in einen Entwicklungshorizont »einverwurzelt« werden kann.

> Bei Fred war es die Montignac-Ernährung, für die er sich überraschend entschied und zuständig erklärte. Eben keine Diät wie verschiedenste äußere und oberflächliche Verschreibungen zuvor, sondern die eigene Neugier und Lust an bewusstem und genussvollem Essen bei den häufigen geschäftlichen Verpflichtungen (Fred war schließlich in der Nahrungsmittelindustrie).
> Bei Linda war eine frühe Selbstzuständigkeit nicht das Tagebuch bzw. die Reflexionskladde, die jeder Coachee zu Beginn eines Prozesses von uns erhält, sondern die eigene Form eines jeweils einzelnen Blattes aus Büttenpapier, das sie morgens nach einer kurzen Meditation »bemalte«. Dabei warf sie nicht schnell die wichtigsten Ziele für den Tag aufs Papier, sondern machte eine Kalligrafie aus ihrer Intuition und ihrem Wollen: eine ganz individuelle »Vor-Schrift«, die ihr den ganzen Tag als Orientierungsleitfaden und als Energiequelle dienen konnte.

3.2.6 Selbstmanagement Für Selbstmanagement wird eine Unzahl von Konzepten, Techniken und Tools angeboten. Sie reichen von Feng Shui und Techniken zum Ordnen von Papieren am Arbeitsplatz bis hin zu Meditation oder Quantum Light Breath. Täglich oder wöchentlich kommen weitere hinzu. Das historisch Neue am Konzept des Selbstmanagements ist, dass die Person sich selbst als im Sinne eines Hauptes unterstellt oder im Sinne der Entwicklung als zu erziehend vorstellt. Man kann sich selbst managen wie ein Projekt, man kann sich selbst managen wie man ein Boot steuert, man kann sich selbst managen wie eine Operndiva oder betreuen wie eine Gruppe Alkoholabhängiger. Voraussetzung ist immer: Ich bin mir formbar. Ich muss mich und mein Wollen, meine Emotionen, meine Erfahrungen und Einsichten und Wünsche in Einklang bringen. Ich muss mir bewusst halten: Ich bin mir selbst Arbeitsgegenstand.

Wenn dem so ist, dann kann jedes Lernen und jedes Wollen zum Selbstmanagement werden. Selbstmanagement ist die Vorbereitungsphase für Verhalten und Tun. Es ist die Steuerung und Kontrolle der Verhaltensziele und der Ergebnisse der eigenen Aktivitäten. Und es ist die Auswertung und Reflexion im Sinne der Selbstverbesserung und Selbsteffektivierung.

Wenn jede Regung, jedes Gefühl, jeder Gedanke, jede Intention usw. zum Gegenstand des Selbstmanagements werden kann, dann erfordert jedes Management-Konzept eine Stringenz und Vergleichbarkeit, und zu allererst eine besondere Achtsamkeit für sich selbst. Diese Achtsamkeit muss von anderen Selbstzuständen unterschieden sein. Ohne sie gäbe es nur unbewusste Selbststeuerung. Die Achtsamkeit für sich selbst und für Selbstveränderung bzw. Selbstverbesserung muss unterschieden sein von anderen Seinszuständen, sie muss als solche benannt und spezifiziert werden, und sie muss in der Regel geübt werden, wenn sie nicht unterschiedslos und wirkungslos in andere Zustände hinübergleiten und »verduften« soll.

Die Entdeckung von Moshe Feldenkrais ist die elementare Bedeutung von **Bewegung** – in dem Sinne, dass das motorische Selbstmanagement immer auch Selbstmanagement in einem weiteren und tieferen Sinn sein kann. Bewußtheit durch Bewegung[104] heißt, ich achte darauf, wie ich mich spüre bei kleinen und kleinsten Bewegungen. Wie zum Beispiel kann ich den linken kleinen Finger meiner Hand ganz langsam von der gestreckten Haltung aus beugen? Wie geht dies und was empfinde ich dabei? Wie bleiben die andern Finger ruhig oder bewegen sich mit? Welche Muskeln im Unterarm kann ich bei dieser Bewegung spüren? Kann ich eine gleiche oder ähnliche Bewegung ausführen mit dem linken Zeh? Oder mit dem rechten kleinen Finger?

Ebenso kann ich meine Augen bewegen, nicht nur nach links und rechts und oben und unten, sondern auch vor und zurück, auch wenn dies sehr ungewohnt sein mag. Ich kann mit einiger Übung meine Augenhöhlen ertasten und spüren. Und so weiter mit allen Gliedmaßen. Ich kann dabei Maß nehmen an mir selbst: links und rechts vergleichen. Oben und unten vergleichen und in Beziehung setzen: Oberarm – Unterarm – Hand; Oberschenkel – Unterschenkel – Fuß; ich kann Entfernungen spüren und Abhängigkeit und Wirkung, den Weg der Aufmerksamkeit vom linken Ohr zum rechten Ohr oder vom Hüftknochen zum Steißbein (Sacrum). Ich kann diese Wahrnehmungen je nachdem durch Sitzen oder Stehen oder Liegen unterstützen und besser spüren. Usw. usf.

Das heißt, ich kann eine unendliche Zahl von Bewegungen ausprobieren und ausführen. Ich kann eingeübte Bewegungen neu lernen. Ich kann eingefrorene Bewegungen auftauen. Ich kann unbewusste oder nie gespürte Bewegungen in meine Aufmerksamkeit hereinholen.

Selbstmanagement mit Bewegung ermöglicht mir, mich in jeder Konferenz, in der ich still sitze aus Höflichkeit und mit einer gewissen Aufmerksamkeit für das, was da vor sich geht, bewegen zu können. Ich kann mich in mir selbst so bewegen, dass es Außenstehende so gut wie nicht bemerken können. Ich kann es freilich auch so machen, dass es andere wahrnehmen könnten, oder doch nicht können, wenn ich es für mich im eigenen Raum tue oder wenn ich mich unbeobachtet weiß wie im Zug oder im Fond des Autos oder auf dem Weg die Treppe hoch. Je mehr ich hier neugierig auf mich selbst bin und ungewohnte Bewegungen auskundschafte, desto mehr Ressourcen bietet mir diese Art von körperlichem Selbstmanagement. Bewusstheit durch Bewegung führt so zur Entdeckung von Alternativen und zu einem Reichtum an Optionen.

Bei jeder Bewegung nehme ich eine **Haltung** ein. Eine gerade oder gekrümmte Haltung, eine zugewandte, eine abweisende, distanzierte, eine wohlwollende, eine neugierige, eine interessierte usw., d.h. mit meiner Haltung drücke ich ein Verhältnis zu etwas, zu jemandem aus. Haltung setzt mich ins Verhältnis. Ich verhalte mich. Ich kann mich zu mir selbst (reflexiv) ins Verhältnis setzen. Oder zu anderen, aktiv oder auch passiv. Meine Haltung kann aufnehmen und ausdrücken, wie ich stehe (wörtlich und im übertragenen Sinn). Oder wie ich mich zentriere oder zentriert bin, in mir ruhe.

Wofür ich gerade stehe.

Wofür ich mir den Buckel krumm mache.

Was mich beugt.

Wohin ich gehöre und wo ich hingehöre.

Wie ich mich für zugehörig halte.

Wo und wie ich zuhöre.

Mit meiner Haltung positioniere ich mich selbst. Dies gilt auch wieder beidseitig: mit meiner Haltung präsentiere ich mich für eine bestimmte Position, erringe die Aufmerksamkeit, für eine Position vorgeschlagen oder benannt zu werden. Mit meiner Haltung kann ich aber auch eine Position, die ich innehabe, verlieren, wenn die Haltung den Anforderungen der Position nicht (mehr) entspricht. So nötigt mir eine bestimmte Position auch eine Haltung ab, oder erlegt sie mir auf. Ich muss möglicherweise Haltung einnehmen. Vielleicht sogar eine Haltung, die ich körperlich oder seelisch nicht halten kann, die über meine Kräfte geht, die mich überfordert, die

nicht zu meinen Werten, zu meiner Werthaltung passt. Oder eine, die ich erst lernen und einüben muss.
— Wie überprüfe ich meine Haltung?
— Wie übe ich die Haltung, die zu mir passt?
— Wer gibt mir Feedback zu meiner Haltung (der Spiegel, meine Partnerin, mein Partner)?
— Wie qualifiziere ich selbst meine Haltung, mein Reservoir an Haltungen, eine einzelne Haltung die ich einnehmen kann?
— Wie qualifiziere ich meine Werthaltung?

Ich *nehme* eine Haltung *ein*.
Ich nehme eine **Haltung** ein.
Mit meiner Haltung kann ich **Halt** geben.
Mit meiner Haltung gebe *ich* Halt.

»Man kann sich nicht nicht **verhalten**.« »Man kann nicht nicht kommunizieren« lautet der berühmte Satz von Paul Watzlawik. Ich bin also nicht ohne Haltung, körperlos oder geisthaft, anwesend, und immer verhalte ich mich, setze mich in ein Verhältnis oder stecke in einem Verhältnis. Das Verhältnis ist mehr als der Raum, in dem ich mich bewege, es strukturiert die Beziehungen und das Geflecht, in welchem ich mich (blind oder sehenden Auges) bewege. Meine Verhaltensweisen sind so vielfältig wie irgend was. Wie weiß ich, wie ich mich verhalte? Indem ich mir selbst (Körper-) Feedback nehme oder Feedback von andern hole. Indem ich mein Verhältnis bestimme und überprüfe. Indem ich meine Verhältnisse reflektiere (wenn ich denn nicht über meine Verhältnisse lebe!).

Zu meinem Verhalten gehört untrennbar meine **Gestik**. Das eine ist ohne das andere undenkbar. Zwar kann ich auch ein Verhalten spielen, aber meine Gestik ist viel leichter noch differenzierbar und austauschbar als mein Verhalten. Meine Gestik ist Teil meines Verhaltens, nicht umgekehrt.

- Welche meiner Gesten sind mir bewusst?
- Welche kleinen Gesten führe ich oft aus?
- Welche große Geste traue ich mir zu?
- Welche allgemein üblichen Gesten nutze ich (z.B. Victory-Zeichen), welche bewusst nicht? Welche Gesten, die ich an Menschen in andern Ländern oder aus anderen Kulturen bemerke, bewundere ich, welche lehne ich ab?
- Gestikuliere ich? Oder wie würde es aussehen, wenn ich gestikulieren würde?

»Geste« ist vom Lateinischen Partizip Perfekt »gestum« abgeleitet und heißt »geführt«. Mit meiner Gestik führe ich *etwas / mich* aus. Die Geste kann unterstreichen und unterstützen, was ich sagen und ausführen will. Sie kann aber auch in der ihr eigenen Sprache verraten oder konterkarieren, was ich sagen will. »Wie kann ich wissen, was ich denke, bevor ich sehe, was ich sage«[105] – dies ist täglich in jeder Organisation, in jeder Art und Weise von Zugehörigkeit zu lösen und zu beantworten.

Meine **Strebung** bindet meine Haltung und meine Gestik zusammen. Sie fügt aber dem Körperausdruck und dem Leibempfinden mein geistig-seelisches Wollen zu. Strebung ist Intention, aber eben nicht nur verstandesmäßiges »Auf-etwas-zugehen«, nicht bloß zweckmäßige Zielgerichtetheit, sondern die gefühlte und spürbare Richtungnahme.

In der Körperarchitektur bilden »hängen« und »streben« die komplementären Möglichkeiten, vor allem in der Muskelbewegung. Mit Strebung drücke ich einerseits aus, was mein »konatives« Selbstbild ist, d.h. in welche Richtung ich mich gehen, ich mich selbst entwickeln sehe. Diese Art von Strebung bezieht sich im übertragenen Sinn auf das »Stück, in dem ich spiele«. Eine weitere und schärfere Art von Strebung ist dann »die Rolle in dem Stück, in der ich spiele«. Ich kann eine bestimmte Rolle anstreben, und ich habe in meiner jeweiligen Rolle eine bestimmte Strebung (wenn ich mich nicht gerade hängen lasse oder »abhänge«!).

Mein **Habitus** ist mein gewohnter Selbstzustand. Habitus hat mit Gewohnheiten zu tun, mit Gewohnheiten des Sich-Bewohnens, aber auch des Verhaltens, des Sich-Aufführens, der Wohn- und Arbeitsumgebung. Also mit dem Habitat. Habitus ist heute eher ungebräuchlich als Begriff – in einer Welt schneller Veränderungen und wechselnder Formen der Selbstdarstellung (Xing oder Facebook im Internet usw.) ist Habitus eher der mit den Kleidern der letzten Jahre gefüllte Kleiderschrank. Aus der Mode, nicht mehr up to date.

Mein **Modus** dagegen ist mein situativer, sozusagen schon »gemanagter«, Selbstzustand. Ich bin im Arbeitsmodus oder im Modus freischwebender Aufmerksamkeit, im Modus zugewandter Fürsorglichkeit, im Modus einer unbeirrbaren Ergebnisorientierung. Das war früher vielleicht eher der Begriff der Fassung. Wie bin ich aus der Fassung zu bringen? In welcher Verfassung bin ich? Bin ich gefasst in Hinsicht auf das, was ich vorhabe und was vor mir liegt?

Meine **Rolle**[106] im Sinne des erlernten Rollenverhaltens steht im Zusammenhang mit dem gewählten oder adaptierten Selbstbild. Sie hat viel zu tun mit Erfahrungen aus der Kindheit und Adoleszenz, hängt mit Geschwisterfolge zusammen[107], mit Karriere, mit dem Persönlichkeitsprofil. So kann jemand die Rolle des Clowns, des Aufsammlers, der fürsorglichen Mutter, des strengen und kritischen (Über-)Vaters, des verträumten Kindes usw. spielen, und bei solchem Spiel ist meistens in der Situation ein gut Teil unbewusst. Solch ein Rollenverhalten stellt oft eine in einer früheren Zeit geleistete Integration von Einnahme einer Position und Übernahme einer Rolle, von Haltung und Bewegung und Gestik und Strebung dar. Als Rollenverhalten mag sich diese Art von Selbstmanagement bewährt haben, ist aber nicht auf heute gegebene Bedingungen hin angepasst oder weiter entwickelt worden. Solche Rollen-Muster werden ergänzt durch Glaubenssätze, Lebensmotti oder tiefliegende Überzeugungen. Sie zu verändern, braucht Neugier und Respekt und Wohlwollen.

Ich habe das Wort Selbstmanagement zuvor mehrfach benutzt: als Sammelbegriff für die Art und Weise, wie ich mich bewege und halte, was meine Haltung ist, welche Gestik ich ausführe und was ich von Gestik und Gestikulieren halte. Als Ausdruck meines konativen Verhaltens, meiner Strebung, meiner Rolle, meines Habitus und meiner Modalität des Daseins. Und als intentionale, absichtliche und willentliche Art des »Sich-Aufführens (ein Wort, das heute fast ausschließlich in negativer Konnotation gebraucht wird, sachlich aber einfach ein zutreffender und m.E. korrekter deutscher Ausdruck ist anstelle von Selbstmanagement).

Mit Selbstmanagement gestalte oder verändere ich meinen Selbstzustand und erreiche Wirksamkeit. Mehr oder weniger verkörpere ich ein ästhetisches Ebenmaß von Beitrag und Zugehörigkeit – es ist in seiner Ganzheit für andere spontan bzw. intuitiv wahrnehmbar.

3.2.7 Gesundheit und Krankheit Aber wie immer, wo ich mir selbst Körper bin und mich »habe«, bin ich auch Leib, bin ich eingetaucht in eine Befindlichkeit und Struktur von gesundem oder krankem Lebendigsein. Das Konzept Embodiment[108] ist der neue Begriff von dem, was über Jahrhunderte mit dem eher theologisch geprägten Wort Inkarnation[109] ausgedrückt war. Es macht anschaulich, wie Gehirn, Geist und Psyche im Leib / Körper einwohnen und wie der menschliche Körper innerhalb einer konkreten Umwelt eingepasst oder eingebettet ist.[110]

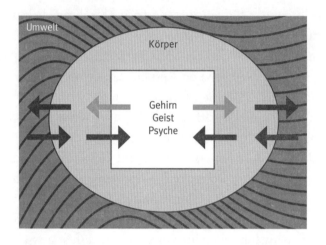

Die Gegenposition würde schematisch etwa so aussehen: ▼

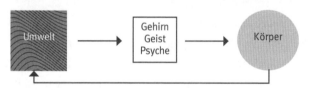

Unsere Kultur bietet Sprachen, Räume und Verstehenshorizonte an: hoch differenzierte Systeme innerhalb von Medizin, Pharmazie und Heilpraktik. Verschiedene wissenschaftliche Disziplinen und therapeutische Praktiken stellen eine Vielfalt von Begriffen, Diagnose- und Heilungsverfahren sowie entsprechende Kriterien und Maße zur Verfügung. Überwiegend ist der diesbezügliche Wortschatz aus dem Lateinischen oder Griechischen abgeleitet, wird heute aber ergänzt vor allem z.B. aus ayurvedischen Heilverfahren oder aus chinesichen und anderen Traditionen. Schon jeder medizinische Laie hat vorweg eine Wahl zu treffen und sich für eine bestimmte allopathische oder homöopathische Richtung bzw. für eine Begrifflichkeit zu entscheiden, die ihm oder ihr zur Beschreibung der Phänomene im Bereich von gesund / krank bzw. heilbar oder heilsam verhilft. Gesundheit bzw. Heilung macht autonom. Häufig entscheidet schon die Sprache einer Person bzw. das darin implizit zum Ausdruck kommende Selbstbild über die Möglichkeit oder Wahrscheinlichkeit der Gesundungschancen. Krankheit und Schmerz dagegen machen abhängig und binden an die Gemeinschaft und die Gesellschaft. Schmerz beeinträchtigt die »selbstverständliche« Art und Weise des Sich-Bewohnens. Schmerz schließt aus, verunmöglicht gewisse Beiträge, schließt aus der Zugehörigkeit zu den normalen (Norm!) Gesunden. Aber Schmerz macht autonom in der Empfindung. Die Empfindung muss jedoch mitteilungsfähig sein, man muss Worte für sie finden und eine Sprache. Schmerz und eine ihm entsprechende (gemäße?) Fachsprache schließen dann ein in eine besondere Gemeinschaft von kranken, sensiblen, leidenden, therapierbaren Betroffenen. Z.B. in die Gemeinschaft all derjenigen, die an Heuschnupfen, Morbus Cron, Hörsturz, Diabetes, Brustcarcinom, Hämorrhoiden usw. leiden. Vor und neben jeder Krankheit gibt es mentale Bilder und innere Konstruktionen eines Übergangs von Gesund zu Krank und wieder zurück oder hin von Krank zu Gesund.

Schließlich werden im »Schmerz ebenso wie im Tod (…) die Gehalte des Bewusstseins zerstört. Sie sind die beiden intensivsten Varianten der Negation, Zeichen der Vernichtung, des absolut Widerwärtigen, obwohl der Tod durch Abwesenheit, der Schmerz dagegen durch empfundene Gegenwart ausgezeichnet ist und obwohl der Tod das Ende allen Empfindens bedeutet, während der Schmerz sich in der grotesken Übersteigerung der Empfindung bekundet.«[112]

Gesundheit als **Vermeidung oder Bewältigung von Krankheit** bzw. Heilung ist so auch vorrangiges Ziel des Selbstmanagements. Allgemeines Gesundheitswesen, spezielle Krankenhäuser, Kliniken, Rehabilitationszentren, sanitäre und salutogene Einrichtungen (»Wellness«) sind Bereiche für spezielles Management und für privatwirtschaftliche, genossenschaftliche, gesellschaftliche und politische Steuerung. Unterhalb dieser gesellschaftlichen Ebene betrifft das Selbstmanagement der jeweiligen Person immer auch Bereiche, die direkt eine Schnittfläche bieten für eine gesellschaftliche Bearbeitung. Die Art und Weise, wie ich meine Zähne pflege, führt mich in den Kontakt mit dem Zahnarzt oder hilft mir ihn vermeiden oder seine Leistungen reduzieren. Und dies gilt in jeder Hinsicht meiner Leiblichkeit. Aber selbst das beste Selbstmanagement kann mich nicht vor einer Erkältung oder einem Blinddarm oder einem Beinbruch schützen, und dann bin ich angewiesen auf Angebote der ärztlichen Diagnostik und Therapie und Rehabilitation. So konstruiere und rekonstruiere ich meine Leiblichkeit im sozialen Raum, ich präzisiere die Art und Weise, wie ich mich bewohne und wie mir wohl ist in meiner Haut, und ich erfahre und gestalte meine körperliche und geistigseelische Leistungsfähigkeit – auch die Leistungsfähigkeit des Beitrags, den ich zu leisten vermag, und der Zugehörigkeit, die ich mir leisten kann.

> **Gesundschreibung**
> Karin ist Head of CRM (Customer Relationship Management) in einer jungen expandierenden Firma. Ich lerne sie kennen als eine sehr offene, humorvolle und entschiedene Führungskraft, die mir im ersten Gespräch auch

schon ihr Übergewicht als eines der Themen benennt, das sie im Coaching bearbeiten will. Karin ist eine vorzügliche Schwimmerin, aber sie schwimmt am liebsten im Meer. Während normaler Arbeitswochen mit intensiver Belastung ist das Meer jedoch weit entfernt, Gehen wäre eine Alternative, aber zum Gehen ist keine oder zu wenig Zeit. Trotzdem kommt es schon in der ersten Sitzung zur »Verschreibung«[113] von mindestens zweimaligem ausgiebigen Gehen pro Woche.

Von medizinischer Seite, berichtet mir Karin, zeige sich keine Auffälligkeit und keine Bedürftigkeit.

In den verschiedenen Gesprächen zeichnet sich aus unterschiedlichen Details mehr und mehr das Bild ab, dass Karin sich ihre Aufgabe mitsamt ihrer Lebenssituation »sehr zu Herzen« nimmt. Einerseits macht sie CRM seit 4 Jahren sehr erfolgreich, erlebt sich jedoch mehr und mehr als Mahnerin, die auf kritische Vorgänge hinweist. Als Botschafterin unbequemer Botschaften sieht sie sich häufig in der Rolle der Kassandra. Andererseits setzt sie sich so intensiv für ihre Arbeit ein, dass ein deutlicher Kinderwunsch in den letzten zwei Jahren nicht in Erfüllung gegangen ist, und Karin sieht dabei kritisch auf ihr Alter von 36 Jahren.

Ihre körperliche Verfassung verändert sich allein durch die Verschreibung des Gehens nicht grundsätzlich. Eine Neubestimmung ihrer Karriere und Lebensplanung macht Sinn. Karin verhandelt mit ihrem Vorstandsvorsitzenden über einen anderen Verantwortungsbereich. Da dieser nicht sofort zur Verfügung steht, verabreden sie eine Art Sabbatical, einen Übergang in drei Stufen. Die erste Stufe beinhaltet die Einarbeitung ihres Nachfolgers in CRM, die zweite ist eine zweimonatige Auszeit, die

> dritte Stufe sieht dann die Einarbeitung in ihren neuen Verantwortungsbereich vor. Ob der Kinderwunsch dann auch noch in Erfüllung geht, bleibt freilich abzuwarten.

3.2.8. Raumbestimmung Wo ich als wohnhaft gemeldet bin, steht in meinen Personalausweis. Wo ich tatsächlich wohne, kann davon abweichen: Wo ich faktisch wohne und arbeite, ist mein alltäglicher Raum. Wohnort und Arbeitsort sind die Pole der täglichen Raumerfahrung – unter der Voraussetzung, dass sie eine tägliche Bewegung von dem einen zum andern erlauben, hin und zurück. Liegt der Arbeitsort weiter vom Wohnort entfernt, kömmt häufig ein wöchentliches Pendeln zustande. Oder es gibt zwei Wohnorte, einen an dem die Familie wohnt und am dem man zuhause ist, einen zweiten nahe beim Arbeitsort die Woche über. Aber auch der Arbeitsort kann variieren. Verkäufer und Vertriebsmenschen sind häufig unterwegs, oft mit einer Fahrleistung von mehr als 40 000 km pro Jahr. Oder der Arbeitsort eines Managers bedeutet, dass er verantwortlich ist für zwei Produktionsorte im Ausland oder für ein internationales Projekt auf drei Kontinenten oder dass seine Anwesenheit für 3 Monate in China unumgänglich ist. Dann lebt er für diese Zeit dort in einem Hotel. Den Normalarbeitsplatz gibt es kaum mehr. Das hat Auswirkungen hinsichtlich des Wohnorts für all diejenigen, die in solcher Arbeit stehen. Aber auch die Mobilität der Studierenden und der im Ruhestand Befindlichen oder all derjenigen, die aus unterschiedlichen Gründen nicht mehr der Arbeitsgesellschaft angehören, ist seit der Nachkriegsgeneration ungemein gewachsen. Schon in weiterführenden Schulen und Gymnasien sind Auslandsaufenthalte und Austauschmöglichkeiten die Regel. Rentner und Rentnerinnen sind häufig ökonomisch und gesundheitlich in der Lage, viele und auch große Reisen zu unternehmen, Städtereisen innerhalb Deutschlands oder Europas, Flüge nach Asien oder Australien, Schiffsfahrten auf den Weltmeeren, oder sie leben an zwei oder drei Orten, im Winter in Spanien auf Mallorca, im Sommer in Deutschland. Tourismus ist schließlich eine der kontinuierlich wachsenden Branchen, an der immer mehr Menschen partizipieren. Globalisierung bedeutet auf dieser individuellen Ebene der Mobilität und des häufigen Reisens, dass kein Ort der Erde prinzipiell unzugänglich ist.

Ich bestimme, wohin ich reise, wie ich die Welt »entdecke« und auf welche »Abenteuer« ich mich einlasse – auch wenn dieser Tourismus trotz der sprachlichen Gestalt von Entdeckung und Abenteuer längst das Risiko abgestreift hat und wir schon im Vorhinein entsprechend versichert sind.

Was ist angesichts dieser Möglichkeiten meine tägliche Raumerfahrung? Wie erfahre und bestimme ich meinen Wohnraum? Wie richte ich mich ein, übergangsweise oder auf (welche) Dauer, innerhalb welcher Wohnform, allein, in einer WG, als Paar, als Familie, als Arbeitssingle? Wie sehr ist meine Wohnung mein Privatraum, ein Gehäuse, das ganz auf mich zugeschnitten ist, mir vertraut, das ich als angenehm und unterstützend empfinde, das meinem Selbstmanagement entgegen kommt? Wie bewege ich mich fort vom Wohnort zum Arbeitsort und umgekehrt? Was ist oder was sind die Mittel meiner Fortbewegung und welche Selbstbewegung gibt es dabei? Welche Verkehrsmittel nutze ich, welche nutze ich gerne, welche widerstrebend oder nie? Wie sehr ist mein Arbeitsplatz mir eigen? Ist mein Schreibtisch ausschließlich für mich bestimmt, verfüge ich über einen eigenen Raum oder über mehr Räume, über ein Sitzungszimmer, ein Vorzimmer, ein Sekretariat, habe ich eine Abteilung oder einen Bereich, eine

Etage oder ein Gebäude, für das ich Verantwortung trage und das ich entsprechend meinen Zielen gestalten, errichten, umbauen, prägen kann? Arbeite ich in einem gläsernen Gebäude? Wenn ich Raumbestimmungsmacht habe, wie gestalte ich dann die Räume für andere im Unterschied zu meinem eigenen, wie gestalte ich öffentliche Räume?

> **Raumauslotung**
> Walter ist COO (Chief Operation Officer) einer Biotech-Firma. Als ich ihn in einer der ersten Sitzungen an seinem Arbeitsort aufsuche, bin ich auch neugierig, die Räume zu sehen, in denen er selbst arbeitet und wo die Sitzungen stattfinden. Im obersten Stock des Gebäudes, beeindruckend ausgestaltet mit moderner Kunst, tagt der Vorstand, in der Regel wöchentlich. Walter zeigt mir seinen »Platz« an dem ovalen Tisch, neben ihm der Vorsitzende und dessen Referent, der CFO (Chief Finance Officer) ihm gegenüber.
> Bei einer späteren Sitzung problematisiert Walter seine Arbeitsbeziehung zum CFO. Es passiere ihm immer wieder, dass er mit Projekten für Zukauf von Firmen beim Finanzchef auflaufe, obwohl sie gut vorbereitet seien und professionell präsentiert würden. Walter kann kein Verständnis für dies Verhalten aufbringen. Ich habe den CFO nie gesehen, aber mir ist das Bild der Sitzungsordnung im Meeting-Raum des Vorstandes vor Augen. So frage ich nach der konkreten Zuspitzung des Dialogs zwischen Walter und dem CFO.
> Mein Vorschlag an Walter ist dann, den Platz zu wechseln oder mit dem Vorsitzenden zu tauschen. Ziel dabei ist, aus dem direkten Gegenüber zum CFO rauszugehen und andere »Linien« in der Kommunikation zu erproben. Das lässt sich leicht machen. Der Erfolg ist verblüf-

fend, denn als Walter seine Raumnutzung von der frontalen Konfrontation zu einem lateralen Verhältnis verschiebt, verbessert sich die Arbeitsbeziehung zum CFO spürbar.

Wände einziehen
Heinz ist Vorstandssprecher einer kleinen ausländischen Bank in Frankfurt. Lediglich 160 Mitarbeitende arbeiten in dem gemieteten Büro, wo auch Heinz sein Sekretariat hat, etwa 850 Mitarbeitende sind an anderer Stelle untergebracht.
Als ich Heinz zum ersten Mal in seinem Büro besuche, führt mich die Sekretärin durch ein Großraumbüro hin zu einer Art Glaskasten. Heinz arbeitet in einem eigenen Raum, der aber für alle von außen einsehbar ist. Heinz hat zwei moderne Ölbilder auf dem Boden stehen – es gibt ja keine Vorrichtung, um sie aufhängen zu können an den Glaswänden.
Zum Glück hat Heinz schon beschlossen, dass die beiden Standorte zusammengeführt werden innerhalb eines neuen Gebäudes, das gerade fertig gestellt wird. Als ich Heinz nach der dort vorgesehenen Raumgestaltung frage, berichtet er mir, dass er auf soliden Wänden bestanden habe. Allerdings gibt es von den Mitarbeitenden Einwände, mit Hinweis auf die jetzige Situation. Im Gespräch kommen wir darauf, dass feste Wände bis zu einer Höhe von 2 m eingesetzt werden können, auf die dann Glas- oder Milchglasscheiben aufgesetzt werden bis zur Decke.
Heinz ist mit diesen Aussichten so euphorisch, dass er die beiden Ölbilder auf das Sideboard und das Regal in seinem Glaskasten stellt. So kann er seine Bilder besser

> sehen, und von außen ist sein Raum nicht mehr ganz so einsehbar wie zuvor. Eine gute Zwischenlösung, findet Heinz, und eine Direktive für die Zukunft?

Wie bewege ich mich im öffentlichen Raum? Bewege ich mich überhaupt im öffentlichen Raum, oder bewege ich mich vorwiegend oder ausschließlich in exklusiven oder privaten Räumen und in der Öffentlichkeit so, dass ich vor der Öffentlichkeit »geschützt« bin? Welches ist meine Öffentlichkeit, die der europäischen Stadt mit der fußläufigen Freizügigkeit der Bürgerinnen und Bürger oder die einer »gated community«, eines exklusiv abgegrenzten und von Sicherheitskräften bewachten Bezirks einer bestimmten Einkommensschicht? Bewege ich mich noch in diesem Raum, oder bewege ich mich mangels Bewegung in einem Fitnesscenter im Basement oder im Dachgeschoss meines Bürogebäudes oder meiner Wohnung?

— Welche Luft atme ich hier oder dort?
— Welches Wetter nehme ich wahr, wenn ich denn unter freiem Himmel mich bewege, oder wenn ich das Fenster öffne?
— Welche Temperatur spüre ich am einen oder andern Ort?
— Welche Heizung oder Klimaanlage prägt meine Räume? Wie verbindet sie mich mit andern Menschen? Wovon macht sie mich abhängig?
— Welche Möblierung finde ich hier oder dort vor? Habe ich sie übernommen oder selbst ausgewählt? Wie entspricht sie meinem Selbstmanagement? Welche Instrumente und Geräte sind zu meiner Disposition und wie fügen sie sich in den Kontext ein? Welche ästhetische und kulturelle Handschrift tragen sie?

- Welche Bilder, Projektionsflächen oder Tafeln / Flip Charts sind im Raum? Was machen Sie als Direktor, wenn auf dem Flur vor Ihrer Tür 23 handgemalte Bilder aller Vorgänger von Ihnen hängen? Wenn es eine Ahnengalerie im Unternehmen gibt, wo findet sie den angemessenen Platz, wo hat sie Raum?
- Wie nehmen Sie die Umgebung wahr? Welche Einkaufsmöglichkeiten, welche Möglichkeiten der Rekreation, der Kultur (Musik, Oper, Museen, Galerien, Kneipen, Restaurants, Jazz, Kino, Biergärten usw.) sind in Reichweite?
- Bezogen auf meine konkrete Zugehörigkeit zur Firma, zur Geschäftsleitung, zum Kreis der Abteilungsleitenden, der Referenten usw. – was ist mein Beitrag zur Gestaltung und zur Bewohnbarkeit des Ortes, an dem ich arbeite und lebe, was ist mein Beitrag zur Bewohnbarkeit der Region, des Landes, oder gar der Erde? (Wer bringt die Blumen mit?)
- Wie bestimmen Wetter und Wolken und Wind meine Lebens- und Arbeitsweise?
- Was ist mein Horizont? Wo geht der Blick über den Raum hinaus? Wenn ich im oberen oder obersten Stock eines Gebäudes residiere: was ist mein Überblick? Was überblicke ich und was übersehe ich, was muss ich zwangsläufig übersehen? Wie macht mich meine Position im Raum in solcher Höhe zum »Supervisor« und wie entzieht sie meinem Blick die Konkretheit bodenständigen Arbeitens und Lebens?
- Wie gestalten sich und wie gestalte ich die Zäsuren und Übergänge zwischen den Räumen, in denen ich mich bewege und die mir zur Verfügung stehen? Welche Räume öffnen sich mir, welche öffne ich?

Welche sind mir verschlossen, welche schließe ich zu oder ab? Wo ist exklusiver Zugang, wo Ausschluss – für wen?

— In welchem Wechsel erlebe ich Räume für Wohnen und Leben, für Arbeiten und Gestalten, für Lieben und Lernen, für Gehen und Suchen und Finden, für Stille und Schweigen, für Zugehörigkeit zu einer Gruppe ...?

— Welcher umfassenden Raumbestimmung folge ich mit den Räumlichkeiten meines Lebens und Arbeitens? Entspricht es einem Leben im Goldenen Käfig oder einem Lauf in freier Wildbahn? Entspricht es eher dem asketischen Ideal mönchischer Abgeschlossenheit (auch das »claustrum« der Klausur des Klosters war exklusiv) oder der Zugehörigkeit zur Tafelrunde von König Artus? Ist es Diesseits und Jenseits, generell oder nur für Arbeitsleben und die Zeit danach? Ist das Leben ein Leben im irdischen Gefängnis, ist es ein (Pilger)Weg, ist es Leben als letzte Gelegenheit oder immerwährende Krabbelkiste, ist es (inneres) Wachstum und Reifen in Jahresringen, Expansion, Implosion? Wie öffnet sich der Raum dem Himmel?

3.2.9. Sterben / letzte Ruhestätte Der Körper trägt einen Menschen über sich selbst hinaus. Er trägt im Alter, bei Demenz und Alsheimer, aber auch ganz normal bis hin an die Grenze, in der das Leben aufhört zu atmen, das Herz aufhört zu schlagen, das Bewusstsein gänzlich erlischt, der Kreislauf erliegt, die Hirntätigkeit zum Ende kommt. Der Körper trägt bis zuletzt und wird als Letztes hinausgetragen – diesen Beitrag leisten andere. Man geht gewöhnlich nicht selbst in sein

Grab, trägt sich nicht an die Stätte seiner Bestattung. Wer leibhaftig da war ein Leben lang, wird seinen Körper nicht los. Eher umgekehrt, der Körper entledigt sich seines Bewohners, seines Eigentümers, seines Beitrag Leistenden. Der Körper beendet die Zugehörigkeit eines Menschen zur menschlichen Gemeinschaft ebenso, wie er sie materiell begründet und im Leben und durch das Leben des Individuums auf einmalige und unwiederholbare Weise getragen hat.

Angehörige und Trauernde vergewissern sich der nunmehr vergangenen und unwiderruflich abgeschlossenen Zugehörigkeit des / der Verstorbenen. Bei der Bestattung würdigen sie seinen / ihren Beitrag. Ohne seinen oder ihren Willen, und häufig genug gegen einen ausdrücklichen Willen, wird der oder die Verstorbene zu einem Ort getragen, wo die körperlichen Reste oder die Asche einen Platz finden, in der Regel befristet auf 25 Jahre, gegen Gebühr. Das Sich-Bewohnen hat ein Ende und das körperliche Ende hat einen Ort. »Ich« bewohne mein Grab nicht mehr. Ich »bewohne« mein Grab nicht.

3.3. ZUGEHÖRIGKEIT ZUR GESELLSCHAFT Jeder Mensch hat Eltern zur Zeugung, einen Vater und eine Mutter, und wird von einer Mutter geboren, »gehört« also diesen beiden Menschen zu. Zugehörig ist der Mensch im biologischen Sinne: ein Baby hat genetisch von Vater und Mutter je einen Teil seiner körperlichen und geistigen Ausstattung. Zugehörig ist der Mensch als Baby aber auch im sozialen Sinn, und die Sozialität beginnt nicht erst mit der Geburt. In dem Zeitraum, in dem ein Kind ausgetragen wird, nimmt es Reize und Impulse aus der Außenwelt, über die Mutter vermittelt, auf. Das Ohr des Embryo ist eines der am frühesten entwickelten Organe. Im

Mutterbauch »hört« das werdende Menschenwesen auch Schwingungen und Töne der Außenwelt. Das Wort »zugehörig« drückt zutreffend aus, dass Verwandtschaft, Affiliation die Qualität des Hörorgans hat, das Einander-hören und das Aufeinander-hören, das Sich-hören (hören und horchen; das Englische differenziert to hear and to listen). Jemandem »hörig« zu sein, gilt heute als außerordentlich unselbständig und fremden Interessen unterworfen und somit als obsolet. »Einflüsterer« sind aus demselben Grund unmodern, und nur ein Pferdeflüsterer-Film kann diese alten Hörqualitäten dann wieder in Wert setzen. »Zugehörig« drückt im Deutschen aber in idealer Weise die innige Verbindung aus, die über das Hörorgan für das Aufeinander-Bezogensein zwischen Eltern und Kindern, zwischen Generationen hergestellt wird.

Im Normalfall wird ein Kind hineingeboren in eine Familie. Vater und Mutter sind unterschiedliche Umwelten für das Neugeborene, dann aber auch Geschwister, Verwandte, MitbewohnerInnen, Nachbarinnen und Nachbarn, besuchende Familien und Freundinnen und Freunde. Mary Douglas hat die drei unwandelbaren Charakteristika hervorgehoben, die einen Menschen prägen: die Rasse, die ein Mensch hat durch seine Eltern; das Geschlecht, mit dem er oder sie auf die Welt kommt; und der Zeitpunkt der Geburt, der das Lebensalter und die Individualität (und somit auch die Alterität) bestimmt. Rasse und Geburtsalter sind nach wie vor unveränderbar, eine Alterität durch Geschlechtsumwandlung lässt sich heute denken und machen, ist aber doch stark die Ausnahme.

Mit der Geburt wird das Kleinkind hineingenommen und hineingestellt in eine Herkunftsfamilie – ob diese nun als solche (noch) existiert oder nicht. Die Herkunftsfamilie besteht aus den direkten Verwandten Vater und Mutter, ihren Eltern, ihren Geschwistern, den älteren Geschwistern des / der Neugeborenen. Ganz unterschiedliche Voraussetzungen, Kombinationen und Situationen sind hier denkbar: sie alle prägen die Umwelt, in die das Neugeborene hineinwächst, in der es aufwächst, aus der es herauswächst.

Zugehörigkeit ist also normalerweise ebenso gegeben wie die Hörfähigkeit eines Menschen (und Menschen mit Taubheit entwickeln vielleicht ein noch schärferes Sensorium für Zugehörigkeiten und Stimmigkeit von Situationen). Zugehörigkeit ist gegeben, aber sie wird ein Leben lang gestaltet: sie wird (an)genommen.

Neben der biologisch-genetischen Ausstattung entwickelt sich Zugehörigkeit wesentlich in der Ausformung der sensorischen, emotionalen, psychischen und kognitiven Fähigkeiten. Es ist das Verdienst Siegmund Freuds und der Psychoanalyse, die kindliche Entwicklung in der Zugehörigkeit zu Vater und Mutter und in der Übernahme bzw. Ausgestaltung innerer Bilder differenziert untersucht zu haben. Dadurch ist ein Rahmen und sind Instrumente entwickelt worden, die sowohl theoretisch die Herausbildung der Gefühle von Zugehörigkeit und die Grundlagen der Identität erfassen als auch praktisch-therapeutisch Veränderungen und Heilungsprozesse bei gestörtem Zugehörigkeitserleben ermöglichen.

Für die Ausprägung und das Erleben der Zugehörigkeit als Kind sind folgende Fragen besonders bedeutsam – und dies sind rekonstruktive Fragen, die sich in Frage und Antwort freilich auch dekonstruieren oder neu erfassen lassen:

— Wer ist die Mutter, wer der Vater (Name – ergibt meistens auch Hinweis auf Nationalität sowie auf Auftrag oder »Mission«), Rasse, Alter, Gesundheit, Konfession, Geschwisterfolge, eigene Herkunftsfamilie, Ausbildung und Beruf, Herkunftsort und Lebensorte, Karriere, Lebensskript;

Gebäralter und besondere Umstände bei Konzeption, Schwangerschaft, Geburt, Wochenbett, Babyalter usw.
– Wer sind die Großeltern, mütterlicherseits und väterlicherseits; wieder Rasse und Alter, Krankheiten, je nach Umständen und nach Wissen auch Geschwisterfolgen, Herkunftsfamilien, religiöse Prägungen und Werte und Überzeugungen, Berufe und soziale Schicht, Lebensorte und Landschaftseinbindung, Sprachen und Nationalitäten, Wirkungssphären, Erbe als geistige und materielle Hinterlassenschaft oder auch als Aufträge usw.
– Wer sind die Namensgeber oder -geberinnen? Welche Tanten und Onkel, welche Patinnen und Paten, Stiefgeschwister, enge Freunde und Freundinnen der Eltern gibt es, welche spielen eine wichtige Rolle?
– Wie ist das soziale Umfeld des / der Neugeborenen (Stadt Land Fluss etc., soziale Schicht, Berufe in der Familie, aber auch in der Region, Religion, Bildungsmöglichkeiten und Kultur, Arbeitswelt und Freizeitgestaltung, Vereine, gesellschaftliche und politische Bedingungen, Gemeinschaft und Verbundenheitsgefühle usw. – aber d.h. hier auch, welche Vorbilder von Zugehörigkeit
– Wie sind Generationen und Generationenfolge: überschaubar, ansässig in Orten oder Regionen, vertrieben oder geflüchtet oder ausgewandert (d.h. in welcher Qualität werden solche Phänomene der Dissoziierung beschrieben?), klein, eng oder weitläufig und großräumig, fortschrittsfeindlich oder -offen, religiös verankert oder ohne religiöse Bindungen usw. Wie sind Vorfahren und Ahnen

erinnert, welche Überlieferungen gibt es, Stammbäume, Genealogien, Familienarchiv usw.
— Wie bildet sich Identität in diesem Kontext?

EGO und ALTER, Ich und Andere / Anderer formt sich als inneres Muster auf dem Hintergrund der sozialen Erfahrungen. Am prägendsten sind neben den Eltern die Geschwister oder Gleichaltrigen. Bei Geschwistern ist von ähnlicher Prägekraft wie Rasse, Alter und Geschlecht die Geschwisterfolge Älteste/r – Mittlere/r – Jüngste/r. Bei einer Geschwisterfolge mit einem Abstand von mehr als vier Jahren dazwischen liegt, sagt die psychologische Einschätzung, dass auch dann das Jüngere wieder wie ein Erstes anzusehen sei, was teilweise zutrifft. Älteste übernehmen häufig die Sorge und Fürsorge für jüngere Kinder mit. Mittlere Kinder sind häufig ambivalent in ihrer Orientierung hin zu oder weg von den älteren oder umgekehrt zu den jüngeren, wobei wieder der Abstand eine große Rolle spielt. Jüngste markieren in ihrer Person die Grenze der von bestimmten Eltern hervorgebrachten nachkommenden Generation; des öfteren nutzen sie diese Grenze, wagen neue Muster und bringen Veränderungen in familiäre Strukturen.

Die **Aufstellungsarbeit,** wie sie in den letzten beiden Jahrzehnten vor allem von Bernd Hellinger, Virginia Satyr, Mathias Varga von Kibéd und Insa Sparrer und vielen anderen entwickelt worden ist, gibt hier Fragen und Instrumentarien an die Hand, die es erlauben, sehr konstruktiv bzw. re-konstruktiv Familienkonstellationen zu bearbeiten und neue Einsichten und Verhaltensweisen zu gewinnen. Im Coaching lässt sich diese Aufstellungsarbeit in vielfältiger Hinsicht nutzen. Z.B. in der Aufstellung eines Vorstandes vermittels Steinen, die ziemlich intuitiv und spontan gelegt werden – was sagt der Abstand dazwischen, wie ist Zentrum und Peripherie, wie ist die Auswahl der Steine in Farbe und Beschaffenheit und was hat dies zu tun mit den Personen, die sie repräsentieren? Oder in der Aufstellungsarbeit vermittels Holzfiguren oder Tieren. Bei Holzfiguren lassen sich größere Teams oder Gruppen darstellen, z.B. wer unterstützt, wer verhält sich indifferent, wer steht entgegen oder ist in Opposition; und wie könnten die Indifferenten mehr zu Unterstützenden werden, wie sähe dann das Bild aus, wo stünden die Oppositionellen dann? Für kleinere Teams sind Tiere geeigneter, weil jedes Tier für bewusste oder auch unbewusste Qualitäten und Zuschreibungen steht, die natürlich jeweils im Gesamtzusammenhang ihre Bedeutung haben, z.B. Elefant – Schwein – Huhn – Ziege ergibt ein wesentlich anderes Bild als Delphin – Leopard – Adler – Schildkröte – Pferd und Rind. Weiter kann die Aufstellungsarbeit variiert werden mit Platzhaltern für die Personen eines Teams. Eine solche Aufstellung ermöglicht es, probeweise »in die Schuhe« von ALTER, von andern Personen zu schlüpfen, ihre Relation zu den anderen und zu einer bestimmten Fragestellung zu erspüren und zu erproben. Nützlich sind auch weitere Aufstellungen vermittels Seilen, um Wirkungsbereiche abzustecken und zu erproben, oder die lange in Gestaltarbeit und NLP erprobte Stuhlarbeit, bei der eine Person z.B. den Dialog mit einer anderen Person führt, die nicht anwesend ist, aber auf dem gegenüber stehenden Stuhl imaginiert und im Rollenspiel aufgenommen wird.

Kinder spielen diese Art von Rollenspiel häufig ganz intuitiv und ohne weitere Anleitung. Für die Herausbildung der Selbstwahrnehmung, für die Differenzierung von Ego und ALTER ist sie elementar und unübertroffen hilfreich zugleich.

EGO und ALTER ist eine der begrifflichen Polaritäten, die beim Maßnehmen von Selbst- und Fremdeinschätzung hilfreich ist.[114] **ALTER Ego** ist mein anderes, möglicherweise besseres Ich, mein von mir gewünschtes oder angestrebtes Ich oder auch das Ich, das mir mit Vorwurf oder Schuldzuweisung in die Quere kommt. **Ich und Du** ist eine weitere Polarität, wesentlich mehr ausgelegt auf die dialogische Qualität der Beziehung, auf Resonanz, auf Frage und Antwort, auf existentiellen Sinn. Der deutsch-jüdische Philosoph Martin Buber hat diese Dimension in beeindruckender Weise erkundet und beschrieben. Die Polarität von **Ich und Selbst** erlaubt es vor allem, die Identität einer Person zu erkunden hinsichtlich Präsenz und Kohärenz, wobei Ich mehr für das Gegenwartserleben steht, das Selbst mehr für die Kontinuität der Person über die verschiedenen Veränderungen und Brüche oder Übergänge, wie sie im privaten oder beruflichen Leben erfahren und wahrgenommen worden sind.

– Von elementarer Bedeutung sind im Coaching die Fragen nach dem Selbsterleben. D.h. die Frage, wie erlebe ich mich, wie erleben Sie sich – und nicht die Frage, wie erlebt »man« sich. D.h. es geht darum, die eigene Subjektivität klar zum Ausgangs- und Zielpunkt der Reflexion zu wählen und genau nach Unterschieden zu sehen: wie erlebe ich mich selbst im Hier und Jetzt (reflexiv), wie erlebe ich mich generell und konkret als Selbst (identisch), wie erlebe ich mich insgesamt selbst als Person (konativ und sozial).

– Im Kontext der sozialen Zugehörigkeit ist es sinnvoll, alle Formen des Selbsterlebens (Selbstwahrnehmung, Selbstregulation, Selbstreflexion, Selbststeuerung, Selbstorientierung, Selbstwertschätzung usw.) im Verhältnis zum Du, zu anderen, zur Familie, Gruppe, zum Team und zur Organisation und zum Unternehmen, zur Gesellschaft zu sehen und zu beschreiben.

— Eine von mir im Coaching besonders geschätzte Methode ist die Arbeit mit den 5 Säulen der Identität, wie sie modellhaft von Hilarion G. Petzold entwickelt worden ist. Nach einer kurzen Einführung malt der Klient oder die Klientin sein / ihr Bild der eigenen Identität im sozialen Kontext, am besten mit starken Pastellkreiden. Nach etwa einer Stunde wird das Bild dann gemeinsam betrachtet und besprochen und gedeutet.

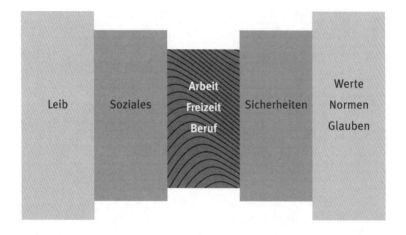

Die 5 Säulen der Identität (Hilarion Petzold)
»Die menschliche Persönlichkeit, die Identität jedes Menschen, wird von fünf Bereichen bestimmt:
1. Auf unsere Identität wirkt alles, was mit dem Körper, unserem Leib zu tun hat, seiner Gesundheit, seinem Kranksein, seiner Leistungsfähigkeit, seinem Aussehen, mit der Art und Weise, wie wir uns mögen oder »in unserer Haut« wohlfühlen oder eben auch unwohl fühlen und natürlich, wie andere Menschen uns in unserer Leiblichkeit wahrnehmen, ob sie uns anziehend finden

oder uns ablehnen, schön finden oder hässlich, als gesund und vital oder als krank und gebrechlich erleben.
2. Weiterhin wird unsere Persönlichkeit und Identität nachhaltig bestimmt von unseren sozialen Beziehungen, unserem sozialen Netzwerk, den Menschen, die für uns wichtig sind, mit denen wir zusammen leben und arbeiten, auf die wir uns verlassen können, Menschen, für die auch wir da sein können und denen wir etwas bedeuten. Natürlich gehören auch Leute zu unseren sozialen Netzwerken, die uns nicht wohlgesonnen sind, uns feindselig gegenüberstehen oder schaden.
3. Der dritte Bereich, der unsere Persönlichkeit, unsere Identität trägt, kann unter die Überschrift »Arbeit, Leistung, Freizeit« gestellt werden. Leistungen, die wir im Arbeitsbereich erbringen, Arbeitszufriedenheit, Erfolgserlebnisse, Freude an der eigenen Leistung, aber auch entfremdete Arbeit, Arbeitsbelastung, überfordernde sowie erfüllte oder fehlende Leistungsansprüche bestimmen unsere Identität nachhaltig. Überdies werden wir in unseren beruflichen Rollen und Leistungen gesehen und wertgeschätzt oder auch negativ beurteilt.
4. Der vierte Bereich hat mit unseren materiellen Sicherheiten zu tun, unserem Einkommen, den Dingen, die wir besitzen, Mietwohnung oder Haus, aber auch dem ökologischen Raum, dem wir uns zugehörig fühlen, dem Stadtteil in dem wir uns beheimatet fühlen oder wo wir Fremde sind. Fehlende materielle Sicherheiten belasten unser Identitätserleben schwer.
5. Der fünfte und letzte Bereich, der unsere Persönlichkeit und Identität trägt, sind unsere Werte. Das, was wir für richtig halten, von dem wir überzeugt sind, wofür wir eintreten und von dem wir glauben, dass es auch für andere

Menschen wichtig sei. Das können religiöse oder politische Überzeugungen sein, unsere »persönliche Lebensphilosophie«, Grundprinzipien, an denen wir uns ausrichten.«

Bei diesen fünf Säulen sehe ich in der gemeinsamen Betrachtung und Deutung mit einem Klienten oder einer Klientin einen besonderen Wert in der Art und Weise, wie die Säulen selbst jeweils profiliert und konturiert, ausgemalt oder bemalt und dann reflexiv wahrgenommen und gedeutet werden. Denn Säulen sind nach außen gestülpte Brunnen, d.h. ich kann eine Säule auch als einen Brunnen, eine Brunnenröhre, »lesen«, und ich kann die fünf Säulen mit den Inhalten, wie oben skizziert, auch als eine einzige Säule lesen, an deren Rand links und rechts (in grau) die eher beständigen, zeitüberdauernden Elemente sind (die »harte« Identität), in deren Mitte, bei Arbeit – Freizeit – Beruf (in weiß), eher die veränderlichen, wechselnden Tätigkeiten und Erfahrungen liegen und die Identität flexibel und formbar ist.

Identitätsbilder
Pierre lebt alleinerziehend mit seiner Tochter und will von seinem bisherigen Arbeitgeber wechseln zu einer renommierten Consulting-Firma. In diesem Übergang malt er die 5 Säulen: ich habe ihm diese 5 Säulen skizziert und den Text dazu eindringlich (auswendig) vorgesagt. Dann malt er über eine Stunde alleine in einem eigenen Raum.

Was mir als erstes auffällt an seinem Bild, ist die Tatsache, dass er gar keine 5 Säulen, sondern eine weite Landschaft gemalt hat, in deren Mitte sich am oberen Rand ein Schloss erhebt. Ich frage, von welchem Rand aus Pierre gemalt hat, mit welchem Thema er begonnen hat, wenn denn überhaupt mit einem. Aus dem deutenden Dialog ergibt sich, dass wir im Bild eine Art Dreiteilung von unten nach oben entdecken, zu der sich die linke und rechte Hälfte des Bildes thematisch unterschiedlich verhalten (links eher Tochter und geschiedene Frau, rechts eher bisherige Arbeitszusammenhänge). Zentriert in der Mitte sind sein körperliches und soziales Selbstbild, seine Werte und, ganz unten am Rand, die materiellen Sicherheiten. Mit dem Schloss in der Bildmitte hat Pierre unwissentlich vorgegriffen auf seine Vision vom Leben. Beide sehen wir, wie es verankert ist mit Farben und Strichen in den andern Feldern, und was es noch braucht, um es im Alltag besser zu erden.

Bei Martina sind alle fünf Säulen kräftig und flächig ausgemalt. Es überwiegen dunkle Töne, grau, braun, blau, grün. Kein Gelb auf dem Blatt, kein orange. Aber auffällig in der ersten (Leib), dritten (Arbeit & Rekreation) und fünften Säule (Werte) jeweils in unterschiedlicher Flächigkeit die Farbe Rot, sattes, kräftiges Rot. In der Erkundung geht es um die Qualität dieses Rot und um seine Verbindung zwischen diesen Säulen. Aber ich gehe auch der Frage nach, was bräuchte es, damit dieses Rot in den Säulen zwei und vier Platz bekommen könnte?
Martina nimmt ihr Bild mit und hängt es zuhause in ihrem Schlafzimmer auf. So sieht sie täglich ihren Farbenreichtum, aber sie sieht auch, wo und wie sie ihre Lebensenergie investieren möchte.

EGO und ALTER, Alter Ego, Ich und Du, Ich und Selbst; Ich und die andern sind aufgehoben im **Wir**. Wir ist der Plural, der mich einschließt. Ich bin Teil dieses größeren Ganzen, bin Teil der Gruppe, der Gemeinschaft. Hier habe ich meinen Platz und meine Rolle und meine Anerkennung, unwidersprochen oder bestritten, erkämpft oder geschenkt. Meine Zugehörigkeit zur Gemeinschaft und zur Gesellschaft ist nicht rückholbar, sie ist unwiderruflich. Auch wenn ich mich an die äußersten Ränder der Zivilisation begebe – ich bleibe Teil der Gesellschaft. Dem Wir entkomme ich nicht, wie sehr ich mich auch distanzieren und vereinzeln mag.

Freilich kann ich das Wir abschwächen oder auch verschleiern im **man**. Das ist die unbestimmte Allgemeinheit, der etwas in den Mund gelegt wird, zwischen Ich und Wir. Im Coaching, wo es um die konkrete Zurechnung auf Personen und exakte Beobachtung geht, liebe ich es nicht; manchmal kostet es mich einige Mühe, einen Coachee von dem oft unbewusst ablaufenden Versteckspiel mit »man« zu konkreter Benennung der handelnden Personen zu bringen.

Da **WIR** aber neben mir selbst immer auch andere sind – in der Familie, in der Gruppe, in der Schulklasse, im Verein, im Unternehmen, an meinem Wohnort usw. – ist das Wir eine spannungsreiche Angelegenheit. Es ist der Raum für Identifizierung und Imitation und Lernen, für Ankoppelung. Es ist der Raum für Profilierung, Auftritt und Selbstinszenierung, für Eigenart und Eigenheiten, für persönliche Qualitäten, Charakterzüge, Verhaltensmuster. Es ist der Raum für Feedback und Resonanz. Das Wir ist aber auch der Raum für Dissoziierung, Trennung, Scheidung und Lossagung. Das Wir ist der Raum für Schuld und Sühne, für Gerechtigkeit, für Ethik und Moral. Schließlich ist das Wir der Raum für Geburt und Tod.

Identität ist ein über die abendländische Geschichte hin aufgeladener Begriff.[115] Als Konzept ist es für die Selbstbeschreibung des modernen Individuums tragend geworden.[116] Identität meint die Selbigkeit und Gleich-Wesenheit einer Person trotz all der Entwicklungen und Veränderungen und selbst vorgenommenen Wechsel. Vielleicht gerade weil sich Menschen heute so häufig und schnell und in unterschiedlichster Hinsicht verändern, braucht es eine Vorstellung von Dauerhaftigkeit und Festigkeit. Wenn die Forschung erkennt und beschreibt, wie plastisch das Gehirn eines Menschen ein Leben lang bleibt, wenn Lernen lebenslange Aufgabe und Möglichkeit ist weit über eine Universität des dritten (vierten?) Lebensalters hinaus, wenn berufliche und geografische Veränderungen und Beziehungen als Lebensabschnittspartnerschaften für jeweils drei oder fünf oder acht Jahre eingegangen werden und Menschen im Rahmen der Gesundheitsfürsorge und der demographischen Entwicklung immer älter werden, dann wird das menschliche Leben ein Gefäß, in dem unglaublich viel Unterschiedliches Platz hat. Dann wird aber auch die Frage dringlich und wichtig, was ein Leben ausmacht, was es von anderen unterscheidet, was es einzigartig macht und besonders und lebens- und liebenswert. Was ist der Beitrag eines Lebens, was ist seine Zugehörigkeit?

Erik Erikson hat in den späten 1960er Jahren einen Beitrag zum Verständnis der Identität vorgelegt, der für die Psychologie und dann auch für die Pädagogik und den normalen Menschenverstand Allgemeingut geworden ist. Identität wird beschrieben als etwas, was sich innerhalb der Entwicklung des Kindes im Jugendalter herausbildet und dann mit dem Eintritt ins Erwachsenenleben relativ klar und fest ist und ein Leben lang »trägt« (Identität als tragendes Element). Der frühkindlichen Phase des Urvertrauens folgt eine Phase der Autonomie mit dem Laufenlernen. Zwischen 3. und 6. Lebensjahr ortet Erikson Initiative versus Schuldgefühl. Bis zur Pubertät folgt dann Werksinn versus Minderwertigkeitsgefühl, und mit dem Jugendalter wird Identität gegen die Bedrohung durch Identitätsdiffusion erworben. Im Erwachsenenalter folgen dann zuerst die Phase der Intimität, dann die der Generativität und schließlich die der Ich-Integrität.

Dieser biografisch-linearen Vorstellung einer Entwicklung vom Neuling zur Reife entsprach ein Verständnis, das sich auch in anderen psychologischen Disziplinen, der Verhaltens-, der Gesprächs- und teilweise auch der Gestaltpsychologie, verbreitet und weiter entwickelt hat. Der Soziologie Ulrich Beck hat dann mit seinem Buch über die »Risikogesellschaft«[117] die Phänomene des »Disembedding« (wörtlich: aus dem Bett herauswerfen) beschrieben, die das moderne Individuum nötigen, sich selbst eine Biografie zu »basteln«, d.h. selbst konstruktiv die eigene Persönlichkeit zu planen und zu bilden. Dieser sozialen Notwendigkeit der Selbstkonstruktion entspricht das von der Hirnforschung beschriebene Potenzial des menschlichen Individuums zur Dekonstruktion und Rekonstruktion seiner selbst in unterschiedlicher Weise auf den verschiedenen Ebenen von limbischem und Stammhirn und Großhirnrinde.

Die neuere Identitätsforschung[118] geht von der Unabgeschlossenheit der Identität aus. Die Arbeit an der eigenen Identität geschieht ein Leben lang. Das verwunderliche dabei ist der Doppelcharakter der Identität: man hat sie, ohne Zweifel. Und man kann sie frei wählen. Man kann sich eine Identität geben – und merkwürdigerweise sagt man nicht: nehmen, d.h. es muss etwas Neues empfangen werden können. Dies Neue muss aber gewollt sein: Identität braucht die Zustimmung der betreffenden Person.

In den biografischen Interviews[119], die wir im Coaching zu Beginn durchführen, bitten wir Klienten um eine Erzählung, eine »Narration« vom Kindergartenalter zum Beginn von Schule und Universität und dann bis zur heutigen Position im Unternehmen. Es geht dabei um die persönlich einzigartige Art und Weise, wie sich diese konkrete Identität gebildet hat. Wie ihr Eigentümer oder ihre Eigentümerin an ihrer Identität gearbeitet hat. Welche besonderen Erfahrungen für die Identität prägend geworden sind, wie sie erinnert werden und wie sie (wem) erzählt werden. Wann sie erzählt werden – häufig werden sie in dieser ausführlichen Art und einer fremden Person gegenüber zum ersten Mal beim Coaching erzählt. Identität kann auf diese Weise als etwas Leichtes, Fließendes, ja geradezu Luftiges erfahren werden. Im Erzählen webt sich ein roten Faden wie von selbst, und er wird als roter Faden sichtbar durch die Art und Weise des Zuhörens und der Resonanz, die diese Erzählung in dem speziell für sie geschaffenen Raum von Aufmerksamkeit und Bestätigung und Fragen bekommt. Die so erzählte Identität ist freilich auch wiederum das Resultat einer bestimmten Gegenwart, eines Augenblicks. Also flüchtig. Und doch ist Verlass auf die Tragfähigkeit dieser Narration: Leben erzählt sich, und in seiner Erzählung werden Zusammenhänge und Zugehörigkeiten durch alle Brüche und über alle Stufen hinweg deutlich.

Die Phasen des Erwerbs bzw. der Arbeit an Identität können nach so einer ersten Erzählung befragt, in Frage gestellt werden. Ist die Identität als Leistungssportlerin, die eine Klientin bis zum Alter von 25 war und die sie dann aufgeben musste wegen Meniskusproblemen, eine, die auch heute noch trägt? Wie sind Enttäuschungen bearbeitet worden, wie Ablehnung, wie Anerkennung? Wie ist die Sportleridentität erzählt worden, wie die Universitätskarriere, wie die Identität der erfolgreichen Managerin, wie die des brillanten Marketingchefs? Wann und wem sind mehrere biografische Stränge und Ereignisketten erzählt worden, was ist davon für Identität jeweils wichtig gewesen, was davon ist heute wichtig?

In den meisten Biografien schält sich auch die Partnersuche und die Paarbildung heraus – ein neuer und entscheidend wichtiger »Hintergrund« für die Gestalt der Identität. Was ist hier erzählt worden und was nicht, wo und wie werden Fragen gestellt, wo legen sie sich nahe? Ich erlebe häufig, dass Mann und Frau sich in demselben Unternehmen kennen und lieben gelernt haben. Bei Männern als Klienten ist die Lösung dann oft noch die, dass ihre Frau mit der Heirat das Unternehmen verlassen hat, sich als Mutter zuhause um die Kinder kümmert und dem Mann »den Rücken frei hält«. Frauen als Klientinnen erlebe ich häufiger ohne feste Partnerschaft – gesellschaftliche und zeitbedingte ökonomische und die Gleichberechtigung betreffende (oder in Frage stellende) Umstände spielen eine Rolle.

Was nicht in den biografischen Erzählungen ausgeführt wird, ist die Koinzidenz oder zumindest die häufige zeitliche Nähe der Entscheidung über Partnerwahl und Berufswahl. Zwei lebenswichtige Entscheidungen, die über das Zusammenleben mit einem Partner, meistenteils dann in Form von Heirat vollzogen, und die über Berufswahl und Einstieg in ein Unternehmen vollziehen sich etwa zur gleichen Zeit, innerhalb von wenigen Jahren oder gar Monaten, häufig unmittelbar zu Ende des Studiums. Über zwei Zugehörigkeiten wird zeitnah entschieden. Es kann ja allein schon eine solche Entscheidung das Individuum überfordern. Zwei erst recht, sollte man meinen. Aber vielleicht ist es auch umgekehrt, wenn nämlich diese beiden Entscheidungen sich gegenseitig etwas von ihrem Gewicht nehmen, es erleichtern und die eine Entscheidung zur Begrenzung und Klärung der andern dient.

Identität wird von der Interaktion erfordert.[120] Die Identität einer Person reduziert Kontingenz auf doppelte Weise, einmal durch Selbstfestlegung, zum zweiten durch Fremdfestlegung. Interaktikonspartner müssen »drei eng miteinander verwobene Leistungen erbringen:

1. Sie müssen erstens die Perspektive des je Anderen einnehmen (Rollenübernahme), um dessen Erwartungen und Forderungen hinreichend präzise taxieren zu können.
2. Sie müssen zweitens einen eigenen Standpunkt beziehen (Ich-Leistung), zum einen, um selbst Handlungsorientierung zu gewinnen und zum anderen, um dem jeweiligen Interaktionspartner einen verlässlichen Ansatzpunkt für dessen Rollenübernahme zu liefern.
3. Schließlich müssen die Interaktionspartner die im Zuge ihrer reziproken Identifikation erzeugten Selbst- und Fremdbilder aufeinander abstimmen. Erst durch einen Identifikationskonsens wird die Kontingenz innerhalb der Interaktion soweit reduziert, dass sinnvolle Anschlüsse zwischen den Verhaltensweisen hergestellt werden können.[121]«

Daraus ergibt sich als logische Konsequenz: »Identität ist eben kein rein kognitives Konstrukt, sie zeigt sich vor allem auch im Handeln, oder präziser: im Behandelt-Werden.«[122]

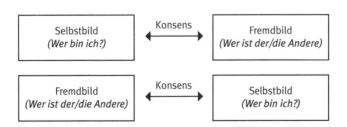

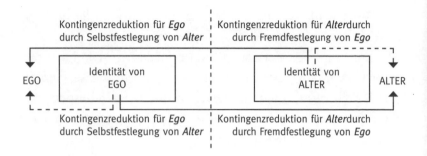

Identität ist Vergewisserung; Identitätsarbeit als Selbst-Arbeit ist Selbst-Vergewisserung. Identität wird also wesentlich reflexiv, selbstbezüglich, autopoietisch. Zwei große Bereiche der Arbeit an der Identität und der Identitätsvergewisserung bilden traditionell und nach wie vor das Privatleben einerseits (in der Paarkonstellation, in der Familie oder als Single) und die Karriere in der Arbeitsorganisation andererseits.

Ich werde über die folgenden Seiten hin die Bezüge von Identität im Zusammenhang von Geschäftlichem und Arbeit ausführen. Ich unterstelle, dass Sie sich die Lektüre als Leser oder Leserin nicht im Arbeits- oder Berufskontext vornehmen, sondern eher zuhause in der gewohnten Leseposition. Ihre eigene Identität ist ja beim Lesen auch im Spiel! Bitte erwägen Sie für sich selbst über die nächsten Seiten hinweg, wie Sie persönlich die familienbezogenen und privaten Aspekte von Identität auffassen. Stellen Sie diese neben meine Ausführungen – und versuchen Sie, aus den Unterschieden und Übereinstimmungen weitere Erkenntnisse abzuleiten. Auf diese Weise könnte das Thema Identität dialogischer werden!

In den Unternehmen sind zur Definition und Vermessung der Identität in den letzten Jahren eine Reihe von Begriffen /

Maßstäben wichtig geworden, die in Personalentwicklung, Trainings und im Coaching auf breiter Front eingesetzt werden. Diese **Schlüsselbegriffe heißen Präferenz, Kompetenz, Potenzial, Talent, Leistung, Expertise.** Sie machen bestimmte psychometrische Verfahren zu einem Herrschaftswissen, das über Zugehörigkeit, über Einschluss (Inklusion) oder Ausschluss (Exklusion) entscheidet.[123]

Präferenz ist der Grundbegriff im Myers Briggs Type Indicator (MBTI), der auf der Psychologie von Carl Gustav Jung basiert und von Katherine Briggs und ihrer Tochter Isabel Myers in der Mitte des 20. Jahrhunderts entwickelt worden ist. Der MBTI wird auch noch heute in vielen Unternehmen, vor allem natürlich in amerikanisch geprägten, angewandt und für Führungskräfte, aber auch für das mittlere Management durchgeführt. Es ist kein eigentlicher Test, sondern ein Fragebogen zur Ermittlung von Präferenzen, von bevorzugten Haltungen. Diese Haltungen werden jeweils polar beschrieben als Extroversion und Introversion[124], als »Sensing« (Erspüren) und Intuition (Gespür), als Denken (Thinking) und Fühlen (Feeling), als Wahrnehmen (Perceiving) und Urteilen (Judging). Aus den Antworten auf die Fragen des Fragebogens werden dann die Werte auf einer Skala von 30 bis 0 bis 30 ermittelt. Die ermittelten Zahlen liegen in der Regel entweder auf der linken Seite im Bereich von Extroversion und sind entsprechend einem Zahlenwert mit 3 oder 5 schwach und mit 19 oder gar 27 stark; auf der rechten Seite ist Introversion vergleichbar schwach mit Zahlenwerten von 2 oder 4 oder 7 und stark mit Werten über 16 oder 20. Das gleiche gilt für die anderen Polaritäten. Wenn auf einer Skala ein Wert in der Mitte steht und damit gegen Null tendiert, dann helfen die anderen Skalen oder letztlich das Gespräch, zumindest eine leichte Tendenz – und damit eine Präferenz – in die eine oder andere

Richtung zu finden. Man bleibt also nicht im Niemandsland einer Ambivalenz auf Null stehen, sondern kommt in jedem Fall auf vier Buchstaben.

```
30_____0_____30
```

Extroversion (E)	Introversion (I)
Sensing (S)	Intuition (N)
Thinking (T)	Feeling (F)
Perceiving (P)	Judging (J)

Man kann am MBTI kritisieren, dass die Fragen dem kulturellen Kontext der USA der Mitte des letzten Jahrhunderts entnommen worden sind und sich seitdem kaum verändert haben. Man kann auch die Übersetzung aus dem Amerikanischen ins Deutsche oder in andere Sprachen und die dabei durchscheinenden US-amerikanischen Denkfiguren kritisieren. Trotzdem ist und bleibt der MBTI das bis heute wahrscheinlich meist verbreitete und wirksamste Instrument in der Personalentwicklung und in den Human Resources Departments. Der MBTI hat insbesondere in den USA eine breite psychologische Forschung stimuliert, die wiederum seine Popularität gesteigert hat. Gleichzeitig sind aus diesen Forschungen dann unterschiedliche Elemente der Weiterentwicklung hervorgegangen, Tests und psychometrische Verfahren wie DISG oder DISC oder Skalierungen, die innerhalb des NLP (»chunks«) angewandt werden.

Präferenz ist eine Bevorzugung: Wenn ich lieber Tee trinke anstelle von Kaffee, ist Tee meine Präferenz. Wenn ich gerne auf Menschen zugehe, bin ich eher extrovertiert. Introvertiert bin ich dann, wenn ich eher scheu und zurückgezogen bin und darauf warte, dass andere mich bemerken, ansprechen und mich in ein Gespräch ziehen. Ich bin ein Sensing-Typ, wenn ich bevorzugt die einzelnen Blumen auf der Wiese wahrnehme oder die vielen unterschiedlichen Bäume in einem Waldstück wie Buchen und Eichen und Eschen und Birken usw. Ein intuitiver Mensch bin ich, wenn ich es bevorzuge, eine ganze Wiese zu sehen oder den ganzen Wald und daneben das Wasser oder den Acker und darauf den Traktor und darüber den Himmel mit dem drohenden Gewitter.

MBTI hilft mir, Muster meiner Präferenzen zu erkennen und zu beschreiben, Muster allerdings, die dem Musterkatalog des MBTI entnommen sind, und eben nur und ausschließlich diese. Ich bleibe auf meinen vier Buchstaben sitzen.

Wenn zutrifft, dass nur Menschen – und nicht Roboter oder hochentwickelte computergesteuerte Maschinen – Muster erkennen können, dann erlauben Musterkataloge wie der MBTI das Erkennen eines Musters, schon bevor man eine Person kennt oder wenigstens kennen lernt. Das Kennen lernen wird reduziert oder entfällt, weil nichts mehr gelernt werden muss, wenn und weil man ja schon das Muster kennt und weiß, was die Buchstaben bedeuten, die ein MBTI-geprüfter Mensch mit sich trägt. Mustererkennung degeneriert dann zur Kenntnis von Musteraufdrucken.

Präferenz ist als Begriff und als Messlatte für Personalentwicklung m.E. deshalb so verführerisch, weil sie eine *tragende* Qualität nahe legt[125]. Lateinisch praeferre bedeutet vortragen oder nach vorne tragen. Präferenz ist also sehr wörtlich eine »tragende« Qualität; ein Mensch »trägt« den ihm eingeschriebenen (oder ihm »auf«geschriebenen) »Zug«, seinen »Drive«, sein Bevor-Ziehen oder auch sein Nach-hinten-Schieben. Ich kann nicht nach vorne schieben und zugleich nach hinten ziehen; die »Gestalt« des Ziehens ist die Bevorzugung und der »Hintergrund« davon ist das Nach-hinten-schieben. Präferenz ist immer und unausweichlich eine konkrete Tätigkeit bzw. Entscheidung. Sie kann freilich durch Wiederholung zum

Muster werden; die flexibel einmalig ausgeübte Tätigkeit kann durch Wiederholung und Routine zum festen Muster erstarren. Die Bevorzugung, die sich einer Wahlmöglichkeit und einer Entscheidung und somit einer Unterscheidung verdankt, wird dann zur Reproduktion des Bevorzugten und damit zur Nicht-wahl, zur Nicht-entscheidung, zum Unterschiedslosen. Die Typologie, die Erkenntnis verheißt durch Reduktion der Komplexität auf wiedererkennbare und aus Präferenzmustern komprimierte Typen, wird zur Typologie, die als Prokrustes-Bett über die Wirklichkeit persönlicher Eigenheiten und individuellen Eigensinns geworfen wird.

Im Coaching kann die Typisierung und Erstarrung, die im MBTI wie in jeder Begrifflichkeit liegt, aufgebrochen und situativ genutzt werden. So kann ich z.B. auf eine konkret in nächster Zeit anstehende Präsentation im Vorstand, auf eine Pressekonferenz oder die Vorstellung eines neuen Organigramms hin fragen

— Was für ein Ergebnis würden sie normalerweise bevorzugen? Welche Wirkung bevorzugen Sie in diesem Fall?

— Was wäre ein gutes Ergebnis, wenn Sie anstelle Ihrer »normalen«, also ermittelten MBTI-Typisierung eine andere Wertigkeit oder einen andern Grad von Extroversion, von Gefühl, von Beurteilung in Anwendung bringen würden?

— Welche MBTI-Typisierung scheint Ihnen bei Ihrem Adressatenkreis zu überwiegen (sind es Chemiker oder Informatiker, dann ist eher Zahlenorientierung, Introversion, Denken und Wahrnehmen als deren bevorzugte Präferenz anzunehmen. Was passiert, wenn Sie das Gegenteil unterstellen?)

Kompetenz leitet sich vom Lateinischen competentia ab und meint das Zusammentreffen, Stimmen. Kompetenz ist[126] Zuständigkeit, Befugnis, Urteilsfähigkeit; kompetent ist Partizip Präsens von competere – zusammentreffen, stimmen, zutreffen, zukommen. Das Wort selbst also verrät eine Zuschreibung. Es ist somit das glatte Gegenteil alljeglicher innewohnender Eigenschaft. Kompetenz wird im Alltagsgebrauch aber auch als erwiesene Fähigkeit verstanden; jemand ist kompetent etwas zu tun, heißt, er hat die Fähigkeit und das Können und kann damit »zutreffend« wirken. Er trifft sozusagen den Nagel auf den Kopf. Die Kataloge[127] von Bewerbungsschreiben und Selbstvermarktung, von Stellenausschreibungen, von Personalberatungen und Headhuntern oder Outplacement-Agenturen, von Arbeitsamt und Zeitarbeitsfirmen usw. usf. benutzen den Kompetenz-Begriff zur Beschreibung vorhandener Fähigkeiten. Das ermittelte bzw. nachgewiesene Vorhandensein dieser Fähigkeiten befähigt, etwas (zutreffend) tun zu können. Unterschieden werden vor allem kommunikative Kompetenzen, Fachkompetenzen, soziale Kompetenzen, Führungskompetenz natürlich, aber spezieller z.B. auch Problemlösungskompetenz. Aus dem Amerikanischen / Englischen werden auch »Skills« übernommen, teils ersetzen sie sogar die Kompetenzen. Skills sind noch etwas flexibler als Kompetenzen, skill ist mehr die Geschicklichkeit, die leichtfüßig und behend daherspringt, während Kompetenz robust und solide und vertrauenerweckend auftritt. Skills werden dann aber wieder nach der Art von Blumensträußen »gebunden«; »soft skills«, im Gegensatz zu »hard facts« sind wieder die oben genannten kommunikativen, sozialen und Führungskompetenzen, die schwer zu greifen und noch schwerer zu messen sind.

— Welche Schlüsselkompetenzen schreiben Sie sich selbst zu? Was davon stimmt mit den Schlüssel-

kompetenzen, die in Ihrer Organisation gelten, überein, was nicht?
— Wenn Sie Kompetenzen aufteilen in fachliche, kommunikative, soziale, welche ist Ihnen davon die wichtigste? Was würde sich verändern, wenn Sie andere Kompetenzen an die erste Stelle setzen (z.B. strategische, auf Nachhaltigkeit ausgerichtete)?
— Was würde passieren, wenn Sie anstelle der Kompetenzermittlung mittels Assessment Centers oder Reviews in der Personalabteilung eine unternehmensweite Kompetenzentwicklung unterstützen und dieselbe mit mehr Ressourcen und Aufmerksamkeit ausstatten?
— Welche Kompetenzunterstellungen nehmen Sie vor, wenn Sie eine Bewerberin, einen neuen Geschäftspartner, einen mit Ihrer Arbeit konkurrierenden Bereich vorgestellt bekommen?

Wenn Kompetenz der entfaltete Schmetterling ist, dann **ist Potenzial** die Raupe. Potenzial, wieder lateinisch, leitet sich von posse – können, potere – vermögen und potens — mächtig ab. Potent ist zeugungsfähig und leistungsfähig, fähig zu (diesem und jenem); Potential ist die Möglichkeit des Könnens – wie im alten k.u.k. Deutsch: »es möchte möglich sein«. Potenzial ist somit ein Zukunftsbegriff. Potenzial beschreibt eine Verheißung, eine künftige Entwicklung, die gewünscht und erwartet oder herbeigesehnt wird. Was sie verheißt, ist im Unternehmenskontext in der Regel einfach Gewinn.

Potenzial wird in Potenzialanalysen erhoben, in Assessment Centers und ausdifferenzierten psychologischen Testverfahren. Zukünftig erwartbare und mit hoher Wahrscheinlichkeit mögliche Beiträge der Potenzialträger und -trägerinnen werden aus beobachtbarem / beobachtetem Verhalten (Tests,

Postkorbübungen, Rollenspiele usw.) und aus einer beschriebenen und analysierbaren Vergangenheit (Zeugnisse, Nachweise über Praktika, Curriculum Vitae, Selbstdarstellung usw.) eruiert.

Potenzial ist in der Regel immer institutionen- oder organisationsabhängig. Eine bestimmte Bank bewertet das Potenzial ihrer Nachwuchsführungskräfte anders als eine Chemiefirma oder als ein Autohersteller oder gar eine Landeskirche. Freilich gibt es Überschneidungen. Es gibt Austausch der Spezialisten in Personalentwicklung und Psychometrie. Aber die Anwendung bleibt privatwirtschaftlich in der Hand der jeweiligen Unternehmen. Wenn das Potenzial einer jungen Führungskraft nach Studium und Durchlaufen eines Trainee-Programms erhoben wird, dann ist dieses einem bestimmten Individuum zugeschriebene Potenzial immer zugleich auch das Potenzial eines Unternehmens / einer Organisation. Denn das Potenzial der Person als Möglichkeit individuellen Könnens braucht zur Realisierung die Ermöglichung des Könnens in der konkreten Organisation. Potenzial muss gesellschaftlich genutzt werden, sonst verdampft es als Möglichkeit im luftleeren Raum.

— Welches Potenzial – also etwas, was Sie noch nicht realisiert haben! – trauen Sie sich zu?
— Nimmt Ihr Potenzial in den nächsten 5 Jahren zu? Nimmt es mit dem Alter eher ab, in welchen Bereichen, in welchen eher nicht?
— Was ist für das Potenzial ihres Gremiums, Ihres Vorstands ausschlaggebend?
— In welches Potenzial investieren Sie heute?

Talent ist in der Antike einerseits ein Gewicht, dem 60 Minen entsprechen (= 36 kg), als Geldeinheit andererseits 6 000 Drachmen. Es leitet sich vom griechischen talanton ab, bedeutet

Waage oder das Gewogene. Als das einem Menschen zugeschriebene »Gewicht« seines Vermögens (oder Potenzials!) steht es für die angeborene Begabung, für Fähigkeiten im Sinne von Anlage, aber auch für anvertrautes Gut wie die Talente im Neuen Testament.[128]

Als Talente gelten Personen, die Potenzial und Kompetenzen besitzen, die der Zukunftserwartung, der Strategie, mithin also den Präferenzen eines Unternehmens entgegenkommen. Während Kompetenzen als vorzeigbar und beobachtbar gelten, als ausbaufähig und optimierbar; während Potenzial als ein eher schlummerndes, zwar deutlich vorhandenes, aber noch in einer Vorstufe zur vollen Entfaltung befindliches Vermögen gesehen wird, ist Talent die schon geglückte, immer noch verheißungsvolle, vor allem aber noch besser nutzbare Integration von Kompetenz und Potenzial. Talente werden als die wertvollsten Mitarbeitenden eines Unternehmens angesehen. Sozusagen logisch ist dann, im Wettbewerb auch von einem »Kampf um Talente« auszugehen, Talente als knappe Ressource zu betrachten und einmal identifizierte Talente in besonderer Weise zu hegen und zu pflegen. Dazu gibt es in vielen Unternehmen eigens eingerichtete Gremien wie z.B. ein »Talent Board«, in welchem Vorgesetzte und Experten der Personalabteilung die Identifizierung der Talente vornehmen und ihre Förderung planen, durchführen und beobachten.

— Sind Sie ein Talent? Haben Sie Talent? Welches ist Ihr größtes Talent?
— Sind Talente in Ihrer Organisation eine strategische wichtige Größe? Wie werden sie definiert, attrahiert, auf Dauer eingebunden und genutzt?
— Welchen Talenten messen Sie besonderes Gewicht zu?

Präferenzen, Kompetenzen, Potenziale und Talente können als Begriffe in der Beobachtung konkreten Verhaltens und vor allem in der synthetischen Zuschreibung bestimmter »Züge« einer Person nützlich sein und als Messlatten genutzt werden. Jede Festschreibung aber, zu der vor allem jährliche Performance Reviews oder sogenannte Appraisals beitragen, birgt allerdings die Gefahr der Verdinglichung. Vehikel dieser Verdinglichung ist die Betrachtung ursprünglich situativer Präferenzen, Kompetenzen, Potenziale als **Eigenschaften**[129] einer Person, so als habe oder »besitze« eine Person Präferenzen und Kompetenzen, Potenzial oder auch Talent. Die Unterstellung identitätsrelevanter Eigenschaften führt jedoch meist zu einer Trivialisierung.

In der oben beschriebenen Interaktionstheorie wird deutlich, dass es dabei um sich wechselseitig verstärkende Prozesse der Selbst- und Fremdwahrnehmung geht.

Leistung war und ist *der* Begriff der Industrie- oder Arbeitsgesellschaft.

Kein neues Wort also. Aber im Begriff der Leistung konvergieren heute auch die bisherigen Begriffe von Präferenz, Kompetenz, Potenzial und Talent — vor allem auf künftige Verwertbarkeit hin.

Über Leistung erweist das Mitglied der Gesellschaft seine Nützlichkeit, seinen Beitrag, sein Recht auf Mitgestaltung und Mitverantwortung. Das Leistungspotenzial muss realisiert werden. Leistung muss sich lohnen, d.h. auch, Leistung und Lohn bzw. Leistungshonorierung müssen sich entsprechen, Leistung und Lohn müssen eine Balance bilden. Indem Menschen einen *Beitrag leisten* – nicht nur gegenwartsbezogen, sondern auch perspektivisch auf Zukunft hin, gestalten sie die Art und Weise ihrer Zugehörigkeit zur Gesellschaft aus.

Nun hat der Leistungsbegriff in den vergangenen 20 Jahren mit der Globalisierung und PC und Internet als vorherrschenden Arbeitsinstrumenten eine Revolutionierung erfahren, die in ihren Dimensionen und Auswirkungen noch wenig begriffen ist. Ein Indiz dafür ist der dem Leistungsbegriff verwandte Begriff der Dienstleistung, der als Wort ja eher wie ein Rückgriff in feudale Zeiten der Hörigkeit und Dienstbarkeit anmutet, aber etwas ganz anderes meint. Dienstleistungen sind zumeist vermittelnde, unterstützende, planerische, analytische, gestalterische Tätigkeiten, die allesamt den ehemals primären Leistungen der Agrar- und Industriegesellschaft nachgeordnet oder heute übergeordnet sind. Sie dienen der Ausbeutung von Rohstoffen und Ressourcen, der Produktion, der Allokation von Ressourcen und ihrer Bearbeitung und Veränderung, der Verteilung, dem Marketing, dem Vertrieb, dem Verkauf, der Bilanzierung, der Finanzierung, der Qualitätssicherung, der Evaluation usw. usf. Besonders wertvolle Dienstleistungen zeichnen sich häufig dadurch aus, dass sie spezifisch, einzigartig, nicht leicht nachahmbar, nicht austauschbar oder leicht ersetzbar sind. Dienstleistungen differenzieren sich in fassbare (tangibles) und nicht anzufassende (intangibles). Viele traditionelle Dienstleistungen haben sich in Self Service verwandelt. Von den neueren Dienstleistungen heute sind die meisten im großen Feld von Beratung unterschiedlichster Art. Insgesamt haben Dienstleistungen einen Anteil von 69 % an der Bruttowertschöpfung.[130]

Die enorme quantitative und qualitative Zunahme von Dienstleistungen hat auch dazu geführt, dass der Leistungsbegriff selbst stärker relational gesehen wird und nicht mehr so einlinig ergebnisorientiert, wie das für die Agrar- oder auch die Industriegesellschaft der Fall war.

Expertise bindet Qualifikationen, Kompetenzen und Leistungen mit Erfahrung zusammen. Expertise leitet sich vom Lateinischen experiri, expertus ab, wörtlich: erfahren. Erfahrung, also Bekanntheit, Vertrautheit, Geübtheit im Umgang mit bestimmten Fragestellungen, Konstellationen, Problemen oder Projekten verhilft zur Expertise. Aber Expertise ist nicht nur die durch zeitliche Dauer hin angehäufte Bestätigung konkret geleisteter Beiträge, sondern auch ihre Überprüfung oder kreative neue Anwendung.

Je volatiler und flexibler bestimmte Leistungen und Dienstleistungen also werden, desto wichtiger wird zugleich eine Art situativ aktualisierbarer Expertise, die das Verhältnis von Wissen und Nicht-Wissen im Kontext eigener Erfahrung jeweils neu zu bestimmen und anzuwenden wagt.

Welche Anerkennung erfährt die Leistung? Welche die Expertise? Das ist die Frage des Erfolgs. Diese Anerkennung kann ebenso sehr mit Geld, Position, Titel, Karriere, Bonus, Dienstwagen und besonderen Annehmlichkeiten ausgedrückt werden wie mit öffentlichem Ansehen, in einem eher privaten Kreis von Freunden und Gleichgesinnten, mit einer privaten dyadischen Zurückgezogenheit, einem »Ausgleich« im Privatleben.

Erfolg ist eine zentrale Kategorie der Identität: Für »Erfolgsmenschen« in selbstverständlicher Weise, aber auch in jeder sonstigen Narration des beruflichen Lebens und Arbeitens ist Erfolg ein aus Selbsteinschätzung und Fremdeinschätzung ausgehandelter Vermittlungsbegriff.

Für die Bestimmung der Identität von Führungskräften haben wir somit die wesentlichen Bestandteile: eine begründete Kenntnis der Präferenzen, bestimmte wertvolle Kompetenzen, ein großes Potenzial, ein unbestreitbares Talent, nachgewiesene Leistungen und spezifische Expertise. Eines fehlt noch, womit diese bestätigten Zuschreibungen eine Person zur Führungskraft werden lassen:

Die Nähe zur Macht: Eine Affinität zu den Menschen an den Schalthebeln bzw. im Zentrum der Organisation. »Vitamin B«

213

ist kein leichthin zu erwerbender Stoff, sondern setzt kontinuierliche Beziehungsarbeit voraus, die die Zugehörigkeit zum Führungspotenzial eines Unternehmens oder einer Branche ermöglicht. Einerseits ist es eine Vernetzung mit wichtigen Entscheidern, andererseits ist es ein Gespür für sich langfristig durchsetzende Strategien und Entscheidungen.

> **Machtaffinitäten**
> Mehrere Male habe ich erlebt, dass ein Assistent eines sehr bedeutungsvollen Vorstandssprechers selbst Vorstand geworden ist. Oder dass der Bereichsleiter einer großen Region, der vorher im Ausland erfolgreich bestimmte Projekte gemanagt hat, jetzt von einer Führungskraft der gleichen Nationalität »an Bord« = ins Board geholt worden ist.
> Oder dass eine junge Managerin, die sich schon in ihrer ersten Position eine besondere Anerkennung erworben hat, dann auch weiterhin in den nächsten Positionen die Nähe zur Macht erweitert hat und als eine der nächsten Führungskräfte für die Konzernzentrale gehandelt wurde (und damit die erste Frau war auf dieser Ebene).
> Bei Richard war der Vater ein rhetorisch versierter und über die Medien bekannter Politiker. Sein Name allein war schon eine Empfehlung, bedeutete aber auch konkret eine Vernetzung mit Persönlichkeiten an Universitäten im Ausland, so dass für alle drei seiner Kinder eine internationale Karriere wie selbstverständlich war.
> Und natürlich erleben wir oft und häufig, dass Führungskräfte, die von uns gecoacht werden und deren Sponsor wenn nicht schon Nähe zur Macht, dann die Entscheidungsmacht selbst repräsentiert, diese Investition in ihre Entwicklung »rechtfertigen« und größere Verant-

> wortungsbereiche bzw. mehr Macht übertragen bekommen.

Während im Ausland, besonders in Frankreich oder den USA, die Nähe zur Macht schon mit dem Studium an einer bestimmten Universität dokumentiert und mit der Zugehörigkeit zu einem Kreis von Alumni weiterentwickelt werden kann, sind solche vorgezeichneten Elitezurechnungen in Deutschland seltener. Aber freilich kann Nähe zur Macht auch bedeuten, dass sie über den Vater als Inhaber eines Unternehmens oder als Vorstands- oder Aufsichtsratsmitglied sinnfällig ist (die heutige Generation der Mütter kommt dafür so gut wie nicht in Frage). Oder dass zu einem frühen Zeitpunkt eine Beziehung zu »Alpha-Menschen« aufgebaut worden ist, die durch fortgesetzte Fokussierung der Aufmerksamkeit später dann eine Rechtfertigung in einer bestimmten Promotion findet. Und schließlich kann Nähe zur Macht auch privat hergestellt werden, über Freundschaft, durch Heirat, durch irgendwelche gemeinsamen Aktivitäten.

Nähe zur Macht heißt, hier keine Berührungsängste zu haben. Also Verantwortung sichtbar zu übernehmen, Richtung vorzugeben, eine Rolle zu spielen, sich für etwas herzugeben, etwas zu garantieren, voranzugehen, aber auch sich haftbar machen zu lassen.

Ich distanziere mich nicht von der Macht. Ich bin loyal. Ich unterstütze die Direktion, die richtungweisenden Entscheidungen. Ich übe Autorität aus, nachdem ich sie zuerst eingeübt habe.[131] Ich identifiziere mich mit dem Boss, der Chefin, mit dem Vorstand eines Unternehmens. Ich bin identisch mit der Führung und mit der Strategie eines Konzerns. Ich baue und entwickle meine Identität als Führungskraft.

Kapitel 3. Zugehörigkeit.

Sie werden sich Ihre Gedanken über die privaten und familiären Aspekte von Identität und die in Familie und Privatkreis geltenden Dimensionen von Präferenz, Kompetenz etc. gemacht haben. Dort sind zunächst andere Schlüsselbegriffe wesentlich, die indes ihrerseits in der Arbeitsorganisation ihre Tragweite und Tragfähigkeit haben. Für mich heißen diese **Schlüsselbegriffe »dienen« und »sich nützlich machen«, »geschickt sein«, heißen Fürsorge, Zuwendung, Verlässlichkeit, Treue, Interesse und Offenheit.**

Eine erste Kategorie, die an die moderne Dienstleistung anschließt, aber aus einem andern historischen Kontext von Identität stammt, ist **dienen** im Sinne von **sich nützlich machen.** Dies erscheint mir eine »geläuterte« Form des Dienens. Über Jahrhunderte war Dienen ein Tätig-sein zu Diensten anderer, fremder Herrschaft, und dieser Herrschaft gegenüber, wie wohlwollend und großzügig auch immer (aber die Regel war eher das Gegenteil) war das Dienen zugleich ein »Untertan-sein«. Dies prägt die Dialektik von »Herr und Knecht«, und es hat die Aufklärung und Revolutionen und enorme gesellschaftliche Wandlungs- und Veränderungsprozesse gebraucht, bis Leibeigenschaft und unfreie »Hörigkeit« zu einem Ende kamen und über die Deklaration der Menschenrechte zum Ausdruck gebracht wurde, dass kein Mensch Eigentum eines anderen sein kann und darf, dass jede Frau und jeder Mann frei geboren wird und frei und tätig sein darf sein Leben lang.

Dieses Tätig-sein ist die Vita activa.[132]

Die jeweilige Tätigkeit bedarf aber der Anerkennung.[133]

Nach diesen beiden Verweisen hole ich erst mal Luft. Durchatmen. Hannah Arendts Buch ist ja sozusagen ein Jahrhundertwerk, eine großartige philosophische Durchdringung der

Arbeitsgesellschaft. Und Taylor und Honneth reflektieren den fundamentalen geistigen Akt der Anerkennung, der uns zur Wahrnehmung von Realität befähigt und der in Systemtheorie und Gehirnforschung Bestätigung und Ausdifferenzierung erfährt – eine weite und mächtige Resonanz.

Aber eine Pause auch noch aus dem Staunen heraus.

Tätig sein, sich bewegen, ist ja etwas, was das Baby von Anfang an anstrebt und entwickelt, immer weiter und immer differenzierter. Was uns Menschen ausmacht. Wozu wir Anerkennung brauchen, das Kopfnicken und die wortlose oder wortreiche Bestätigung der Mutter und der Eltern, der Familie, das Lob einer Tante, die Ermutigung auf dem Spielplatz oder im Kindergarten, die Anerkennung der Lehrerin und des Lehrers, der Geldschein für das Zeugnis usw. usf.

Die Entdeckung der eigenen Identität als Vita activa, die anerkannt worden ist – tausendfach, immer und immer wieder, von anderen, von mir selbst, von mir selbst gegen Kritik und Zweifel von anderen, von anderen gegen Selbstzweifel und mangelndes Selbstvertrauen, die Ermutigung über die selbst gesetzten Grenzen zu gehen, die durch Unterstützung ermöglichte Übernahme (größerer) Verantwortung.

Anerkanntes Tätigsein und Dienen führen zum Diene-Mut, zur Demut. Freilich, auch Demut ist eine Tugend, die leicht als antiquiert gilt, als unzeitgemäß. Und doch ist in der Demut eine große Freiheit, eine Souveränität, die sich nicht von jeder Anerkennung abhängig macht, sondern ihrer selbst gewiss unerschrocken das Ihre tut, auch im Schatten, in der Stille, an den Rändern, im Verborgenen. Und sie muss nicht ans Licht gezogen werden.

Dienen also jetzt als freies und von andern anerkanntes Tätigsein, als Sich-nützlich-machen. D.h. etwas tun, was für andere (und meist auch für einen selbst) nützlich ist, Kaffee kochen, Wasser holen, die Post aus dem Briefkasten nehmen, den PC hochfahren, die Räume lüften oder abends das Licht löschen. Im privaten Bereich kommt die ganze Alltagsbewältigung dazu; Sich-nützlich-machen bezieht sich auf das Wohnen und sein Umfeld, Garten oder Haus, Haustiere, Nachbarschaft; auf Essen und Trinken und die dafür notwendige Versorgung; auf Hygiene und Gesundheit, Reinlichkeit und Sauberkeit; und auf alltägliche Beziehungsarbeit, auf Resonanz und offenes Ohr für das an anderer Stelle im Beruf Erlebte, auf Planung und Vorhaben, auf Träume und immer wieder auf das, was erzählt wird als Reflexion des Lebens. Nicht immer ist beim Tätig-sein klar, dass es auch nützlich ist oder sein will. Manche Tätigkeit erweist sich als eindeutig unnütz, als umständlich, als nicht zielführend, als fehlerbehaftet.[134] Aber doch wirkt sich die Jahrhunderttausende alte Menschheitsgeschichte in den immer wieder ausgeübten und durchgefochtenen Formen von Zugehörigkeit so aus, dass menschliches Tätig-sein sich elementar als Sich-nützlich-machen ausdrücken will und dafür immer auch neue Formen findet.[135]

Geschickt sein ist eine Form von Tätigsein, von Sich-nützlichmachen. Es führt aber auch darauf hin. Wozu ich mich geschickt sehe (und von andern darin bestätigt werde, oder mich selbst dafür anerkenne), das wird auch eine wichtige, vielleicht bevorzugte Weise des Tätigseins werden. Und mit meinem Geschick kann ich mich, vielleicht am besten sogar, nützlich machen. Geschick ist Disposition, Anlage, Begabung einerseits, andererseits Übung, noch und noch wiederholte Tätigkeit – so lange und so sehr, dass Geschick doppelte Bedeutung gewinnt und Geschicklichkeit als Geschick auch im Sinne von Schicksal gilt.

Die Sprache verrät zwei Bedeutungsebenen von »Geschick«. Die eine meint Geschicklichkeit, als eine Art Behendigkeit im

Tätigsein, ein Geübtsein, das Eleganz und Sparsamkeit verbindet in der Bewegung oder im Vollzug. Diese Art von Geschick fragt, geschickt worin und wie. Die andere meint Geschick im Sinne von Schicken, Senden, sie fragt nach geschickt wozu. Sie zielt also auf die Wirksamkeit, auf den Effekt. Jemand hat ein Geschick, eine Versammlung zu leiten – das heißt, diese Art von Geschick ist interaktiv, kommunikativ, und sie erweist sich erst im Zusammenspiel mit einer sozialen Bezugsgröße.

Fürsorge ist eine weitere Form des Tätigseins. Fürsorge war über Jahrzehnte auch eine besondere Berufstätigkeit, vor allem von Frauen; Fürsorgerin. Eine (Vor-)Form der Sozialarbeit, die Benachteiligte und Randgruppen der Gesellschaft wahrgenommen, unterstützt und gefördert hat und die über ihre eigene Professionalisierung und die wissenschaftliche Anerkennung sowohl ihrer Zielgruppen als auch ihrer Methodik und Unterstützungsformen eine Veränderung der Klassengesellschaft zum Sozialstaat ganz wesentlich mit ermöglicht hat. Richard Sennett hat mit seinem Buch über Respekt[136] sowohl ein Loblied dieser Arbeit gesungen als auch die elementare Bedeutung der ihr zugrundeliegenden inneren Haltung und der philosophischen Bezüge dargelegt. Fürsorge ist und bleibt aber auch außerhalb aller gesellschaftlich differenzierten Formen in Heil- und Pflegeberufen, in Selbsthilfegruppen und generationsübergreifenden Wohnprojekten, in Beratungsstellen und (Re-) Integrationsprozessen ein sozusagen privates und alltägliches Tätigsein, das sich in kleinen Gesten erweist und darin seine Größe, seine Souveränität hat: einem Paketzusteller die Tür zum Treppenhaus offenzuhalten, die Sekretärin bei der Ablage überquellender Informationen zu unterstützen, einer Mutter den Kinderwagen einen Treppenabsatz hinaus tragen zu helfen, einem Fremden den Stadtplan zu erklären und ihn orientieren helfen. Fürsorge baut auf Höflichkeit, und Respekt, natürlich. Für-

sorge hat aber auch einen Blick für das, was für einen andern Menschen notwendig sein mag, was er sich nicht selbst beschaffen oder zu eigen machen kann. Fürsorge hat das gegenwärtige Wohlergehen des Gegenübers im Blick. Sie kümmert sich. Fürsorge sorgt aber auch vor, und damit baut sie auf Zukunft und wirkt nachhaltig. Fürsorge schafft Nachhaltigkeit.
Fürsorge ist fürsorglich als **Zuwendung**. Sie wendet sich, dreht sich, bewegt sich. Zuwendung ist volatil, erfinderisch, neugierig – aber wiederum mit Respekt, mit Achtsamkeit. Zuwendung ist zuletzt finanzielle Zuwendung, die Übergabe von Geldbeiträgen oder Überweisungen ist allenfalls Konsequenz von innerer Anteilnahme oder vorgängiger Beziehungsarbeit. Auch Zuwendung geschieht so alltäglich und unaufgeregt und unauffällig, dass sie sich dem Zugriff (und meiner Beschreibung) entziehen will. Und doch ist wichtig, ihr Aufmerksamkeit zu schenken, ist sie ja selbst eine qualifizierte Art von Aufmerksamkeit, eine Entscheidung für etwas, für jemanden. Das macht sie so kostbar, so lebenswichtig, aber erfreulicherweise auch sozial, vielfältig, verbindlich, verbindend über Grenzen und Schranken hinweg.
Interesse, Neugier und Offenheit sind vielleicht die Grundmaße für Dienen und Nützlich-sein, für Geschickt sein, für Fürsorge und für Zuwendung. Das eine entwickelt sich zusammen mit dem andern. Aber diese Grundmaße passen nicht immer auf eine Skala, lassen sich also nicht bemessen zwischen 0 und 10 oder von minus 7 bis plus 7. Wohl immer jedoch lassen sie sich unterscheiden in der Selbsteinschätzung und in der Fremdeinschätzung, für wie interessiert halte ich mich selbst (an einer Sache, an einer Person, an einem Prozess) und für wie interessiert hält mich jemand anderes (an ebendiesem). Und wie erkläre ich mir den Unterschied?
Und dann sind da noch **Verlässlichkeit, Belastbarkeit und**

Treue. Neben den »offenen« Qualitäten also auch die »festen«, die dauerhaften, Halt gebenden. Wie erlebe ich mich selbst in dieser Hinsicht, wie schätze ich meine Nächsten diesbezüglich ein? Wie wähle ich Menschen aus, mit den ich gerne zusammenarbeite?

Für die Identitätsarbeit als Zugehörigkeit zur Gesellschaft rekapituliere ich noch einmal meine Messlatten oder Maßstäbe: Präferenzen, Kompetenzen, Potenzial, Talent, Leistung, Expertise, Nähe zur Macht und Autorität; dienen und sich nützlich machen, geschickt sein, Fürsorge, Zuwendung, Interesse, Neugier, Offenheit, Verlässlichkeit, Belastbarkeit, Treue. Gehört Respekt auch dazu? Gehört Demut dazu, Bescheidenheit? Welche Werte verbinden sich dieser Auswahl? Welches Gewicht, welche Dichte, welche Temperatur, welche Ausdehnung und welches Streben, welche Länge und Breite und Höhe messen sie? Die des Menschen und seiner Beziehungen.

Es geht also, das will der bisherige Gang der Darstellung in diesem Kapitel zeigen, um Kategorien für Verhältnisbeschreibung und um die Interaktion zwischen Individuum und Gesellschaft. Identität ist etwas, was sich das Individuum in der Art und Weise seiner Zugehörigkeit zur Gesellschaft als solche erwirbt und bearbeitet und profiliert und nach außen (und innen) darstellt. Identität ist aber auch etwas, was die Gesellschaft ihren Mitgliedern zumutet und vorschreibt und wozu die Gesellschaft das Individuum nötigt und zwingt, unerbittlich und unnachgiebig, mit einer Heerschar von Verfahren und mit beamteten und berufenen oder auch unberufenen Mitteln, vom Zivilstandsregister bis zur Gebühreneinzugszentrale zur Haftpflichtversicherung zum Mitarbeitsgespräch zur Steuererklärung zum Rentenbescheid zur Sterbekasse usw. usf. Kein Mensch wird aus seiner Identität entlassen, nicht einmal mit dem Tod.

221

Kapitel 3. Zugehörigkeit.

Im Verhältnis von Individuum und Gesellschaft bzw. zu ihren einzelnen Mitgliedern, die dem / der Einzelnen bekannt sind oder begegnen, sind **Nähe und Distanz** wichtige Parameter. Ich sehe sie hier als Polarität. Distanz und Nähe zwischen Personen hängen mit der Art und Weise zusammen, wie sie sich jeweils bewohnen, wie sie in ihrer Haut sind, wie sie sich riechen können oder nicht, mit welchen Gesten sie Zugehörigkeit oder Unterordnung signalisieren. Für mich sind wichtige Indikatoren für Nähe und Distanz der Klang der Stimme, ihre Höhe oder Tiefe und ihre Resonanz und Klarheit (oder ein schriller oder gebrochener, gezwängter Klang als Gegenteil). Weiter auch der Geruch, der aber, wenn wahrnehmbar, meist ein künstlicher ist. Ein Rötung des Gesichts oder der Hautpigmentierung ist ebenso wie Feuchtigkeit der Hände bei Erwachsenen eher selten. Ein schlaffer Händedruck dagegen nicht; wer jedoch in der Krankenpflege gearbeitet hat, hat in aller Regel das Zupacken internalisiert.

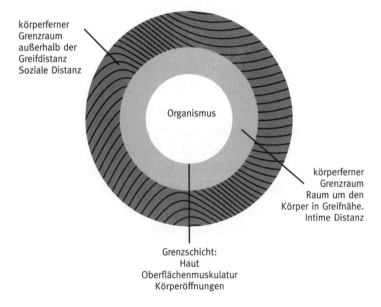

Nach meiner Erfahrung in der Arbeit mit Klienten spielt für das Individuum die Perspektive von **Ähnlichkeit und Differenz** eine ebenso wichtige Rolle. Wem sieht sich eine Person ähnlich, und in welchen Hinsichten wird diese Ähnlichkeit konstruiert? Wie dauerhaft ist sie, wie klar, eindeutig, für andere nachvollziehbar? Wie wird Differenz gesehen? Und vor allem: wie wird unterschieden? Welche sensorischen, visuellen, auditiven, kinästhetischen oder anderen Unterschiede werden als solche, und dann eben als Information, wahrgenommen und genutzt? Unterscheide ich im Kontext von Ähnlichkeit, also im Kontext von Synonymen, von logischer Zusammengehörigkeit, im Rahmen einer Metapher, oder nehme ich als Leitstern die Differenz und trenne Ebenen, Sprachen, Eindrücke, Epochen, Zeiten, Erfahrungen usw.?

Die Systemtheorie sieht den einzelnen Menschen als ein sich selbst erhaltendes System, dessen Operationen selbst-referentiell und geschlossen sind. Meine innere Regulation mit Blutdruck, Verdauung, Temperatur, Tonus, Stimmung, die Art meiner Steuerung durch mein Gehirn und meine Weise des Nachdenkens und Kommunizierens sind ganz und gar und absolut die meinen, meine Perspektive, meine Wahrnehmung, meine Weltanschauung. Jede andere Person, auch die mir nächste, ist Umwelt zu meinem System. Ich bin Umwelt für andere Menschen mit denen ich lebe und arbeite. Wir können als operativ geschlossene und selbstreferentielle Systeme uns nur durch Koppelung aufeinander beziehen und einander beeinflussen. Koppelung meint, dass ich in und mit meinem System Anregungen und Reize aus der Umwelt, also von einer bestimmten als wichtig wahrgenommenen Person, in mein System von Selbststeuerung übernehme. Die Art und Weise, wie das geschieht, ist so differenziert, oft so unmerklich, dass es mir selbst nicht bewusst ist. So wie ein Schwarm von

Tauben mit 30 oder 50 Individuen sich zugleich im Flug von einem Platz erhebt, so neuronal eingespielt sind viele meiner Reaktionen und Aktionen, mit denen ich mich an meine Umwelt »ankopple«.

Kopplung heißt auch, dass wir Menschen füreinander nicht instruierbar sind. Das, was ich meine, wovon ich überzeugt bin, wird, mit welchem Nachdruck auch immer ich es äußere, kommuniziere, vertrete, nie in dieser meiner Auffassung oder Version von einem andern Menschen übernommen werden können, selbst wenn dieser zu vollständiger Imitation bereit ist. Da auch er ein autopoietisches System darstellt (und eine andere Biografie hat, auch wenn er Zwilling wäre), kann meines nicht seines werden.

Angekoppelt sein, verbunden, zugehörig: das meint **WIR**.

Das heißt, dass das WIR immer und viel mehr, als es scheint, ein Kompositum darstellt, ein aus Individuen zusammengefügtes System einerseits, ein autopoietisches System andererseits. Aber mehr ein Kompositum als eine aus Identifizierung hervorgegangene Einheit – denn für das WIR kann immer nur eine Person als Ich sprechen, auch wenn sie »WIR« sagt. Das WIR ist vielsprachig. Wenn eine Person statt von sich als »ich« in der »wir«-Form spricht, dann ist es entweder die alltägliche Identifizierung mit der eigenen Gruppe, ist es der Ausdruck von Geselligkeit, ist es die Zugehörigkeit zu Gesellschaft. Oder es ist, dem »man« ähnlich, im undeutlichen Ungefähr. Dann ist wird es genährt vom Wunsch nach Übereinstimmung oder einer Sehnsucht nach Eingebettetsein, oder gar nach dem Aufgehen in einer größeren, transzendierenden Einheit. Oder ist Ausdruck von Unsicherheit. Das autoritative, direktoriale WIR ist meistens ein angemaßtes WIR, ein Ich verkleidet im Plural majestatis, es ist häufig Bevormundung, Ausdruck von Macht oder Machtanspruch.

Mit der Unterscheidung von privaten und beruflichen Geselligkeiten für die Dimensionierung und Stratifizierung des WIR gewinne ich Bedeutungsebenen, Maßstäblichkeiten und Ermessensspielräume. Was für mein WIR in der Ehe oder Paarbeziehung gilt, gilt nur hier, ist keiner Arbeitspaarbeziehung in der Organisation vergleichbar. Was ich mit meiner Familie erlebe und unternehme, was ich mit Freunden und Freundinnen, Kumpeln und Kameraden erfahre, ist meine private Szenerie, meine Art der Ausgestaltung des Lebens, meine Art der sozialen Einbettung. Anders, wenn ich auch die Firma als Familie betrachte – trotz einer bis in Intimität hinein projizierten Nähe und Vertrautheit ist dieser Raum von anderen Erwartungen und Regeln definiert. Firma ist nie Familie, selbst in kleinen Familienunternehmen. Zwischen der privaten Sphäre und der beruflich-geschäftlichen stehen die Clubs, Vereinigungen, Vereine, Clubs, Seilschaften, Netzwerke, Geheimbünde, Triumvirate, Verschwörerzirkel, denen ich möglicherweise angehöre. Sie sind häufig so sehr eine Zwischenform, dass sie eine eigene Art von Geselligkeit darstellen. Ihr Gewicht nimmt zu, wenn jemand an der Spitze eines Unternehmens steht und als Repräsentant/in und Sprecher/in auftritt. Aber auch mit dem Übergang in den Ruhestand.

Das WIR ist privat, es ist sozial und vernetzt, es ist geschäftlich, unternehmerisch, firmenbezogen – immer ist es ein Ich, das ein »WIR« in den Mund nimmt.

Die Arbeit an diesem Wir ist heute komplizierter und notwendiger denn je. Die alten Sicherheiten der Klassengesellschaft, die Kapitalisten und abhängige Lohnarbeitende kannte, sind passé. Die der Klassengesellschaft folgende Schichtung hat mit ihrer Dreistufigkeit die Klassengesellschaft nur in anderer Form reproduziert, als Unter-, Mittel- und Oberschicht. Mit der »Risikogesellschaft«, die sich in den Dimensionen von

Freisetzung, Entzauberung und sozialer Wiedereinbindung durchsetzt,[137] wird die Entscheidungsfreiheit in eine Entscheidungsnotwendigkeit übersetzt. Der persönliche Selbstentwurf und die Selbstkonstruktion des Individuums werden das Spielmaterial zur Realisierung der »feinen Unterschiede«[138], die vom Titel über die Bildung und den Konsum bis zum Geschmack und zum Stil und den Optionen reichen. Und erst recht erlaubt die Mode mit ihren wechselnden Trends und mit den dem »etwas teureren Geschmack« gerecht werdenden Markennamen ein Spiel des Zeigens und des Verhüllens oder Entblößens von Zugehörigkeit.

Mit all diesen Maßstäblichkeiten wird an der jeweiligen Art der Zugehörigkeit zur Gesellschaft gearbeitet. Sie erlauben eine Stratifikation von Gesellschaft in der Weise, dass mein individuelles WIR, das notwendigerweise ein begrenztes, in seiner Komplexität reduziertes WIR ist, eine definierte Zugehörigkeit zu einer gesellschaftlichen Schicht ausdrückt. Angestrebt und sozial wünschenswert ist die Zugehörigkeit zu einer bedeutsamem Schicht, am besten zur »Elite«[139]. Elite ist ein Vorbild-WIR. Elite formuliert einen Anspruch. Vom Lateinischen her ist Elite das »Herausgelesene«, das Erlesene, möglicherweise ein neues Gewand für die alte »upper class«, aber mehr auf Fragen der Weltkultur und auf eine Funktion für Wirtschaft und Gesellschaft hin bestimmt.

So sind mit jedem WIR Wahlentscheidungen verbunden.[140]

Jede **Wahl** aber schließt ein oder schließt aus.

Elite ist exklusiv. Das »Herausgehobene« mag »eingebettet« sein, in seinem Selbstverständnis ist es aber an der Spitze, besonders, prominent = hervorragend. Nicht alle haben Zugang, nicht alle gehören dazu. Exklusiv heißt lateinisch das »Ausgeschlossene«, inklusiv das »Eingeschlossene«, das zugleich mit Gemeinte. Exklusiv ist ein Gegenstand, wie ein Parfum oder ein

Restaurant, oder eine Gruppe, wie ein exklusiver Zirkel, der oberste Führungskreis. Eine Person ist in unserer Umgangssprache nicht exklusiv, auch wenn sie andere ausschließt oder sich abgrenzt. In Brasilien sind auch Personen »exklusiv«, »os excluidos« sind Personen am unteren Rand der Gesellschaft, in Favelas und ohne feste Unterkunft, Menschen und Kinder, die auf der Straße leben. So kann sich bei der Exklusivität das Oben und Unten verkehren. Die Zugehörigkeit zur Gesellschaft ist nie einfach. Sie ist sogar recht mühsam. Sie muss immer wieder neu erarbeitet und bestimmt werden.

> **Auslese / Einlese**
> Alle diese vielen unterschiedlichen Arten von Zugehörigkeit werden im Coaching aufgenommen. Manchmal bitte ich einen Klienten um ein Organigramm: wer steht über ihm, an wen berichtet er, wer arbeitet mit ihm auf gleicher Ebene, wer berichtet an ihn (Directs, Stab, Sekretariat), welche Einheiten oder Geschäftsbereiche gehören dazu. Wem fühlt er sich zugehörig?
> Aufschlussreicher ist für mich in der Regel eine Aufstellung mit Steinen oder mit Holzfiguren. Dazu kann ich ganz spontan überleiten, indem ich z.B. ausdrücke, dass ich von der Schilderung eines letzten Meetings kein klares Bild bekommen würde und deshalb mein Gegenüber einfach bitte, mir das mit ein paar Steinen (die sind im jedem unserer Coachingräume greifbar) auf dem Boden zu legen. Oder ich setze einen stärkeren Unterschied mit dem Vorschlag, in einem benachbarten Raum eine kleine Aufstellung zu dieser Schilderung zu machen – da sind dann die Holzfiguren oder die Platzhalter für Personen, die auf dem Boden als Relationsfeld gelegt werden.[141] In noch einem andern Raum gibt es eine Sammlung von

Tieren. Die setze ich seltener ein, die psychologischen Deutungshorizonte sind tiefer und reicher, aber legen auch stärker fest (wenn eine Person als Huhn oder Schwein aufgestellt ist, bleibt diese Zuschreibung für die Aufstellung erhalten).

Eine wichtige Frage, unmittelbar nachdem eine Gruppe oder ein Team aufgestellt worden ist, geht darauf, ob nicht jemand vergessen worden ist. Ausschluss und Einschluss bringt ja immer die Bedeutung mit sich, dass an dieser Grenze Energie aktiviert ist. Und mit der Erklärung der Zugehörigkeit stellt sich dann sofort auch die Frage der Platzzuweisung. Damit werden weitere Fragen »sichtbar«, nach Nähe und Distanz, Ähnlichkeit und Differenz, nach Zentrum und Peripherie, nach Richtung – und damit nach oben und unten, links und rechts, vorne und hinten.

Feldbeschreibung

Ich treffe Martin zu unserer Coaching-Sitzung ausnahmsweise in einem Besprechungsraum im Airport Club direkt am Flughafen. Wie meist bei unseren Treffen, erzählt Martin in der ersten Stunde vor allem das, was sich seit unserer letzten Sitzung zugetragen und im Konzern entwickelt hat. Dabei schälen sich die Themen und Fragestellung für die aktuelle Sitzung dann heraus.

Nach einer kurzen Pause stehe ich am Fenster und schaue auf das Rollfeld. Martin tritt hinzu; ich frage ich, ob er gerne von oben auf die Erde schaut, von Türmen oder aus einem Ballon herab. Ja, sagt er, schon als Kind sei er immer gerne auf Leitern, Bäume und Türme hochgestiegen und habe den Blick nach unten genossen. Auch heute, so sehe er sich selbst, stünde er gerne auf dem

»Feldherrnhügel«, hätte die Strategie im Blick, z.B. die Integration des kürzlich erworbenen Produktionsbetriebs, aber auch die langfristige Entwicklung mit der Konkurrenz in Europa. Da wir keine »Instrumente« für eine Aufstellung haben, nehme ich einfach die Wasserflasche auf dem Tisch und markiere damit den Punkt der Aussicht und Übersicht (auf dem Feldherrnhügel!). Und frage dann weiter, wo sich Martin sieht, wenn er auf dem Boden ist. Vorneweg, sagt Martin – also wie an der Spitze reitend oder einem Konvoi vorausfahrend (ich markiere dieses Vorne mit einer Praline). Ich erlebe ich ihn ja häufig auf diese Art, extrem aktiv, stark extrovertiert, mitreißend, dynamisch, ideenreich, initiativ. Ich halte meine beiden Hände auf die zwei markierten Punkte und frage Martin nach dem Feld dazwischen: es ist ziemlich groß; vor allem ist der Übergang für Martin selbst von der einen Position (oben) in die andere (vorne) nicht einfach zu bewerkstelligen. Wie also ist das Feld zwischen diesen Polen strukturiert und »bestellt«? Wie strukturiert er Zugehörigkeit – von oben oder nach vorne, indem er Menschen hinter sich sammelt?

In dieser Aufstellungsarbeit werden viele Fragen nach den unterschiedlichen Qualitäten von Zugehörigkeit aufgefächert. Vor allem aber dient sie dazu, Martin ein gutes Bild davon zu vermitteln, wie er sich selbst aufstellt, welchen Platz er wählt um Richtung anzuzeigen, wo er hingehört und wie er seine Zentralität und Autorität besser gestalten kann.

3.4. ZWISCHEN HIMMEL UND ERDE Bei meinem **Blick aus dem Fenster** meines Büros im vierten Stock sehe ich unten auf der Straße im Straßencafé eine Frau, die vor ihrer Tasse Cappuccino sitzt, dabei auf ihrem Mobiltelefon telefoniert und mit der rechen Hand gestikuliert. Am benachbarten Tisch rechts sitzt eine junge Frau und liest. Noch weiter nach rechts eine Mutter mit Kind, das Kind spielt auf der Sitzcoach. Links neben der telefonierenden Frau (sie telefoniert immer noch, hat jetzt aber den Hörer in der rechten Hand) sitzen in einer Sitzgruppe zwei Männer und eine Frau, es könnte sich um eine geschäftliche Besprechung handeln, auf zwei Sitzplätzen daneben liegen Papiere, die nach Skizzen oder Notizen aussehen.

Hinter den Sitzenden geht der normale Straßenverkehr. Es ist Freitag Vormittag und eher ruhig; die Zulieferer sind schon durch, das Müllauto fährt heute nicht. Die Septembersonne bringt ihre Strahlen jetzt am späten Vormittag so in die Straße, dass sie im Café voll zur Geltung kommen, deshalb sind die Sonnenschirme auch eingeklappt.

Gegenüber im Haus ist ein Fenster geöffnet. Aber auch durch die Scheiben sehend weiß ich, dass hier viele Menschen in einem Großraumbüro an Computern arbeiten, erst wenige an Flachbildschirmen. Darüber in den Büros ist »nichts« zu sehen, Vorhänge, ja, die Spiegelung der Fensterscheiben, einmal ein Einblick in ein leer stehendes Büro. In dem andern Haus gegenüber verwehren mir Spiegelung und Vorhänge den Einblick, auf meiner Etage fehlt heute die dunkelhaarige Sekretärin, die ich sonst häufig an ihrem Fensterplatz neben dem Ficus bemerke.

Hinter diesen Bürogebäuden blicke ich auf einige der benachbarten Bürotürme der Frankfurter Innenstadt. Deutsche Bank rechts, dann Citigroup, Eurotheum, Landesbank Hessen-Thüringen, Commerzbank und wieder Deutsche Bank. Die

meisten Türme tragen am oberen Rand ihr Markenzeichen und sind leicht identifizierbar.
Der offene Himmel ist begrenzt in meinem Blick. Wenn ich aus dem Fenster sehe, kommt er hinter den Türmen ins Blickfeld. Ich habe Glück, es ist heute strahlend sonniges Wetter, der Himmel ist blau. Bald kommt die Sonne auch in mein Zimmer – ziemlich sicher, es sind ja keine Wolken sichtbar. Aber der offene Himmel ist draußen.
(Die Frau hat ihr Mobiltelefon jetzt auf einem Papier im Schoß liegen).[142]

Ausblick
Der Blick aus dem Fenster ist mir wichtig, wenn ich mit einem Klienten oder einer Klientin einen Coaching-Prozess beginne. Auch wenn wir in unserer Firma darauf achten, dass die Sitzungen in der Regel in unseren Räumen stattfinden, so steht doch am Beginn ein Gespräch am Ort der Person, die mit dem Coaching anfängt. Ich bekomme so einen Einblick in die Arbeitsumgebung, in die Organisation. Und vor allem habe ich ein Bild davon, was mein Gegenüber umgibt, wenn ich mit ihr oder ihm telefoniere. Ich kann mir dann vorstellen, worauf der Blick fällt, wenn er vom Schreibtisch und vom PC weg zu schweifen beginnt.
Pjotr in der Produktionsfirma im Bayerischen Wald hat den Blick auf einen großen Birnbaum auf einem Hügel vor dem Fenster – einerseits ein Bild von festem Stand, andererseits sind die Veränderungen der Jahreszeiten gut zu sehen.
Maria sieht von ihrem Schreibtisch aus auf die Alpen in der Ferne, hat aber im Vordergrund vor dem großen Fenster direkt die Autobahn; deshalb lassen sich die Fenster auch nicht öffnen. Hier spüre ich einen großen

> Gegensatz von abgeschlossenem Drinnen und weit entfernter, vielgestaltiger Landschaft.
> Walter sieht aus dem 22. Stock auf die Stadt am Rhein zu seinen Füßen – die Betriebsamkeit dieser Welt unter sich, zugleich aber auch eine Entfernung hin zu den verschiedenen Orten, an denen seine Teams arbeiten und wo die Produktion stattfindet.
> Lucie hat ihren Arbeitsplatz in dem großen Verwaltungsgebäude im Innenhof und blickt auf einen künstlich angelegten Teich, sie sieht Natur nah, aber in künstlichem Arrangement.
> Robert sieht von seinem Schreibtisch aus auf eine Straße mit parkenden Autos direkt vor dem Firmengebäude; die Vorbereitung des Umzugs hat ihn schon über zwei Jahre Arbeit gekostet, aber est in einigen Monaten ziehen sie auch faktisch um.
> Ich ahne also etwas von dem gewohnten Blick und von der Blickführung. Ich habe ein Bild, das ich kontrastieren kann mit gezielten Fragen nach Unterschieden und Alternativen. Und manchmal kommt es sogar auch dazu, das Bild, das ich habe, beziehungsweise das öffentliche Bild vom Arbeitsplatz der betreffenden Führungskraft einem selbst gemalten Bild gegenüberzustellen: sich zu imaginieren. Selbstbild und Fremdbild kommen dann nicht nur auf die gleiche Person raus, sondern auch auf die Gestalt eines Arbeitsplatzes, der etwas von der Qualität einer Kapitänsbrücke oder eines Dirigentenpultes hat.

Der Blick aus dem Fenster unterscheidet sich vom Blick auf das Fenster, auf den Bildschirm. Wie kein anderes Gerät hat der Computerbildschirm unsere Sichtweise und unsere Kommunikation verändert in den letzten 20 Jahren. Auch das

Mobiltelefon hat mittlerweile einen Bildschirm in minimiertem Format. So ist der Blick aus dem Fenster für sehr viele Menschen ein Blick weg vom Handy oder weg vom Computerbildschirm – ein kurzes Aufblicken, ein Wegnehmen des konzentriert auffassenden Blickes und ein Sich-leer-machen für einen kurzen Moment. Der Blick aus dem Fenster ist ähnlich der Wahrnehmung eines Rahmens; der Rahmen hat vielleicht eine Farbe, man schaut gleich wieder aufs Bild.

Der Blick aus dem Fenster: Aussichten. Und Einsichten – Einblick in Korrespondenz, Mails, websites, Angebote von Firmen, Suche, Offerten, Second Life. Ein zweites Leben oder das halbe Leben mit Blick auf den Bildschirm und seine vorgefertigten Muster, auf seine sparsamen Lücken zum Eintrag von Namen, Passwort, Avatar oder zum Artikulieren von eigenen Wünschen und Phantasien. Mit den Aussichten ist es reicher und schwieriger zugleich: Die Vielfalt, der Überfluss, der Reichtum an Möglichkeiten sind unübersehbar. Unübersehbar. Wir treffen, bewusst aber auch unbewusst, eine Auswahl in dem, was wir sehen. Wir wählen eine fokussierte Perspektive oder eine breit gestreute Aufmerksamkeit. Wir nehmen (geben?) einen gerichteten oder ungerichteten Blick. Eine Aussicht ist deshalb immer eine Auswahl von Sichtweise, Perspektive, Einsicht. Der Blick aus dem Fenster ist immer ein individueller Blick. Mein Blick in diesem Augenblick.

Der Blick auf die Fläche, Wand, Tafel oder Bild und Schirm unterscheidet sich grundlegend vom Blick auf Himmel (sky), Wolkenformationen, Gestirne, Horizont. Zweidimensional und dreidimensional, aber wesentlicher noch die räumliche Weite. Die Dreidimensionalität von Himmel und Horizont ist unendlich. Die Aussicht auf Unbegrenztes und der Einblick in Grenzenloses mag unterschiedliche Gefühle hervorrufen – neben Desinteresse und Ignoranz auch Erschrecken, Verwunderung, Dankbarkeit, Betroffenheit, Staunen, Überraschung, Angst, Panik, und vieles andere mehr.

Blickwechsel als Unterbrechung der gerichteten Aufmerksamkeit, als Veränderung der Blickrichtung und des Fokus, als Perspektivenwechsel oder als Wechsel von Ort, Raum, Tätigkeit, Beziehung oder Ebene erlaubt uns, uns zu bewegen, zu variieren zwischen Ein-, Zwei- und Dreidimensionalität und einer multidimensionalen Aufmerksamkeit.

Wenn ich mich im Freien bewege, entfällt die Filterung von Innenraum und Gebäudestruktur. Die Fixierung auf das Sehorgan und auf Sehen wird aufgebrochen. Aussichten können Eindrücke werden. Anders als im geschlossenen Raum und in der Ausrichtung auf einen Bildschirm werden Blick und Sehen unter freiem Himmel verknüpft mit der Fortbewegung, dem Er-Fahren, dem Geruch, dem Gehör, dem Gleichgewicht, vielleicht auch mit Tast- und Geschmackssinn. Der offene Himmel rückt das Sehen zurecht: er lässt mich erfahren, dass die eingeübte Bevorzugung des Gesichtssinnes eben nur eine der vielen Möglichkeiten der Wahrnehmung ist.

Konsequent wäre also die Mindestanforderung, dass es ein Home Office oder ein Arbeiten im freien Raum gibt für andere Sinneserfahrung, für andere Raumwahrnehmung und vor allem für andere Selbstwahrnehmung bzw. Selbstempfindung.

> **Verortung**
> Bei den Kontrakten für Coaching-Prozesse verhandeln wir immer auch den Ort, wo die Sitzungen stattfinden sollen. Selbst bei Führungskräften, die mit hoher Alleinverantwortung zeitlich sehr eng von ihren Sekretariaten »geführt« werden, verabreden wir mindestens eine fünfzigprozentige Präsenz für Sitzungen in unseren Räumen. Wir sehen uns über die Jahre in der Einschätzung bestä-

tigt, dass diese Orts- und Perspektivenwechsel wichtig sind. Auch zur Ärztin oder zum Notar oder zur Seelsorgerin würde man ja hingehen oder fahren. Wenn ich die Blickrichtung verändere und einen Perspektivenwechsel einüben will, brauche ich dafür ja auch einen Ort und einen Standpunkt. Und der andere Ort, der Sicherheit und Vertraulichkeit garantiert, unterstützt diese Innovation bzw. diesen Lernprozess.

Offener Himmel ist, in dieser Bewegung heraus aus dem Büro, eine unerschöpfliche Ressource, immer wieder leicht und schnell zugänglich, jederzeit und allerorten. Als Ressource ist offener Himmel unmittelbar nutzbarer Quell von Unterbrechung, Erholung (Rekreation), eine Möglichkeit zur Kalibrierung, zur Neu-Justierung seiner selbst. Die Qualität dieser Ressource ist aber nicht wie bei den meisten anderen Ressourcen die des Hervorquellens (lat. resurgere), sondern die der Einbettung[143], der Umhüllung. Offener Himmel als Ressource hat die Qualität von Aura, von Atmosphäre, von Luft und Leichtigkeit, von Ozon und von Kosmos. Unter offenem Himmel begegne ich der Selbsttätigkeit der Natur. Ich sehe und erlebe die Tageszeit, das Wetter, die Temperatur, die Jahreszeit; ich rieche die Luft; ich spüre Wärme oder Kälte. Die Selbsttätigkeit der Natur hat der Mensch in der jahrtausendelangen Geschichte gelernt zu nutzen (das Wachstum der Pflanzen, das Feuer, die Wasserkraft, Wind, Sonnenenergie, die Nützlichkeit der Tiere) und auszubeuten. Es scheint evident, dass wir mit der ungeheuren fossilen Ausbeutung des Planeten die Selbsttätigkeit der Natur negativ beeinflussen, zumindest was den Klimawandel und die Artenvernichtung betrifft. Aber die Selbsttätigkeit der mich umgebenden Systeme ist ein immer offener und immer zugänglicher offener Himmel, der über mir aufgehen kann.

Der gleichermaßen für alle offene Himmel ist die elementare Ressource, die mich immer und allerorten mit einer Klientin oder einem Klienten verbindet. Zwar mag der Himmel über Frankfurt und über Zürich, Mailand, Moskau oder Tel Aviv sehr unterschiedlich sein mit Wolken und Licht, aber mit allen Menschen, mit denen ich an diesen Orten kommuniziere, bin ich unter dem gleichen Himmel. Ich bin unter gleichem Himmel mit Menschen, die das zehn- oder zwanzigfache von dem verdienen mögen, was ich als Gehalt bekomme. Ich bin mit ihnen gleich mit der jeweiligen conditio humana unter einem Himmel, gleich in der Unverfügbarkeit und im Nichtwissen von Zukunft.

Dieser offene Himmel wölbt sich über die Erde. Ich kann diese Erde als Humus bezeichnen, auf dem Vorfahren und Menschen über Generationen, über Jahrhunderte und Jahrtausende begraben liegen: auch mit ihnen verbindet mich sozusagen von unten her der offene Himmel. Im Dialog in der Gegenwart mit einem Gesprächspartner im Coaching kommen »beschriebene« Erde und offener Himmel zusammen. Angesichts dieser Offenheit und Vielgestaltigkeit des Himmels ist erstaunlich, dass im Business Coaching und in der Arbeit mit Executives eine klar umgrenzte, traditionell anmutende Berufsrolle und Berufsbiografie reflektiert wird – »Wolkiges« soll hier nicht vorkommen. Doch hat auch die Erde, auf der wir unter offenem Himmel leben, eine unglaubliche Gestaltenvielfalt von Lebensformen und Lebensentwürfen, und CEO oder Vice President sind nur ein Modell unter Millionen anderer. Den jeweils einmaligen konkreten Sinn des Lebens zu finden, zu spüren, zu verfolgen, Sinn zu stiften – das ist jeweils untergründig oder auch situativ eine Herausforderung im Coaching.

Der offene Himmel stellt mich gleich.

Er macht mich bescheiden.

die Sicht der Sterne

Der offene Himmel lässt mich erkennen, dass er selbst und die Art, wie er von Menschen gesehen und mit Bedeutung belegt wird, ganz und gar individuell ist. Die Sicht der Sterne, die Weltanschauung, die Bedeutung von Glauben und Glaubenssätzen ist je und je unterschiedlich. Als allen Menschen unter offenem Himmel gemeinsam verstehe das Hier und Jetzt, die Wahrnehmung von Gestalt und Hintergrund, den Zufall der alle je und je trifft, die doppelte Kontingenz in der menschlichen Kommunikation, die Emergenz.
Offener Himmel bedeutet mir für die Coaching-Arbeit vor allem dreierlei:

— Operationen sind autopoietisch: die operative Geschlossenheit jedes menschlichen Systems oder Organismus und seine besondere Art und Weise der Selbstorganisation stellen mich in die gleiche Offenheit eines »Himmels« über uns.
— Orientierung ist in alle Richtungen und alle Höhen und Tiefen möglich unter diesem offenen Himmel.
— Optionen sind so vielgestaltig, prinzipiell gleichwertig[144] und ergebnisoffen wie die Wolken und Winde unter dem offenen Himmel.

Der Blick nach oben ist für viele Menschen weniger normal geworden als der Blick von oben nach unten, aus dem Flugzeug. Bei Nacht sieht man, wenn die Wolkendecke es erlaubt, Länder und Städte als Lichtinseln oder, bei der Annäherung, als Lichtermeer. Der Blick nach oben, in die Sterne, ist seltener geworden. Wer in einer Stadt lebt, hat selbst bei klarem Himmel oft wenig oder kaum die Möglichkeit, die Sterne zu beobachten. Die vielfältige und häufig andauernde Beleuchtung macht die Nacht zum Tag. **Der nächtliche Blick** wird zur Ausnahme, die Grenze von Tag und Nacht ist porös und wird unterlaufen, übergangen und damit immer unschärfer und undeutlicher. Tagseite und Nachtseite, Wachen und Schlafen verlieren etwas von den ihnen innewohnenden Qualitäten; jahrtausendelang eingeübte Gewohnheiten werden in ihrer Differenzierung und Maßstäblichkeit in Frage gestellt oder obsolet. Regelmäßige geschäftliche Kommunikation über Zeitzonen hinweg nivelliert Tag und Nacht, zugleich wird der Arbeitstag der einzelnen bis in Randzeiten hinein ausgedehnt, die früher privat waren. Wenn Menschen es dann noch gewohnt sind, abends fernzusehen, dann verdoppelt sich schnell die Fixierung auf den Bildschirm: tags PC, abends TV. Selig, wer dann noch träumen und innere Bilder »sehen« kann. Aber die Bilder und Filme des Tages und Abends können freilich auch leicht in die Nacht hinein weiterlaufen und beunruhigen und ängstigen, wenn sie denn keine Grenze haben.

Die Sterne haben die Menschheit seit frühester Zeit in Bann gezogen[145]. Sind sie doch Markierungen und Maßstäbe, zuerst für die verlässliche Ordnung und ewige Wiederkehr, dann für Orientierung per Wasser und Land, schließlich auch für Besonderheiten wie Sonnen- oder Mondfinsternisse. Norden und Süden, Orient (= Orientierung) und Okzident sind das jahrtausendealte Koordinatenkreuz, das uns die Sterne schenken. Oben und unten haben hier eine kosmische, göttliche Entsprechung, die sozusagen kulturell in unsere DNA eingraviert ist.

Über die Kulturen die Ägypter, der Babylonier und Sumerer, aber auch in China und Peru, von den Azteken, von Germanen und Griechen und Römern und vielen vielen anderen Völkern sind die Sterne beobachtet und für Berechnungen und Orientierung genutzt worden. Astronomie und Astrologie und Religion sind in den Ursprüngen nicht oder wenig differenziert. Es ist die Errungenschaft der europäischen Neuzeit, die Naturwissenschaften von der Bevormundung durch Kirche und Religion zu befreien (Giordano Bruno) und die Astronomie von der Astrologie zu lösen. Die Astronomie entfaltet im Kontext der physikalischen Wissenschaftsentwicklung eine atemberaubende Dynamik von Maßen und Relationen, von Energie und Dynamik. Unter offenem Sternenhimmel ist aber auch der Maßstab von Lichtjahren eine für einen Laien unbegreifliche Größe. Umgekehrt freilich sind auch Nanometer unbegreiflich und unpassend für unsere Hände. Bei dieser »Vergrößerung in das Kleine« (Nano = Zwerg) wird der Begriff der Oberfläche letztlich aufgelöst. Die klassische Korrelation zwischen Volumen und Oberfläche geht verloren. Wir fallen sozusagen mit einem Maß in die Löcher hinein, die sich auftun zwischen dem, was wir messen wollen.

Für das Coaching wie für unsere Lebensgestaltung insgesamt bedeutet dies, dass sich alle traditionellen Sicherheiten auflösen können. Wir entscheiden, ob der Himmel offen oder leer ist, ob wir ihn überhaupt als über uns gewölbt wahrnehmen wollen. Wir sind es, die darüber entscheiden, ob wir Sterne für »Fixsterne« in einem begreiflichen und verstehbaren Universum halten. Und wir entscheiden, ob Transzendenz, ein unermesslicher Horizont außerhalb unseres Begreifens, für uns relevant ist und ob er zu unserer Resonanzfähigkeit als moderne Menschen dazugehört oder nicht.

Sozusagen in »direkter« Wahrnehmung sind Sterne und Astrologie für viele Menschen solch wichtige Markierungspunkte und Maßstäbe, die Sicherheiten vermitteln. Viele Sternbilder tragen Namen aus der griechischen Mythologie. Namenlose Sterne sind Namensträger geworden, um einen Beitrag zur Orientierung der zu ihnen aufschauenden Menschen leisten zu können. Diesen Sternen werden dann auch Energien und Wirkkräfte zugeschrieben, sie werden als beeinflussende Größen wahrgenommen, ihr positiver oder negativer Einfluss kann durch Voraussicht, Kombination und entsprechend angepasste

Verhaltensweisen genutzt oder sogar beeinflusst werden. Sternen kann Macht zugeschrieben werden, die mit Tarock oder anderen Praktiken von Sterndeutung genutzt werden kann.

Die Buchreligionen markieren und bedeuten eine völlig andere Art, den Himmel zu sehen. Die abrahamitischen Religionen Judentum, Christentum und Islam sind Schrift- und Buchreligionen. Sie privilegieren zuerst das Memorieren. Geschichten und Wunder, Sätze und Bekenntnisse werden unverändert über Generationen hin auswendig gelernt und gesprochen.[146]
Sie privilegieren dann aber auch die Schrift und die Schriftkunde, erst auf Leder, Stein, Papyrus, später auf Pergament, noch später auf Papier und im Buchdruck. Die Kalligraphie, das möglichst buchstaben- und wortgetreue Abschreiben zeichnet die Buchkunst in den Schreibwerkstätten des Mittelalters aus. Was »geschrieben steht« und was von einer Hand zur andern und von einer Generation zu nächsten abgeschrieben wird, wird aber auch so lange noch auswendig gelernt, bis dann die Bücher Massenartikel werden. Zweitausend oder zwölfhundert oder sechshundert Jahre lang ist das »Geschriebene« (Koran – das Geschriebene) im Heiligen Buch (der Bibel, biblos = Buch) als solches einer auserwählten Zahl (»Elite«) von Schriftkundigen zugänglich und wird von den Massen ausschließlich mit dem Gedächtnis festgehalten.

So wird gesprochen, geschrieben und gelehrt sowohl über den »unmittelbar geschauten Sternenhimmel« der Astrologen als auch über den »transzendenten oder metaphorischen Himmel« der Gläubigen der Buchreligionen. Zwischen diesen beiden Polen von Himmels-Anschauung situieren sich heute viele Menschen ohne irgendeine ausdifferenzierte und geübte Art der Wahrnehmung von Himmel. Für sie ist Himmel der physikalische Begriff für die die Erde umgebende Hülle, ein Wort des gemeinen Menschenverstands für Ozon, Atmosphäre, Stratosphäre, Weltall usw.

Glauben verbindet Himmel und Erde, verbindet »oben« und »unten«. Glauben ist eine spezifisch menschliche Art von Tätigkeit; als »Für-wahr-halten«[147] ist sie Allgemeingut, als Gewissheit, Orientierung, Vertrauen, Heil wird sie geglaubt, geübt, praktiziert, gelehrt, aber auch vehement bestritten bzw. für unsinnig erklärt. Während der Himmel für unterschiedlichste Gläubigen offen ist und gleichermaßen Heimat und Zukunft sein kann, ist die Erde für alle, Gläubige und Ungläubige, immer begrenzt, geschichtlich geschichtet, mehr oder weniger reich an Bodenschätzen und Chancen. Glauben ist Vertrauen, also die »riskante Vorleistung«, dass mein Leben sinnvoll ist. Und Vertrauen reduziert Komplexität.[148]

Für Gläubige konkretisiert sich die Verbindung von Himmel und Erde in der geschichtlichen »Deklinationsform« ihrer Religion. Eine solche in jeder Religion konkret durchgespielte »Deklination« ist eine der »Sehweisen, die unsere eigene Komplexität und die systemische Komplexität des Anderen affirmieren und die Möglichkeit einräumen, dass sie zusammen ein beide einschließendes System konstituieren, mit einem gemeinsamen geistigen Netz und Elementen des notwendig Geheimnisvollen. Eine solche Wahrnehmung von Selbst und Anderem ist die Affirmation des Heiligen.«[149]

Geschichtlich geprägt sind die Gestalten von Glauben immer von Menschen in Zugehörigkeit zu bestimmten geografischen Räumen, an »heiligen« Orten und in Regionen, Ländern und Kontinenten.[150] Europa ist bzw. war seit fast 2000 Jahren wesentlich ein christlicher Kontinent. Das Christentum des Abendlandes ist aus vielen Kämpfen politischer und militärischer Art hervorgegangen und hat (gegen die Orthodoxie im Ostreich) in der katholischen Religion eine erste Einheit

241

gefunden im Mittelalter und in den großen Kathedralen der Gotik, dann aber auch eine »zweite« vielfältige Einheit mit und nach der Reformation.

Für mich persönlich liegt der Zugang zu einem offenen Himmel in meiner Verortung und Erdung in Württemberg, einem reformatorischen Kernland des 16. Jahrhunderts, und in der in meiner Familiengeschichte wirksamen Tradition eines liberalen und gerechtigkeitsorientierten gesellschaftskritischen Protestantismus. »Mein Glauben« hat diese Geschichte als Gehäuse, als Ressource (und als Profession). Es ist mir wichtig nicht nur als persönliche Einbettung, sondern auch und vor allem als kulturelles Gedächtnis, als vernetzter und vielfältig erfahrener (»experimentierter«) Raum von verwandten und mir in Dialekt, Sprache, Denkweise ähnlichen Menschen vor meiner Zeit.[151] Ich halte diese und vergleichbare Arten von Verortung und Einbettung von Menschen mit Führungsverantwortung für die Entwicklung eines zukunftsfähigen Europa für außerordentlich bedeutsam und wertvoll, weil Maße und Werte hier über Jahrhunderte in harten und engen Auseinandersetzungen erarbeitet und erkämpft worden sind: eine Errungenschaft, die mir (unter diesem Himmel, auf dieser Erde) »heilig« ist.

---

religio = Rückbindung

Im Coaching stelle ich manchmal die Frage, was der Person, mit der ich arbeite, »heilig« ist. Oder ich stelle die Frage, wie sie den Himmel sieht. Welche Bedeutung das Lebenskonzept der Neuzeit, »pursuit of happiness« (so formuliert in der amerikanischen Declaration of Independence 1776), für sie hat, oder welches andere Konzept wie Verwirklichung, Erfüllung, Achtungserwerb, Zeugnis für das Leben Orientierung bieten.

> Ich achte auf die unverwechselbar individuelle Ausgestaltung der Maßstäbe einer Person, mit der sie ihr Leben misst und gewichtet. Oft sind nicht nur die »großen« Maße verschwunden, sondern Maßstäblichkeiten, Relationen insgesamt. D.h. auch eine eigene Bemessung der erbrachten Leistung, des investierten Zeitaufwands, vor allem aber der Lebensgestaltung in globaler Verantwortung und fast omnipräsenter Verfügbarkeit erweist sich als außerordentlich schwierig. Auch wenn es im Dialog manchmal so aussehen mag, als kämen wir über »Beitrag« und »Zugehörigkeit« nicht hinaus, so sind »kosmische Dimensionen« gelegentlich notwendig und angemessen, um Standort und Richtung zu bestimmen.

Nun ist Glauben Privatsache geworden im Verlauf der Geschichte – parallel zu einer Privilegierung von Verstand und Verstehen in den letzten 250 Jahren und parallel auch zu einer Aufwertung des Fühlens und der emotionalen Intelligenz innerhalb der letzten 30 Jahre. »Verstehen« hat durch die Systemtheorie, durch Körperarbeitsansätze und Aufstellungsarbeit neue Dimensionen dazugewonnen, die wesentlich die Art und den Ort des Stehens in einem Feld betreffen bzw. in einem System mit Umwelten. »Gefühl« ist durch Veröffentlichungen in den letzten zwei Jahrzehnten in vielerlei Hinsicht aufgewertet worden[152] und auch die neuere Hirnforschung weist den Gefühlen als »Signalgebern«[153] hohe Bedeutung zu. Glauben erscheint gegen die moderne Mode des Verstehens und Fühlens als barockes Überbleibsel, wirkt antiquiert, wird eher belächelt.

Erstaunlich aber ist, dass **Glaubenssätze** im Kontext des Neurolinguistischen Programmierens (NLP) plötzlich so schick geworden sind und ohne Bedenken benutzt und modelliert werden. »Glaubenssätze sind aus Erfahrung entstandene interne »Gesetze« eines Menschen, die ihm einerseits Struktur und Sicherheit geben, andererseits aber auch sein Verhaltsspektrum begrenzen und einschränken. Sie sind Verallgemeinerungen über Zusammenhänge, Bedeutungen und Grenzen, die sich auf die Welt um uns herum, auf unsere speziellen Verhaltensweisen, die eigenen Fähigkeiten und unsere Identität beziehen. Durch diese (in der Regel nicht bewusst als solche erkannten) Glaubenssätze werden die alltäglichen Verhaltensweisen bestimmt. Artikuliert werden Glaubenssätze oft in limitierender Art und haben häufig die Form von Sprichwörtern und Merksätzen.«[154] Glaubenssätze sind, und das macht sie modern, eben Glaubenssätze und haben mit Glauben im Sinne des oben Beschriebenen nicht unbedingt viel zu tun. Dass sie »limitieren«, ist trivial, weil jede Bezeichnung bestimmt und begrenzt und limitiert, freilich auch weglässt und Komplexität reduziert. Dass Glaubenssätze Verhaltensweisen prägen und bestimmen, erscheint banal – interessant wäre wie, also wie im einzelnen Fall und bei einer bestimmten Person ein Glaubenssatz das Verhalten prägt und ein Muster bildet. Aber die allgemeine Annahme ist, dass das »Bewusstmachen« von Glaubenssätzen, d.h. ein »Einholen« durch den Verstand ihnen ihre stumme Macht zu nehmen scheint und sie für gewünschtes Verhalten zugänglich und formbar macht. Dann gehören Glaubenssätze zum Selbstmanagement.

> **Glauben schenken**
> Bei Ulrike begegnet mir (wieder einmal) eine starke katholische Prägung in der Kindheit, Dienst als Ministrantin und starke Identifikation mit religiösen Inhalten. Die Nähe zur Kirche ist heute ganz geschwunden. Auch scheint es anfänglich schwierig, ihr zentrales Lebens-

> konzept im Lichte dessen zu besprechen, was ihr »heilig« ist, weil Heiligkeit als Verstehenshorizont in negativer Weise besetzt ist. Aber als wir in der Diskussion darüber, wie sie ihren 50. Geburtstag feiert und ob und wie sie Menschen aus ihrem Unternehmen dazu einlädt und wie sie sich dabei selbst »inszeniert«, besondere Achtsamkeit für Qualitäten des Erlebens solcher Markierungspunkte in ihrer Biografie entwickeln, kann Ulrike auch wieder Ressourcen bei sich entdecken, die lange Zeit verschüttet waren.
>
> Ein besonderes Gespür und die Fähigkeit zu kompetenter Unterscheidung von Glaubenssätzen von Glauben als dem gesamten System der Überzeugungen einer Person gehört zur »Ethik« unserer Firma.
>
> Die interne Differenzierung zwischen beiden kostet manchmal etwas Mühe oder veranlasst eine vertiefte Diskussion in Intervision bzw. Qualitätsmanagement. Aber wenn schon internationale Unternehmen die Unterzeichnung von Anti-Scientology-Erklärungen einfordern[155], dann zeigt dies, wie wichtig im Coaching auch eine ethische, philosophische und religiöse Sprachfähigkeit ist.
>
> So gilt auch hier: das Private ist politisch.

Wenn **Religion und Glauben** »Privatsache« geworden sind, halte ich es für durchaus plausibel, auch Glaubenssätze als durch und durch private Anschauung oder Muster eines Menschen zu beschreiben. Glaubenssätze sind das Kleingeld, während Glauben die Währung ist. Und wenn mit der Erklärung zur Privatsache der Anspruch und die Gestaltungskraft von Religion und Glauben zurückgedrängt wurde (gegenüber der zuvor üblichen kirchlichen und staatlichen Bevormundung), dann sind Glaubenssätze heute völlig in den Bereich der

Beliebigkeit gerückt und erscheint ihre ethische Dimension als zufällig bzw. »gemacht«. Trotzdem gilt nach wie vor, dass man in einen Glauben hineingeboren wird. Was den Eltern und Großeltern und den Vorfahren und Ahnen heilig ist, stellt ein Orientierungsfeld dar, das im Glauben mehr oder weniger explizit und direkt übernommen werden kann — oder auch nicht. Glaubensüberlieferung ist vornehmlich Sache der Mütter – und somit eine der stark matriarchal und weiblich geprägten Gestaltungskräfte auch moderner Gesellschaften. Wenn Glauben etwas ist, das sich wesentlich herausbildet im Kontext von Familie bzw. Großfamilie in der Zeit der Individuierung eines Menschenkindes, dann entspricht dies in starkem Maß der sozialen Empfänglichkeit und Prägung des Gehirns, insbesondere dem »impliziten Gedächtnis«[156], das als das grundlegende Substrat des Unbewussten verstanden werden kann. Zugleich ist freilich festzuhalten, dass die Familie als Zweigenerationenkonstrukt und häufig als Patchwork-Familie aufgespalten und beweglicher geworden ist; Glauben ist für Heranwachsende viel weniger als sozial strukturierendes Element erfahrbar, sondern muss wie in der Bastelbiografie aus unterschiedlichen Teilen zusammengesetzt werden. Glauben hat eine Grammatik, die Religion. Ohne Einführung und Einübung ist es schwer, diese Grammatik zu verstehen. Darüber hinaus hat jede religiöse Grammatik und Sprache ihren konfessionellen Dialekt, also eine besondere Einfärbung in Landschaft und Heimat oder in Wanderschaft, Auswanderung, Sesshaftwerdung und in sozialer Identitätsbildung. Eine überkonfessionelle und auch dem Erwachsenenleben entsprechende religiöse Identitätsarbeit findet in unseren westlichen Gesellschaften zögerlich, aber zunehmend Unterstützung.

Es braucht im Coaching eine hohe Aufmerksamkeit und Sorgfalt bei der Unterscheidung der **Welt des Glaubens** (und oft nur noch rudimentärer religiöser Sprachfähigkeit) **und der Modesprache der Glaubenssätze.** Und es braucht eine Resonanz für beides und für die Nuancen dazwischen. Die Glaubenswelt hat einen kulturellen und geschichtlichen Reichtum von Liturgie und Ritual, von (Hoch-)Sprache; Gesten und Gebärden, von Bildern und Bauwerken, von Musik und Glocken, von unterschiedlichsten spirituellen Ausdrucksformen. Glaubenssätze dagegen sind persönlich, sie drücken wie ein Motto eine einmal gefasste Erkenntnis oder Überzeugung aus. Aber wenn auch individuell angeeignet, sind sie doch häufig Ausdruck von Common Sense oder von spezifischen Überzeugungen und Werthaltungen innerhalb einer Schicht oder Familie. Beide haben einen »Gegenstand«, ein Objekt. Bei Glaubenssätzen geht es um eine einzelne gegenwärtig wirksame Überzeugung, eine Haltung, eine Bewertung. Bei Bekenntnissen, Glaubensartikeln oder anderen religiösen Glaubensinhalten geht es immer auch darum, dass Vorväter und Vormütter etwas geglaubt haben, das ihnen etwas wert und ihnen heilig war, wofür sie sich (und häufig auch ihr Leben) einsetzten und wovon sie überzeugt waren, dass Spätere davon etwas Gutes haben würden.

Glauben hat für mich neben der kognitiven und emotionalen Bedeutungsebene vor allem auch seine konative[157] Funktion. Konativ meint das orientierende und kontrollierende innere Vermögen, die mir meine Biografie rückwärts verständlich macht und zugleich die intuitive Lebensrichtung vorwärts anzeigt. Konativ meint stimmig und »ausgerichtet« – auf ein Ziel oder Ende. Glauben kommt dabei ins Spiel, wenn »gerichtet« im Doppelsinn verstanden wird, d.h. wenn mit der Zielsetzung für das eigene Leben auch eine befreite Autonomie gesetzt ist und ich mich losgesagt weiß von Schuld oder

Sünde, von Vergangenheit, von geschichtlicher, nationaler oder auch nur erblicher, neuronaler Festlegung. Wenn es um die Konstruktion einer neuen Erde[158] geht, ohne in Muster sozialer und individueller Selbstdestruktion zu verfallen. Da ist dann Glauben ist ein unerschöpfliches Reservoir, das Haltung, Geradheit und Stabilität, Unerschrockenheit, Belastbarkeit, Mut[159], Wertmaße: schlechthin also Identität bedeuten kann.

Nun aber vom »Himmel« **zurück auf die Erde**, also zurück von der Resonanz hinter der Resonanz und zurück auch von der Deklination und Konjugation von Sprache in Bezug auf Werte und Sinn. Im Coaching braucht es allerdings die Spannweite von solchen möglichen Grenzüberschreitungen und Höhenflügen, aber dann freilich auch wieder die ganz konkrete, unverwechselbar einmalig gegenwartsnahe Begleitung sozusagen auf Tuchfühlung.

Deshalb also:

Hier und jetzt. »Here & now« ist ein Begriff der Gestaltpsychologie. Das Begriffspaar fokussiert Gegenwart, den Augenblick des Erlebens. »Hier und jetzt« »be-greift« Gegenwart räumlich und zeitlich, ganzheitlich. Als Begriff, aus der Gestaltpsychologie dann in die Alltagssprache übernommen, bezeichnet »Hier und jetzt« auch das vorne oder oben auf Liegende vor dem, was darunter oder dahinter liegt: Gestalt und Hintergrund. Es war eine der bahnbrechenden elementaren Erkenntnisse der Gestaltpsychologie, dass unsere Aufmerksamkeit nicht anders als in Fokussierung und Auswahl besteht. Indem wir etwas wahrnehmen oder sehen, nehmen wir es wahr, d.h. wir nehmen es heraus aus einer Menge. Gestalt ist präzisiert vom Hier und Jetzt. Im Fokus der Aufmerksamkeit ist Gestalt das räumlich und zeitlich Naheliegende, das, was mit Bedacht (mindfulness) und Aufmerksamkeit (attention) und einem gewissen Wollen (intention) gegriffen, ergriffen, begriffen wird. Gestalt ist so die Abstraktion von einem in einem Sekundenbruchteil, in einer Minute, Stunde, Tag oder Nacht usw. stattfindenden Erleben, von dem Eindruck, den dieses Erleben macht, von der Fußspur des Augenblicks. Gestalt ist etwas momentan Fixiertes, das gespeichert und erinnert werden kann, das sich aber auflöst und wandelt und überfließt in andere Gestalten, in andere Formen der Aufmerksamkeit und des Erlebens.

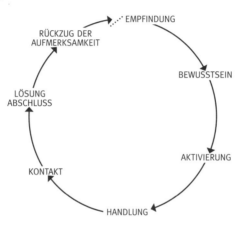

Wir sehen etwas, indem wir anderes nicht sehen oder zumindest so in den **Hintergrund** rücken, um »etwas« zu sehen. Wir sehen (immer) etwas in einem »Umfeld«, auf einem »Hintergrund«, in einem »Hinterland« (eines der deutschen Worte, das in jüngster Zeit in die englische / amerikanische oder auch italienische Sprache Eingang gefunden hat). Hintergrund ist das weniger wichtig Genommene. Was mit dem Blick »gestreift« wird. Das Bühnenbild und die Szenerie, der Käfig vor dem Tiger im Zoo, die Erde unter der Rose, das Strauchwerk hinter den Brombeeren, das Erdreich über den Trüffeln, die Schicht vor dem Flöz. »Gestalt« und »Hintergrund« erlauben mir gedankliches und gefühlsmäßiges Oszillieren und Schwanken, ein Hin und Her der Augenbewegung oder des Lauschens, ein Für-wichtig-nehmen dessen, was mir wichtig ist. Ich gestalte, indem ich etwas eine Gestalt verleihe und anderes in den Hintergrund rücke oder aus dem Hintergrund in meine Aufmerksamkeit ziehe wie den Geist aus der Flasche, der, sobald der Korken geöffnet ist, Gestalt gewinnt.

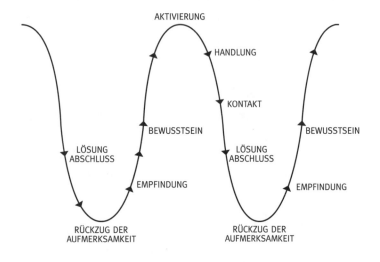

Gestaltgebungen

Petra hat gleich in der zweiten Sitzung ihr Board aufgestellt, also den Vorstand, in dem sie Mitglied ist. Sie hat dabei sich selbst am Rand positioniert, intuitiv. Mein Nicht-wissen und meine Fragen haben ihr ermöglicht, alle Mitglieder dieses Vorstand so zu stellen bzw. zu legen, wie Petra sie sieht, wie sie sich selbst in Beziehung zu ihnen vorstellt.

Mit ihrer Aufmerksamkeit war Petra ganz bei den Projekten und bei der konkreten und im Einzelfall auch problematischen Art der Zusammenarbeit. Was sie dabei »übersehen« hat, war die Anordnung der Figuren auf dem Boden – sie blickten alle eine Richtung. Als ich diese gemeinsame Ausrichtung, Zielorientierung thematisiere, ergeben sich für Petra plötzlich völlig neue Anknüpfungspunkte dafür, wie sie sich selbst mit ihrem Verantwortungsbereich mit den anderen verbinden und verbünden kann.

Bei der darauffolgenden Sitzung möchte Petra ihr eigenes Team aufstellen. Ich schlage ihr kleine Holzfiguren vor, die sie dann auf den Tisch stellt. Nach der ersten Aufstellung frage ich Petra, wie es aussehen würde, wenn sie nicht sozusagen hinter ihrem Team stünde, sondern von ihrem Team unterstützt würde. Petra stellt die Figuren anders. Aber erst, als ich nach einer dritten Aufstellung im Sinne von Zentrum und Peripherie frage und Petra die Figuren noch einmal anders und mit mehr Zwischenraum stellt, »sehe« ich etwas, was ich und was auch Petra in den ersten beiden Aufstellungen nicht gesehen haben: Diese ersten beiden Aufstellungen waren wie die Aufstellung für ein Foto, d.h. in der Zentralperspektive auf einen außen bzw. gegenüber stehenden Beobachter. Und sie waren damit zugleich Ausdruck der profilierten Außendarstellung ihres Teams. Als wir dies sehen konnten, wurde auch die dritte Aufstellung mit der Differenzierung der Innenperspektive klarer, hatte zugleich aber diesen Rahmen, der sich als wertvoll und tragend erwies. Wenn ich dann noch die Aufstellungen an den zwei Sitzungsterminen vergleiche, dann fällt auf, dass es bei beiden eine Aufstellung in Richtung nach außen oder nach »vorne« gegeben hat. Ist dies nun die Eigenheit von Petras Perspektive oder ist es etwas beiden Gremien Gemeinsames?

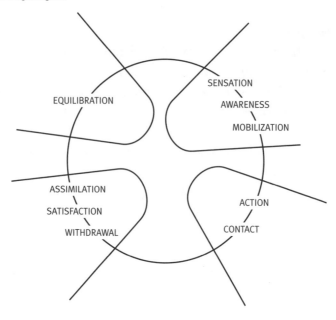

Gegenwart ereignet sich, bevor der Verstand wahr-nimmt und aus dem Fluß des Geschehens unterscheidet. Die Unterscheidung be-greift im Bild oder im Begriff die Gestalt und eröffnet den Hintergrund. Aber bevor noch die Unterscheidung Unterschiede macht, geht Gegenwart vor sich. Bevor wir Differenzen wahrnehmen, die einen Unterschied machen als »Information«[160], ist Gegenwart gegen-wärtig als »Power of Now«[161]. Gegenwärtig ist positive[162] Lebendigkeit, die im Atemzug und im Augenblick passiert, da ist und vergeht. »No other life form on the planet knows negativity, only humans.«[163] Gegenwart ist Gegenstand meiner Aufmerksamkeit und meines Erlebens, ist mehr noch zugegen als das, was Präsenz ist, (lateinisch) Vor-sein, vor einem Liegendes, oder ununterscheidbar ineinander verflochten, das gegenwärtig vor einem Liegende. Was »positiv« gesetzt ist. Gegenwart kennt weder das Nicht Mehr der Vergangenheit noch das *Noch Nicht* der Zukunft.

Vergegenwärtigung

Florian ist Präsident einer außerordentlich erfolgreichen Produktionseinheit in Deutschland bzw. in Europa. Die Konzernzentrale in den USA setzt große Erwartungen in ihn, die er auch in hohem Maße zu rechtfertigen weiß. Ich nehme Florian wahr als einen außerordentlich strategisch klaren, beziehungsorientierten und sehr verlässlichen Coachee. Allerdings fällt mir auf, dass er immer sozusagen auf dem Sprung ist und in jeder noch so kleinen Pause den Blackberry nutzt, um in persönlicher Ansprache für seine Leute da zu sein. Als er mich einmal um ein Shadowing seines Boards bittet und ich alle acht Kollegen erlebe, fällt mir auf, dass alle diese Art von Parallel-Präsenz pflegen. Nicht nur mit Handy oder Blackberry, sondern auch mit dem PC und Internet scheinen alle mehrfach gegenwärtig an verschiedenen Orten und mit verschiedenen Gesprächspartnern.
Einmal ruft mich Florian am Wochenende an. Da ich Vogelgezwitscher im Hintergrund höre, frage ich nach und erfahre, er telefoniert beim Spaziergang mit seinem Hund. Als wir uns das nächste Mal treffen, schlage ich Florian eine Übung zur Wahrnehmung der Gegenwart vor (Atmen / Selbstwahrnehmung). Es dauert eine ganze Weile, ehe ich den Eindruck gewinne, dass Florian wirklich »ankommt«, dass er loslässt von dieser Art von Besessenheit permanenter Kommunikation mit seinem Team und seinem Sekretariat (er beschäftigt zwei Sekretärinnen und einen Referenten). Ich handle kleine tägliche Auszeiten mit Florian aus, bzw. ich »verschreibe« sie ihm. Es braucht wiederholtes Nachfragen bei den folgenden Sitzungen, einmal wie sich Florian daran hält, dann aber auch, welche Unterschiede er wahrnimmt und was es ihm

> bedeutet. Nach etlichen Sitzungen erzählt Florian stolz, dass er sein Board überrascht habe mit einer klaren Grenzziehung, wann Blackberries und PCs auszuschalten wären. Stolz behauptet er, dass sich die Aufmerksamkeit der Einzelnen für die Gruppe verändert habe.

»Zufall«, Kontingenz, ist das, war mir in einem Augenblick zufällt. Aber auch, was mir Tag für Tag zufällt, was mir in meinem Leben zufällt. Aber das »Zufallende« ist auf jeden Fall das Ergriffene. »Das einzig Gegebene ist die Art und Weise des Nehmens« (Roland Barthes). Zufall ist, was ich mir zufallen lasse, ob mit Gefallen oder Missfallen, egal, es »fällt« auf mich. Meine Aufmerksamkeit ist beansprucht. Ich bin betroffen, ich sehe mich angesprochen, herausgefordert, gerufen, berufen. Und Zufall ist dasjenige, was ich als mir situativ, ungeplant und unvorhergesehen als »von außen« zu-kommend wahrnehme und empfinde. Zufall ist also etwas qualitativ anderes als Plan, anders als all die trivialisierten Verfahren und Standards und Regelungen und Prozesse. Zufall ist, was mir als unverfügbar begegnet, zu-»fällt«, mich »von oben« betrifft. Zufall überrascht.

Jede menschliche Interaktion ist ergebnisoffen, zufallsanfällig. Folglich entscheidet sich in der jeweiligen Interaktion selbst von Fall zu Fall, was in die Interaktion hereingenommen wird und als dazugehörig gilt und was nicht, was der Außenseite bzw. Umwelt dieser Interaktion zugerechnet wird. Man kennt das von dem Appell »zur Sache« von Diskussionsteilnehmern, die mit dem »zur Sache« den Diskussionsverlauf in ihrem Sinn beeinflussen wollen (»Sache« ist, was sie als Sache bezeichnen). Aber man kann nicht einen andern Menschen voraus berechnen – nicht einmal sich selbst. Das heißt, die gesprochenen, gebrummten oder gestisch geäußerten Beiträge der Teilnehmenden an einer Interaktion sind füreinander kontingent. Jeder Mensch mag seine Muster zu handeln und zu reagieren haben, ist aber nicht auf Zukunft festgelegt und voraussagbar. Im Dialog heißt dies **doppelte Kontingenz**.[164] Auf jeder Seite einer Interaktion besteht eine unaufhebbare Unsicherheit über künftige Handlungen und bevorstehendes Verhalten der jeweils Anderen – wie auch über das, was man selbst tun wird. Man kann deshalb auch von einer Verdoppelung der doppelten Kontingenz sprechen, oder von einer zirkulären Kontingenz. Entscheidend ist für unseren hiesigen Zusammenhang, dass die Komplexität der Interaktion nur intern, durch Vertrauen, reduziert werden kann. Organisatorische oder sonstige externe Regeln und Vorgaben können dafür ein Vehikel sein, können aber auch das Gegenteil bewirken.

»**Emergenz**« ist sozusagen das gleiche wie Zufall, aber »von unten«. Im Lateinischen ist emergere – auftauchen. Etwas bildet sich im Strom, im Flow, im Prozess eines Geschehens oder eines Plans, und »plötzlich« wird es wahrgenommen, ist aufgetaucht und sichtbar und (vielleicht) begreifbar, beschreibbar.

Hier und jetzt, Zufall, Emergenz sind »Schöpfmaße«, die die elementaren Zugehörigkeiten eines Menschen in den Blick nehmen. Sie fragen danach, was ein Mensch in diesem gegebenen Augenblick erfasst, wo er steht, was er ver-steht, wie es ihm geht, was er sich zurechnet und in welchem Kontext er sich sieht. Sie lassen ermessen, was ein Mensch fühlt und spürt, wie ihm zumute ist und wo ihm der Kopf steht. Sie zeigen das Ausmaß von Präsenz, einerseits hinsichtlich Erdung und Verortung, andererseits hinsichtlich Orientierung, Vision und Führungskompetenz.

Führung braucht diese Maße von Erdung und Ortung. Führung braucht »Hier und jetzt«, »Zufall«, »Emergenz«. Führung braucht diese Kategorien, diese Begriffe. Sie gewinnt

Ressourcen dadurch. Führung soll tragen. Um aber zu tragen, weit voraus, braucht Führung auch den Wertehimmel und die visionäre Kraft und die Weitsicht.

Führung gewinnt dadurch Focus, Energie und Richtung. Sie lädt sich auf mit Lebensatem und Selbstbewusstsein, sie justiert ihre Richtung und Geschwindigkeit, sie profiliert ihre Funktion: sie dient Menschen und ihrer Entwicklung, im ökonomischen, im sozialen, im politischen und privaten Bereich.

Bei einer Schublade in einer von einem Tischler gefertigten Kommode wird klar, was gemeint ist, wenn sie »Spiel« haben soll: Sie soll sich leichtgängig bewegen, ohne zu klemmen oder zu knarren. »**Spiel haben**« bedeutet, in Kontakt sein und zugleich die notwendige Bewegungsfreiheit haben. Und das gilt für die Schublade genauso wie für ihre »Führung« im Corpus des gesamten Möbels. Wie bekommt Führung, wie bekommen Führungskräfte eines Unternehmens Spiel? Wie entwickeln sie das notwendige Zusammenspiel von Kontakt und Verantwortung mit Gestaltungsfreiheit?

Coaching ist eine hervorragende Methode und ein wunderbares Instrument, diese Art von Spiel zu unterstützen und zu entwickeln. Alles Maßnehmen dient diesem Spiel.

Der Mensch spielt nur,

wo er in voller Bedeutung des Worts

Mensch ist, und er ist

nur da ganz Mensch, wo er spielt.

Friedrich Schiller, Über die ästhetische Erziehung des Menschen, 1795

Fußnoten zu Kapitel 3:

(77) Rudolf zur Lippe, Sinnenbewusstsein. Grundlegung einer anthropologischen Ästhetik, Hamburg (Rowohlt, re423) 1987, S. 183 ff., bes. 229

(78) Joachim Ernst Behrend, Die Welt ist Klang. CD-Reihe, Verlag 2001

(79) Norbert Wiener, zit. bei Heinz von Foerster, Bernhard Pörksen, Die Wahrheit ist eine Erfindung des Lügners. Gespräche für Skeptiker, Heidelberg (Carl-Auer-Systeme) 1999, S. 93

(80) vgl. zum Folgenden: Georg Frank, Ökonomie der Aufmerksamkeit. Ein Entwurf, München (dtv) 2007

(81) im Unterschied zu den »somatischen Markern« bei Antonio R. Damasio, Ich fühle, also bin ich. Die Entschlüsselung des Bewusstsein, Berlin (List Verlag) 2007, S. 56

(82) diese Formulierung verdanke ich Gerhard Evers

(83) Jacqueline J. Scholes-Rhodes, From the Inside Out. Learning to presence my aesthetic and spiritual »being« through the emergent form of a creative art of inquiry. For the degree of Ph.D. of the University of Bath, 2002

(84) Gioconda Belli, Bewohnte Frau, Wuppertal (Peter Hammer), 1988

(85) Angaben des Statistischen Bundesamts in Wiesbaden für 2006. Der durchschnittliche Wohnraum betrug 1994 noch 36,2 m^2

(86) Hermann Schmitz, Leib und Gefühl. Materialien zu einer philosophischen Therapeutik, Paderborn (Junfermann-Verlag) 1992, S. 12 et passim. Hermann Schmitz ist ein m.W. wenig rezipierter Philosoph, der mit sehr genauem Sprachgespür Phänomene der Leiblichkeit und unterschiedliche Gefühlsregungen beschreibt.

(87) ibid., S. 39 f.

(88) ibid., S. 45

(89) vgl. Rudolf zur Lippe, Naturbeherrschung am Menschen. 1. Körpererfahrung als Entfaltung von Sinnen und Beziehungen in der Ära des italienischen Kaufmannskapitals, 2. Geometrisierung des Menschen und Repräsentation des Privaten im französischen Absolutismus, Frankfurt am Main (Syndikat-Reprise), 1981; Barbara Duden, Geschichte unter der Haut. Ein Eisenacher Arzt und seine Patientinnen um 1730, Stuttgart (Klett-Cotta) 1987

(90) vgl. Schmitz, a.a.O., S. 76

(91) vgl. Thomas Lührmann, Führung, Interaktion und Identität. Die neuere Identitätstheorie als Beitrag zur Fundierung einer Interaktionstheorie der Führung, Wiesbaden (Deutscher Universitäts-Verlag) 2006, S. 227. Lührmann unterscheidet ein kognitives Selbstbild (meine

Eigenschaften), ein emotionales Selbstbild (die Bewertung meiner Eigenschaften) und ein konatives Selbstbild (mein Einfluss auf meine Umwelt)

(92) vgl. Johannes Fried, Der Schleier der Erinnerung. Grundzüge einer historischen Memorik, München (C.H.Beck) 2004

(93) vgl. André Leroi-Gourhan, a.a.O., S. 398 ff.

(94) »enactive of sensible environments«, so Karl E. Weick, Sensemaking in Organizations, Thousand Oaks, CA (Sage Publications) 1995, S. 30 f.

(95) vgl. Jean-Hubert Martin, altäre. Kunst zum Niederknien (Museum Kunst Palast Düsseldorf), Ostfildern-Ruit (Hatje Cantz) 2001

(96) vgl. Peter Sloterdijk, Im Weltinnenraum des Kapitals. Für eine philosophische Theorie der Globalisierung, Frankfurt am Main (Suhrkamp Verlag) 2005, S. 217

(97) Norbert Elias, Über den Prozeß der Zivilisation. Soziogenetische und psychogenetischer Untersuchungen, Frankfurt am Main (Suhrkamp Tb Wissenschaft) 1978; Rudolf zur Lippe, a.a.O.

(98) Robert Fritz, The Path of Least Resistance. Learning to Become the Creative Force in Your Own Life, New York (Fawcett Columbine) 1989

(99) Gregory Bateson, Geist und Natur. Eine notwendige Einheit, Frankfurt am Main (Suhrkamp) 1987, S. 120

(100) exemplarisch Lothar J. Seiwert in mannigfachen Publikationen, z.B. Das »neue« 1x1 des Zeitmanagements, 18. Auflage, Offenbach (Gabal) 1996

(101) »alles hat seine Zeit«, vgl. Kohelet 3, 1–15

(102) Manchmal gibt es auch Mantras oder (Tauf)Sprüche, Sätze wie »aude fortiter«, die mit einem elementaren bzw. gewünschten Selbstzustand in Verbindung gebracht werden können.

(103) vgl. Elaine Scarry, Der Körper im Schmerz. Die Chiffren der Verletzlichkeit und die Erfindung der Kultur, Frankfurt am Main (S. Fischer Verlag) 1992

(104) Moshé Feldenkrais, a.a.O.

(105) Karl Weick, Der Prozeß des Organisierens, Frankfurt am Main (Suhrkamp), 1985, S. 14

(106) vgl. Wolfgang H. Stehle, Management. Eine verhaltenswissenschaftliche Perspektive, München (Verlag Franz Vahlen) 1999, S. 274 f., 365, 429f.; zum Verständnis von Rollen als »ambiguity failures« s. Dirk Baecker, Wozu Soziologie?, Berlin (Kulturverlag Kadmos) 2004, S. 245 f.

(107) vgl. unten Seite 94 f.

(108) vgl. Maja Storch et al., a.a.O., S. 15

(109) »et incarnatus est«

(110) Im Englischen klingen Embodiment und Embeddedness ähnlich.

(111) Maja Storch, a.a.O., S. 15

(112) Elaine Scarry, a.a.O., S. 49

(113) diese Technik der systemischen Therapie bedeutet einfach, dass eine zwischen Klient und Berater verabredete Verhaltensweise in die Form eines Rezepts, einer Verschreibung gefasst wird. Dann kann die »Einhaltung« leicht beim nächsten Mal kontrolliert werden.

(114) Grundlegend für die Interaktionstheorie vgl. Thomas Lührmann, a.a.O. , S. 107 ff.

(115) vgl. das voluminöse Standardwerk von Charles Taylor, Quellen des Selbst. Die Entstehung der neuzeitlichen Identität, Frankfurt am Main (Suhrkamp stw1233) 1996

(116) wie z.B. in dem Graffito: »wer bin ich, und wenn ja, wie viele?«; vgl. auch Herminia Ibarra,, Working Identity. Unconventional Strategies for Reinventing Your Career, Boston MA (Harvard Business School Press) 2004

(117) Ulrich Beck, Risikogesellschaft. Auf dem Weg in eine andere Moderne, Frankfurt am Main (Suhrkamp) 1986

(118) vgl. Thomas Lührmann, a.a.O., aber auch z.B. Gerald Hüther, Die Macht der inneren Bilder. Wie Visionen das Gehirn, den Menschen und die Welt verändern, Göttingen (Vandenhoeck & Ruprecht), 2004

(119) siehe oben S. 74

(120) Thomas Lührmann, a.a.O., S. 124

(121) ibid., S. 123 f.

(122) ibid., S. 126 mit Verweis auf Wellendorf

(123) »Immerhin sind Tests, die von Fachleuten nachpsychometrischen Kriterien sorgfältig konstruiert wurden, das messtechnisch Anspruchsvollste, was die psychologische Eignungsdiagnostik zu bieten hat.« Werner Sarges, Einleitende Überlegungen, in Rüdiger Hossiep et al., a.a.O., S. XVIII

(124) detailliert dazu Richard Bents, Reiner Blank, a.a.O.; in weiterführender Kritik unterteil Hermann Schmitz (a.a.O., S. 87) in Extravertierte, Introvertierte und Ultrovertierte

(125) der MBTI geht ja auch von der lebenslangen Beständigkeit der einmal für eine Person ermittelten 4 Präferenzen aus.

(126) nach Gerhard Wahrig, Deutsches Wörterbuch, o.O. (Mosaik Verlag, Bertelsmann) 1980, S. 2178

Kapitel 3. Zugehörigkeit.

(127) vgl. die Allgemeinen Berufsqualifizierenden Kompetenzen (ABK) im Kontext des Bachelor-Studiums und des Bologna-Prozesses, Schlüsselkompetenzen wie Präsentations-, Moderations-, Schreibtechnik, Medienkompetenz, Informationskompetenz, Konfliktmanagement; oder auch andere Zusammenstellungen

(128) Matth. 25, 15 ff., das Gleichnis von den anvertrauten Talenten

(129) vgl. Rüdiger Hossiep et al., a.a.O., S. 23 ff.

(130) Zahlen des Statistischen Bundesamts Wiesbaden für 2007. Das Bruttonationaleinkommen (früher BSP) beträgt 2447,39 Milliarden Euro, die Bruttowertschöpfung 2171,92 Milliarden Euro – davon Dienstleistungen 69 %, produzierendes Gewerbe 30,01 %, Agrar-, Fischerei- und Forstwirtschaft 0,9 %.

(131) vgl. Richard Sennett, Autorität, Frankfurt am Main (Fischer Wissenschaft) 1990

(132) Hannah Arendt, Vita Active oder vom tätigen Leben, Stuttgart (W. Kohlhammer) 1969, S. 22 (im Gegensatz zur Vita Contemplativa und in ihrer Überwindung)

(133) Charles Taylor, Multiculturalism and »The Politics of Recognition«, Princeton N.J. (Princeton University Press) 1992; Axel Honneth, Kampf um Anerkennung. Zur moralischen Grammatik sozialer Konflikte, Frankfurt am Main (Suhrkamp stw 1129) 1998

(134) vgl. Manfred Osten, Die Kunst, Fehler zu machen, Frankfurt am Main (Suhrkamp, Bibliothek der Lebenskunst) 2006

(135) (das Gegenteil sozusagen, Wellness und für sich selbst genießen, ist oben unter **2.2. Sich bewohnen** skizziert)

(136) Richard Sennett, Respekt ..., a.a.O.

(137) Ulrich Beck, a.a.O., S. 206

(138) Pierre Bourdieu, a.a.O.

(139) Klaus-Peter Gushurst, Gregor Vogelsang, Die neue Elite. Deutschlands Weg zurück an die Spitze, Weinheim (Wiley-VCH) 2006

(140) vgl. Wilhelm Schmid, Philosophie der Lebenskunst. Eine Grundlegung, 5., korr. Auflage, Frankfurt am Main (Suhrkamp stw 1385) 1999, S. 206 ff.

(141) wie z.B. in der Abbildung aus Insa Sparrer, Wunder, Lösung und System. Lösungsfokussierte systemische Strukturaufstellungen für Therapie und Organisationsberatung, Heidelberg (Carl-Auer-Systems Verlag) 2002, S. 213

(142) Es geht um urbane Blickführung. Vgl. Clifford Geertz, Dichte Beschreibung. Beiträge zum Verstehen kultureller Systeme, Frankfurt am Main (Suhrkamp stw 696) 1994, S. 7 ff.

Ergänzungen

(143) vgl. Maja Storch et. al., a.a.O.

(144) vgl. Heinz von Foerster, a.a.o., »wir können nur entscheiden, was wir entscheiden können«

(145) vgl zum Folgenden Eckhard Slawik, Uwe Reichert, Atlas der Sternbilder. Ein astronomischer Wegweiser in Photographien, München (Elsevier) 2004

(146) freilich auch verfälscht und verballhornt; z.b. entsteht »Hokuspokus« aus der sakramentalen Inszenierung von »hic est meus corpus«

(147) aber auch hier ein deutlicher Unterschied zu Wahr-nehmen!

(148) Niklas Luhmann, Vertrauen ..., a.a.O., S. 21

(149) Gregory Bateson, Mary Catherine Bateson, a.a.O., S. 250

(150) vgl. Gerd Theißen, Die Religion der ersten Christen. Eine Theorie des Urchristentums, Gütersloh (Kaiser, Gütersloher Verlangshaus) 2000

(151) Manfred Osten, Das geraubte Gedächtnis. Digitale Systeme und die Zerstörung der Erinnerungskultur, Frankfurt am Main (Insel Verlag) 2007

(152) vgl. Daniel Goleman, Emotionale Intelligenz, München (Hanser) 1996; ders. EQ2, Der Erfolgsquotient, München (Hanser) 1999; Ronald de Sousa, Die Rationalität des Gefühls, Frankfurt am Main (Suhrkamp) 1997

(153) Maja Storch et al., a.a.O., S. 65

(154) Wolfgang Hamm, Systemisches Coaching – Eine gemeinsame Reise durch das Gebiet des Klienten, in: Christopher Rauen, Handbuch Coaching, 3., überarbeitete und erweiterte Auflage, Göttingen (Hogrefe) 2005, S. 430. – Solche Glaubenssätze könnten z.b. sein: »Ein Vorwärts stets, nie ein zurück«, »immer auf die Kleinen«, »Indianerherz kennt kein Schmerz« , »ich gewinne am Ende immer« usw.

(155) »I, N.N., declare that we are not working based or related on the technology of L. Ron Hubbard; that we are not trained based or related on the technology of L. Ron Hubbard, or participate on any course based or related on the technology of L. Ron Hubbard; that we are not member of the IAS (International Association of Scientologists); that we strictly refuse to use the technology of L. Ron Hubbard for our courses.«; oder seitens eines deutschen Unternehmens: »Der AUFTRAGNEHMER verpflichtet sich bei Erbringung der LEISTUNGEN nur solches Gedankengut und solche Inhalte zu vermitteln, die in direktem Zusammenhang mit den vom AUFTRAGGEBER vorgegebenen Zielen stehen. Der AUFTRAGNEHMER erklärt, dass er selbst bzw. die als Dritte eingesetzten Trainer/Berater keine Sektenideologien oder vergleichbares Gedankengut verbreiten und keine didaktischen Methoden aus derartigen Ideologien oder vergleichbarem Gedankengut einsetzen.«

Kapitel 4. Die Maßnahme Coaching.

(156) Gerald Hüther, in Maja Storch et. al., a.a.O., S. 89

(157) vgl. zu diesen Ebenen des Selbstbildes Thomas Lührmann, a.a.O., S. 227

(158) vgl. Eckhart Tolle, A New Earth. Awakening to Your Life's Purpose, New York (Dutton) 2005

(159) das Beispiel von Dietrich Bonhoeffer oder Auung San Suu Kyi.

(160) Gregory Bateson, Ökologie des Geistes, Frankfurt am Main (Suhrkamp)1990, S. 488

(161) Konrad Tolle, The Power ..., a.a.O.

(162) lateinisch ponere, positum = gesetzt

(163) ibid., S. 157

(164) Niklas Luhmann, Soziale Systeme, 7. Auflage, Frankfurt am Main (Suhrkamp) 1999, S. 154; vgl. auch Thomas Lührmann, a.a.O., S. 90

4.
Die Maßnahme Coaching

In Unternehmen wird Coaching als Maßnahme im Einzelfall von interessierten Führungskräften genutzt und von der Personalentwicklung bzw. dem Human Resources Department eingesetzt, meist über Einzelfälle hinaus. Coaching steht alternativ zu Schulung, Training, Mentoring oder möglicherweise auch zu Auszeit, Seitenwechsel, Job Rotation oder Austausch zwischen Unternehmen. Je nachdem, wie Coaching eingesetzt wird, ist es mehr »remedial«, nachhelfend, ausbessernd oder aber mehr entwicklungs-, ressourcen- und zukunftsorientiert. Und je nachdem wie Coaching dann dimensioniert, »verpackt« ist und eingekauft wird, wird es in Stunden, mit einer Anzahl von Sitzungen, in Monaten oder in »Paketen« oder auch im Kontext von umfassenderen Prozessen bemessen.

Auf Unternehmensseite wächst die Zahl der an **Coaching Interessierten** oder Beteiligten: Interessenten, potentielle Nutzer, gestufte Verantwortlichkeiten innerhalb von HR bei Auswahl, Zertifizierung, Poolbildung, Matching, Monitoring, Evaluation; unterschiedliche Zielgruppen, Procurement bzw. Einkauf, Sponsoren und vorgesetzte Führungskräfte in Linie und in HR und damit auch alle unterschiedlichen weiteren Beobachter von Coaching.

Wird Coaching als Maßnahme in Firmen und Betrieben eingesetzt, so geschieht dies überwiegend unter der Bezeichnung

Business Coaching. Damit wird ein Unterschied markiert zu anderen Formen von Coaching wie Life Coaching, Personal Coaching, zu therapeutischen oder trainings- oder lernzielorientierten Maßnahmen. Die Maßstäblichkeit von Business Coaching gewinnt damit mehr Festigkeit und ermöglicht eine höhere Vergleichbarkeit.

Unternehmen, die in besonderer Weise an der **von uns erbrachten Dienstleistung Executive Business Coaching** interessiert sind, agieren sämtlich auf internationaler Ebene. Sie haben häufig ihre Entscheidungszentralen im Ausland, in den USA, Canada oder Großbritannien, Indien, Singapore; zugleich haben sie in Deutschland bzw. in Europa regionale oder nationale Verantwortlichkeiten gebündelt. Auf dieser Ebene sind zumeist unsere Ansprechpartnerinnen oder Klienten: Personen mit hoher ausgewiesener Fachlichkeit und erfolgreichen Karrieren in Management und Führung einerseits, sind andererseits gerade deshalb häufig mit Aufgaben betraut, die eine Unterstützung durch Executive Business Coaching sinnvoll erscheinen lassen. Sie verdienen diese Art Unterstützung, mehr als einen Dienstwagen oder andere Bestätigungen oder Unterstützungsleistungen. Die Aufgaben, die sich in diesem Kontext einem Coaching stellen, sind den Aufgaben aufs engste verwandt, die eine solche Führungskraft selbst vor sich sieht: z.B. die Grenzen und Strukturen eines Unternehmens oder eines Bereiches neu zu bestimmen; Unternehmensbereiche zusammenzuführen (merger); eine neue Unternehmensstrategie mit Leben, mit Energie auszufüllen und umzusetzen; Alignment und Empowerment zu erhöhen; neue Visionen und Strategien für Kooperationen auf europäischer Ebene zu ermöglichen zwischen unterschiedlichen Produktionsstandorten, Vertriebszentren, Forschungsgruppen oder Planungsstäben; virtuelle Teams in der Art und Weise ihrer Zusammenarbeit zu unterstützen und ihre Effizienz und Wirkung zu erhöhen; die Personalpolitik für Führungskräfte und Führungskräftenachwuchs kraftvoll und nachhaltig zu gestalten (leadership pipeline); nächste Karriereschritte und Verantwortungsübernahmen zu qualifizieren und vorzubereiten; Karrierebewegungen auf hohem Plateau auch in lateraler Hinsicht zu ermöglichen bzw. unterstützen; Ausstiegsszenarien bzw. Übergang in den Ruhestand aus einer erfolgreichen Karriere zu planen und begleiten; Nachfolgeregelungen geschmeidig zu machen.

> **Eine Dienstleistung**
> Der Präsident einer Division eines globalen Unternehmens will für seinen Vorstand aus 6 Mitgliedern, die in der Schweiz und in Deutschland in unterschiedlichen Niederlassungen arbeiten und darüber hinaus auch den Markt in Spanien, Frankreich, Italien und Osteuropa bedienen, die Entwicklung zu einem World Class Management Team unterstützen. Im Unterschied zu seinem Vorgänger setzt er auf einen mehr eigenverantwortlichen, synergetischen und divisionsübergreifenden Führungsstil, der von seinen Vorstandsmitgliedern gemeinsam getragen und weiterentwickelt werden soll. Das maßgeschneiderte Coaching-Paket umfasst ein vorauslaufendes Einzelcoaching des Präsidenten selbst, innerhalb dessen dann 5 weitere Coachings der andern Vorstandsmitglieder aufgesetzt werden. Der Präsident fungiert zugleich als Sponsor des Gesamtprojekts, in Absprache mit dem HR-Chef, sein Feedback wird von entscheidender Bedeutung für die Arbeit im Coaching mit dem Finanzvorstand. Das Ausscheiden und die Neuintegration von 2 Personen im Verlauf der anderthalbjäh-

> rigen Unterstützung wird maßgeblich durch gemeinsame Workshops erleichtert, die auch die Integration der unterschiedlichen Entwicklungen und Fortschritte der einzelnen Coachings gewährleisten. Die Division wird innerhalb dieser Phase zum Star der Produktivität innerhalb des Unternehmens und zum gelungenen Beispiel für eine dynamisch geführte Unternehmenseinheit.

Instrumente und Maße im Coaching selbst erfahren in den letzten Jahren eine zunehmende **Professionalisierung**.[165] Es gibt ein fast unübersehbares Angebot von Coaching Ausbildungen.[166] Es gibt nationale und internationale Verbände unterschiedlichen Zuschnitts, die Mitglieder sammeln und Anerkennung, Zertifizierung, Qualifizierung ausmessen und zuerkennen. Auf diese Weise strukturieren sie Zugehörigkeit. Andererseits veranstalten sie Kongresse, Fachtagungen, Dialogforen usw. und schaffen dadurch eine entsprechende Öffentlichkeit. Sie praktizieren und fördern einen Austausch und eine Kulturentwicklung, die im weiteren durch eine Reihe von Zeitschriften und Fachpublikationen vertieft wird.[167]
Zugleich nimmt das Interesse speziell an Business Coaching an Universitäten, Fachhochschulen (Universities of Applied Science) und besonders im Kontext von BWL und Managementlehre zu. Dort entfaltet sich eine differenzierte Landschaft von Lehre und Forschung.[168] Alles dies wird verstärkt und mit erhöhter Geschwindigkeit im Internet veröffentlicht und prozessiert. Die Standardisierung von Maßen und Maßnahmen im Kontext von Coaching entfaltet eine enorme Dynamik.[169]
Unsere **eigene Firma** hat bislang den Namen der beiden Gründer getragen und sich Elsässer Spreng Executive Business Coaching genannt. Im Zuge einer international abgestimmten

Neufirmierung soll sie ab Herbst 2008 Ozone Executive Coaching International, Germany heißen.

In Deutschland sind wir auch als Ozone Germany nach wie vor etwas wie eine Maßschneiderei: D.h. einerseits ein beweglicher und flexibler Laden, der schnell auf Kundenbedürfnisse eingehen und sie »angemessen« und »maßgeschneidert« zufrieden stellen kann. Andererseits eine handwerklich zünftige Manufaktur[170], die intern eine eigenständige, einmalige, unwiederholbare, kaum imitierbare Fertigkeit und Fertigungsmethode entwickelt hat und die sich als Geschichte von Experten und Expertinnen ihres Fachs, von Meistern, Lehrenden, Lernenden und von Kunden erzählen lässt. Und wie viele andere KMU des »Exportweltmeisters Deutschland« sind wir auf internationaler Ebene ausgezeichnet vernetzt.

Ozone Executive Coaching International erbringt eine einzigartige Dienstleistung, die sich mit den folgenden Spezifikationen beschreiben lässt:

Zielgruppe sind Führungskräften der ersten drei Ebenen, der Kreis der oberen Führungskräfte, das Top-Management und der entsprechende Nachwuchs (High Potentials, Talents …).

Die **Entwicklungsorientierung** bedeutet, dass nicht primär Krisen gelöst oder Schwächen geglättet werden, sondern dass unsere Coachingnehmer in einer erfolgreichen Karriere unterstützt werden, ihre Kompetenzen erneut und vertieft zu nutzen, ihr Potential voll auszuschöpfen. Sie »verdienen« Coaching viel mehr als dass sie es »benötigen«.

Die **Wirkungsebenen** entfalten sich durch wiederholte Einbeziehung des Sponsors (Auftraggebers), die Bezugnahme auf den Unternehmenskontext (Strategieprozesse u.a.) sowie die unterstützende Mitwirkung durch HR, durch Feedbackprozesse, Evaluationen und Qualitätsmanagement. Grundlegend für die Wirkung von Executive Business Coaching ist, dass Coaching vertraulich ist, aber nicht geheim: Auf der Basis von Vertraulichkeit kann Maß genommen und können Maßnahmen verabredet werden. Was davon sich als wirksam und nützlich erweist, kann im Unternehmenskontext beobachtet werden.

Die **Inhalte** können einem verabredeten Aufgabenkatalog folgen oder situativ emergente Themen aufgreifen. Jedes Geschehen im Führungsalltag ist relevant und wird personenbezogen und inhaltlich so aufbereitet, dass Coachingnehmer ihren Führungsstil entwickeln und authentisch leben können. Häufige Lernfelder sind Führungsstil, ethische Haltung und Werte, Auftreten und Kommunikation, Konfliktmanagement, Führungs- und Organisationsbilder, Verhältnis von Selbstwahrnehmung und Selbstmanagement zu Fremdbild und Kooperationsmustern.

Die **Werte** der Ozone Coaches sind Vertraulichkeit; zeitliche Verfügbarkeit für die Coachingnehmer; polykulturelle Kompetenz und Erfahrung, speziell Führungserfahrung, in Unternehmen und Organisationen; Lebenskunst und ethische Verankerung. Diese intern gepflegten Werte werden in der Außenwirkung ergänzt durch Verlässlichkeit, Konsistenz und das einzigartige (interne und internationale) Qualitätsmanagement.

Die **Methodik** kombiniert Führungs- und Beratungswissen, basiert auf einem systemischen Beratungsverständnis, ist ressourcen- und lösungsorientiert und nutzt weitere Methoden aus Organisationsentwicklung, Gestaltarbeit, Managementlehre, Körperarbeit, Transaktionsanalyse, Aufstellungsarbeit ...

Spezielle Instrumente und ergänzende Maßnahmen wie MBTI werden bei Bedarf durch eine lizenzierte Spezialistin oder durch Dritte durchgeführt. 360-Grad-Feedbacks werden schriftlich oder mündlich und der jeweiligen Organisationskultur angepasst durchgeführt, bzw. es werden auch bereits vorliegende Feedback, Appraisals, Reviews oder andere Instrumente genutzt. Bei Bedarf kann ein Medientraining oder eine Stilberatung u.a. als Teil des Executive Business Coaching Prozesses durchgeführt werden.

Als Dauer erweist sich die Begleitung auf ein Jahr als idealer Rahmen, innerhalb dessen alle geschäftlichen Ereignisse wie Budgetplanung, Hauptversammlung, Urlaubsplanung, Pressetermine und Feste erlebt werden wie auch die privaten Daten und Zäsuren. Innerhalb dieser Zeitspanne besteht jederzeit offener Zugang zum Coach, bevorzugt im Vier-Augen-Gespräch, aber auch per Telefon oder e-mail. In der Regel findet im Durchschnitt alle 2 – 3 Wochen eine Sitzung von 2 – 3 Stunden in unseren Räumen statt, innerhalb eines Jahres etwa 12 – 22 Sitzungen. Die Frequenz wird vom Coachingnehmer gesteuert. Die unternehmensseitige **Investition** für dieses Executive Business Coaching beträgt normalerweise 10 % der jährlichen »total cash compensation« eines Coachingnehmers. Als Ort, an dem das Coaching stattfinden kann, haben alle Ozone Firmen Büroräume in den Geschäftszentren der jeweiligen Länder, die wir für Resonanz und »Reframing« in einem andern Raum als dem der gewohnten Geschäftstätigkeit zu nutzen.

Die Coaches Coaches von Ozone Germany sind erfahren in unterschiedlichen Führungsaufgaben und Berufsfeldern, Unternehmenskulturen und Organisationen. Sie haben eine qualifizierte Coaching-Ausbildung und regelmäßige Weiterbildung, sind akkreditiert (TGCP, DBVC, DGSv, EMCC, IFC u.a.), sind international »bewandert« und sprachfähig in verschiedenen Sprachen und Kulturen.

Die Qualitätssicherung findet dialogisch statt durch die regelmäßige Überprüfung der Ziele zwischen Coachingnehmer und

Coach, sowie durch das periodische Feedback des Sponsors und seitens HR. Unsere interne Qualitätssicherung gründet auf den früher veröffentlichten Grundsätzen von The Global Coaching Partnership Ltd. (wie Corporate Governance, Accreditation Procedures etc.) und denjenigen von Ozone Executive Coaching International sowie auf einer ausgefeilten und verlässlichen Feedback- und Reflexionsmethodik durch Peer Coaches, durch Supervision für jeden Coach und durch jährliche Peer Review Prozesse und Quality Circle Audits. Grundlage unserer Qualitätssicherung ist seit einem Jahrzehnt die schriftliche Dokumentation einer jeden Coaching-Sitzung nach dem folgenden Muster:

Coach:
Coachee:
Session Nr :   *gegenlesen:*
Datum:

Reflexion der Beschreibung	Kommentar (extern)	Beschreibung

© Elsässer Spreng

| | | Die rechte Spalte |

(eine Verdrehung von links und rechts, gehirnhemisphärisch und kulturell, wir schreiben normalerweise von links aus), wird als erste begonnen. Angestrebt ist eine »Dichte Beschreibung«.[171] Sie meint die Interaktion zwischen Coachee und Coach. Es ist also kein Verbatim, (A fragt, B antwortet, A interveniert, B schweigt, B hüstelt usw.). Sondern die Interaktion wird in den wesentlichen Grundzügen »dicht« beschrieben: was dran ist, welche Themenkomplexe, wer sie einbringt oder herausschält, welches Tempo eine Passage hat, welche Atmosphäre vorwiegt und welche Stimmung, wer mit welcher Stimme oder Intonation spricht, Gestik, Dramatik, emotionaler Fluss, Durchlässigkeit, Flexibilität oder Verharren und Widerstand, eigenes Zupacken, Irritation, Einfälle usw. usf.

Die linke Spalte		

dient als »Beobachtung« der Beschreibung. Sie wird normalerweise nach der rechten Spalte geschrieben. Es geht um die Selbstbeobachtung des / der Coach bezüglich der in der rechten Spalte niedergeschriebenen Interaktionen.
(Was fällt mir ein oder auf, was klappt sozusagen nach, wenn ich die rechte Spalte ausgefüllt habe und meine eigene Beschreibung einer stattgehabten Interaktion beobachte? Erkenne ich bei mir Gleichklang (was könnte das bedeuten), sehe ich Zusammenhänge (welche? womit?), sehe ich Muster, offene Fragen, Vermeidungen, Übertragungen? Was macht mich zufrieden, was macht mich nervös oder unwohl?

	Für jeden	

Coaching-Prozess ist eine Person aus unserer Firma bestimmt zum Gegenlesen. Selbstverständlich wird auch hier absolute Vertraulichkeit gewahrt. Sie notiert in der Mitte Einfälle, die sich aus dem Lesen von rechter und linker Spalte ergeben.

Diese Dokumentationen sollen nicht mehr als drei oder vier Seiten umfassen. Sie sollen lesbar sein für die Person, die dann in der mittleren Spalte handschriftlich und knapp kommentiert. Der / die Coach hat so vor der nächsten Sitzung nicht nur die Dokumentation zur eigenen Erinnerung, sondern auch eine ganz besondere und wertvolle Resonanz.

Die Art dieser Dokumentation bzw. Qualitätssicherung braucht regelmäßige Übung. Aus ihr haben sich die Kästchen mit den Beispielen ergeben, die ich hier immer wieder dazwischengesetzt habe. Aus dem großen Speicher unserer aufgezeichneten Coaching-Sitzungen sind beispielhafte Geschichten ausgewählt und komprimiert worden. Diese Rahmung löse ich jetzt auf. Die Erfahrungen, die wir mit Coaching machen, und die Geschichten, die sie beschreiben, treten jetzt, selbstverständlich anonymisiert und verfremdet, aus unserem Archiv an die Öffentlichkeit. Aus jeder Coaching-Firma, aus jedem Coaching-Prozess lassen sich auf diese Weise Geschichten erzählen und Narrationen bilden. Und gelegentlich hören wir nach längeren Zeitabschnitten nach Beendigung eines Coachings eine Geschichte oder bekommen ein Feedback von Coachees, die den hier »gerahmten« Geschichten zum Verwechseln ähnlich sind. Sie erzählen in der Gegenwart und für die Zukunft: alles ist möglich.

Der Geschäftsführer einer deutsch-französischen Firma entscheidet sich für Einzelcoaching, nachdem ein zeitgleiches Coaching auf internationaler Ebene nicht zustande kommt. Relativ schnell übernimmt er die Funktion des Sprechers des Vorstands. Mehr als 5 Jahre in Folge erzielt er die höchsten Umsätze einer Sparte innerhalb des Unternehmens; mit seinen Ergebnissen, seinem Führungsstil und den kooperativen Prozessen wird er zum Vorbild für andere Regionen. Als die Übernahme eines zusätzlichen Produktionsstandortes ansteht, zielt das Coaching auf Integration der persönlichen Doppelrolle angesichts einer jetzt kritischen Work Life Balance. Auf Geschäftsebene werden Kooperation und Abstimmung von Leistungsprozessen sowie eine starke Synergie zwischen Produktion und Marketing / Vertrieb unterstützt. Dieses Coaching hat zu einzelnen Interventionen im Führungsteam (Workshop beim jährlichen Offsite, Beobachtung des Direktionsteams, zwei weitere Einzelcoachings) geführt und wird im dritten Jahr fortgesetzt.

Der Vice President eines Weltmarktführers mit deutlichem »upward potential« wird von seinem zuständigen Vorstand wenig gefördert. Die Kommunikation zwischen ihnen wird oft als aufwendig oder verstellt bezeichnet; der Bereich des Klienten ist häufig »genervt«. Obwohl der Klient mehrere werthaltige Investitionen und eine konzernweit beachtete Devestition erfolgreich durchführt, ist sein Stand schwierig. So wächst seine Frustration und es werden Optionen außerhalb der Firma für ihn interessant. Der Nutzen des Coachings wird vom Klienten und der Organisation unterschiedlich positiv bewertet. Der Klient lobt seinen signifikanten Zuwachs an »politischem Sensorium gepaart mit dem angemessenen Verhalten«, seine Vorstandspräsentationen werden ausdrücklich gelobt. Die Organisation unterstreicht den Aspekt von »retention« und befördert den Klienten zum Präsidenten unter einem neuen Vorstand. Mit diesem Prozess wird der Aspekt wirkungsvoller Unterstützung strategischer Nachfolge als Nutzen praktisch belegt.

Der **typische Verlauf** eines unserer Coaching-Prozesse kann folgendermaßen skizziert werden. Typik und Maßnehmen stehen als Allgemeines und Besonderes immer in einer produktiven Spannung und sind jeweils neu zueinander ins Verhältnis zu setzen:

Im **Vorfeld** qualifizieren sich die potentiellen Geschäftspartner wechselseitig für eine produktive Zusammenarbeit. D.h. ein Unternehmen zieht Ozone Executive Coaching International als Anbieter (Provider oder besser noch als Preferred Provider) in Betracht bzw. wählt uns unter anderen aus; umgekehrt finden wir Zugang zu einem Unternehmen und seiner Führungskultur und der daraus und aus den besonderen Umständen sich ergebenden Aufgabe. Hier findet also das wechselseitige Maßnehmen für die Maßnahme Executive Business Coaching statt. Geklärt wird dabei

— wer Sponsor ist oder sein soll und wie und anhand welcher Kriterien die Wirkungen beobachtet werden sollen

— in welche Prozesse HR eingebunden wird, besonders ob und wie HR in die Beobachtung bzw. in die Evaluierung einbezogen ist

— Umfang und geplanter Verlauf des Coaching-Prozesses oder der Coaching-Prozesse, Einbettung in die Entwicklung der Führungskultur, Abstimmung auf Führungskräfteleitlinien und auf Unternehmensleitbild, auf Corporate Governance etc.

— Auswahl potentieller Coachees, gegebenenfalls auch Verständigung über die Coaches, die unsererseits für diesen Auftrag vorgeschlagen werden.

In der **Kontraktphase**, die innerhalb von wenigen Wochen oder auch gestreckt über zwei bis drei Monate stattfinden kann, findet auf der konkreten Coaching-Ebene das Matching zwischen Coach und Coachee statt, indem eine wahrscheinliche Passung vorher sorgfältig sondiert worden ist, aber dann auch konkret bei einem Gespräch, in dem die beiden Partner sehen, ob die »Chemie« stimmt und ob sie sich wechselseitig auf den Prozess einlassen wollen. Die ist eine unabdingbare Voraussetzung für Vertraulichkeit und Vertrauen als Grundelementen des Coachings.

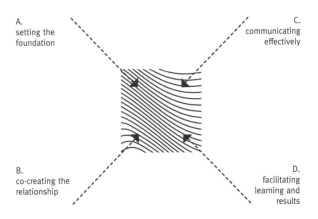

Auf der Ebene der Geschäftsbeziehungen, wo Vertraulichkeit geachtet wird, der Coaching-Prozess gleichwohl nicht geheim gehandhabt werden soll, werden die Erwartungen des Sponsors erhoben und werden Kriterien erarbeitet, die für die Wirkungsbeobachtung des Coachings Bedeutung haben.

Eröffnet wird ein Executive Business Coaching dann in der Regel mit dem ausführlichen Biografischen Interview, das etwa drei Stunden dauert. Dies ist ein erstes und sehr sorgfältiges Maßnehmen der Situation, der Geschichte und Vorhaben des Coachee, seiner oder ihrer Stärken und Ressourcen und Pläne, sowie der Position und Positionierung des Coachee im Unternehmenskontext und im Markt, einschließlich ihrer Berufsbiografie. Wichtige Kernpunkte aus dem Biografischen

Interview einerseits und die Erwartungen des Sponsors andererseits bilden den thematischen und inhaltlichen Korridor für die Arbeit von Coachee und Coach im Sinne einer Agenda, die jetzt verabredet und priorisiert wird und die in unregelmäßigen Abständen zur Ergebnis- bzw. Fortschrittskontrolle genutzt wird. D.h. aus dem Maßnehmen ergeben sich Maßnahmen, die wiederholt und gezielt zu späteren Zeitpunkten verglichen und bewertet werden können.

In der **Phase der Durchführung** des Coachings kommt es zum Wechselspiel von gesetzten oder situativ gewählten Themen des Coachees oder gelegentlichen Vorschlägen oder Interventionen des Coachs einerseits mit einer für beide wichtigen Neugier und Offenheit für alternative Optionen andererseits, wobei der Satz von Karl E. Weick »drop your tools« maßgeblich ist. D.h. hier geht es auch immer darum, schon bekannte oder gar bewährte Maße in Frage zu stellen, umzudeuten, neue Maße anzulegen und zu probieren. Selbstverständlich braucht man Instrumente und Maße, bevor man sie beiseite legt. Man muss in der Handhabung von »tools«, Instrumenten, Regeln, Verfahren, Maßen einigermaßen geübt sein, bevor man sie weglassen kann. Im Dialog und in der Arbeit zwischen Menschen im Gespräch braucht es dann auch immer (wieder) den Verzicht auf sie. Kommunikation ist nicht trivial. Kommunikation ist Gegenwart zwischen Ich und Du.

Daher gibt es für die Durchführung einer unserer Coaching-Sitzungen kein Muster – oder wenn sich eines herausbildet, dann tun Coach und Coachee gut daran, es zu variieren, damit zu spielen und auszuprobieren, wie ein solches Muster noch effizienter, noch eleganter genutzt werden kann. Wir bilden unsere Coaching-Resonanz im Rückbezug, sei es zu der verabredeten Agenda oder zur letzten Sitzung oder zu einer zwischenzeitlichen Kommunikation oder einem Ereignis. Wir bilden Resonanz in der Vergegenwärtigung: In einer Sitzung wird jeweils neu geklärt, was »oben auf« liegt, was Thema oder Anliegen und erwartetes Ergebnis des / der Coachee ist. Hier nutzen wir alle Messlatten, Maßstäbe, Gewichte, Instrumente und Verfahren, die uns zur Verfügung stehen. Und wir lassen sie auch alle weg, wenden uns nur einfach, platt und absichtslos, unverstellt oder unvoreingenommen unserem / unserer Coachee zu.

Ich lasse mich überraschen oder verwirren, ich bin sprachlos und suche nach Worten, ich spüre ein Kribbeln im Bauch oder ein Zucken in der Hand, ich werde müde oder »kann etwas nicht hören«, ich freue mich und es hebt mich aus dem Sessel oder aus den Schuhen, es ärgert mich etwas oder nervt mich. Ich unterbreche den Redefluss, verstärke, verdopple, frage nach und frage weiter und frage verändert, ich schlage eine Pause vor und öffne das Fenster und blicke vielleicht nach oben. Alles, was ich tue, hat Bedeutung oder kann eine Bedeutung haben. Viele Bedeutungen – eine für mich und eine für den / die Coachee, aber eine andere Bedeutung schon einen Moment später, und so weiter. Gegenwart spinnt sich fort. Und im Feedback vergewissern wir uns, wie und wohin.

Wir bilden Resonanz im **Voranschreiten**. Schon in der zweiten Sitzung kann ich ein Voranschreiten gegenüber der ersten annehmen. Einen ersten Schritt mache ich, indem ich den Fuß auf den Boden setze; einen zweiten, indem ich den andern Fuß irgendwie davor positioniere. Aus diesem zweiten Schritt ergibt sich eine erste Richtung des Voranschreitens (und »voran« kann dann auch rückwärts orientiert sein). Je mehr weitere Schritte dazukommen, um so eher sehe und spüre ich, wie das Voranschreiten selbst vor sich geht und welche Richtung es nimmt, welches sein Tempo, seine Robustheit im Auftritt, sein Grad an Abtasten und Ausprobieren und »Ermessen« ist, seine Vorsicht, seine Offenheit, seine Bedeutung, seine Wirkung usw.

Auch und erst recht für das Voranschreiten gibt es eine Menge Instrumente und Maße, Skalierungen[172] und einfache Feedback-Fragen oder Feedback-Bögen, die Rückmeldung vom Sponsor, die Einschätzung des / der Coachee in der Erzählung vom Verlauf einer Maßnahme, die in einer vorhergehenden Sitzung besprochen und geplant worden ist und dann durchgeführt wurde. Aber auch hier gilt wieder und im Besonderen, »drop your tools«, denn schließlich ist das Voranschreiten nicht so sehr meine Sache, sondern soll von seiten des / der Coachee entdeckt und erfahren werden.

In der Finalisation, der Abschlussphase, geht es noch einmal geschärft um die Zweckerreichung, die finale und endgültige Erreichung des anfänglich gesetzten Zieles. Und freilich geht es auch in einem banalen Sinn um die Beendigung einer in der Regel einjährigen Zusammenarbeit. Dazu gibt es verschiedene Möglichkeiten der Bewertung oder Auswertung, verschiedene Maße, die jetzt angelegt werden können, Auswertung der Coaching Agenda[173], Evaluationsbögen, eine grafische Darstellung des Prozessverlaufes oder ausgewählter wichtiger Veränderungsschritte, eine Reinszenierung einer Schlüsselsituation, die Projektion eines Szenarios in die Zukunft, das symbolische Überschreiten einer Schwelle, das Erarbeiten einer umfassenden Metapher usw. usf. Und es geht um erzählbare Geschichten.

> Der COO, Managing Director einer global agierenden Bank, beginnt den Coachingprozess mit der Zielvorstellung, seiner herausragenden fachlichen Expertise soziale Kompetenzen zuwachsen zu lassen. Der Zeit- und Verantwortungszuschnitt und die extrem schnelle Auffas-

sungsgabe des Klienten lassen nur ein sehr individuell geschneidertes, besonders flexibles Einzelcoaching zu. Nach nur 3 Monaten entscheidet der Konzernvorstand, den COO mit einem kritischen 100 Millionen IT-Projekt zu betreuen. Die sozialen Kompetenzen werden in dem konkreten interkulturellen Zusammenhang noch erfolgsentscheidender, da der Umgang mit regionalen Besitzständen Konflikte birgt. Allgemein ist die Erfolgswahrscheinlichkeit derartiger Projekte gering. Der Klient bezeichnet den Kernnutzen des Coachings mit den Worten: »da ist ein Ort, an dem ich nicht politisch sein muss«. Die Organisation signalisiert erstaunte Anerkennung über die Geschwindigkeit und Geschmeidigkeit der Projektsteuerung, selbst kritische Regionen würdigen die Leistung. Besonders hervorgehoben wird, dass Kommunikationswege und Entscheidungsorte aus dem interessenspolitischen »Gossipping« herausgehalten und somit transparente und klar kommunizierte Ergebnisse geliefert wurden.

Zum Material unserer Maßnahmen für Executive Business Coaching gehört neben all den vorgenannten oder auch vielen hier nicht weiter genannten Instrumenten, Werkzeugen, Tools, Methoden usw. in besonderer Weise:
Metaphorische und materielle Resonanz.
Beim Klangholz, bei vielen Streich-, Blas- oder auch Tasteninstrumenten beruht die Resonanz auf dem Holzkasten, der wiedertönt, auf der Luftsäule in der Holzröhre oder auf der Verstärkung von Saiten. Resonanz braucht einen räumlichen Klangkörper[174]. Auch der Begriff des Coaching nimmt im übertragenen Sinne diese Bedeutung auf: die alte Kutsche war ein Holzkasten auf Rädern. Deshalb halten wir für die

Resonanz im Coaching besondere Räume vor. Wir machen Räume zugänglich in unserem Büro in der Mitte von Frankfurt am Main. In diesen Räumen kann für einen Coachee in besonderer Weise räumliche und metaphorische Resonanz inszeniert und zur Verfügung gestellt werden. Dies hilft hinsichtlich Navigation, hinsichtlich der für die Steuerung notwendigen Technik, hinsichtlich der unterschiedlichen jeweiligen und situativen Kontakt- und Kontraktgestalten[175], hinsichtlich der Durchführung einer konkreten Sitzung oder eines Szenarios, mit Blick auf Wachstum, mit besonderer Achtsamkeit für Trennschärfe und Entscheidungsklarheit und gegebenenfalls unter Aufzeichnung mit der Kamera, mit einer spezifischen räumlichen Form der Gelassenheit und mit sonst im Alltag nicht oder nur schwer zugänglichen Ressourcen.

Führungskräfte brauchen in den gegenwärtigen beschleunigten, globalen Veränderungsprozessen, die vor allem die Grenzen von Unternehmen und von Märkten[176] und die inhaltliche Positionierung der Führungskräfte betreffen, **Resonanz**. Sie brauchen Resonanz hauptsächlich **im Sinne einer Ressource**, die immer und überall entfaltet und genutzt werden kann, sofern man sie nur unterstellt und entdecken will. Resonanz bedeutet nur ausnahmsweise einen kritischen Widerhall hinsichtlich Leistungsverbesserung und Problemlösungskompetenz. Resonanz entfaltet sich viel mehr als Proberaum und Experimentierfeld bei Werte-Umformulierungen und bei der Generierung neuer Bilder, die unternehmerischen und gesellschaftlichen Zusammenhalt versprechen. Resonanz ist Bestätigung und Bestärkung fast unhörbarer und leiser Töne, die sich auf vollen Klang und auf Harmonisierung von Gemeinschaft und Leistungsfähigkeit aufschlüsseln.

Die **Fähigkeit, Metaphern** zu entwerfen und plastischen und farbigen Sprachbildern zu sprechen und damit »Räume« zu erschließen für Teams, Abteilungen und für ganze Unternehmen, ist eine der ganz wesentlichen und zentralen Führungsaufgaben der Gegenwart. Führung ist Komplexitätsmanagement – und dabei immer auch Komplexitätsreduktion. Metaphern und Bilder elementarisieren, sie schaffen eine gemeinsame Sprache und Wahrnehmung im interkulturellen Bereich, sie ermöglichen »Alignment« bei bestehender Vielfalt oder »Diversity«, sie untermauern »Empowerment«, sie machen spielfähig. Angesichts der elektronisch aufgeladenen und technisch vervielfachten Bilder- und Informationsflut geht es in den Unternehmen darum, mit kontraproduktiven Differenzierungen intelligent zu jonglieren und sie auf jene Unterschiede zu reduzieren, die einen Unterschied machen.

*Ich habe dies **mit diesem Buch sozusagen vorgemacht**, zuletzt mit »Resonanz«, im großen Ganzen aber mit der zentralen Metapher des Maßes. Ich habe die Vieldeutigkeit und den Bedeutungsüberschuss, den jede Metapher enthält, zu vereindeutigen versucht, indem ich »Maß nehmen« vor allem als Metapher für »in Beziehung und im Kontakt sein« entfaltet habe, inhaltlich mit »Beitrag« und »Zugehörigkeit« und den daraus abgeleiteten einzelnen Maßen und Bemessungsverfahren, Standards und Bezugsgrößen. Ich habe anfänglich von der Entdeckung des »Coaching-Kontinents« gesprochen. Ich habe einen »offenen Himmel« vor Augen gestellt und Bilder dazu ausgemalt. Und ich habe immer wieder Geschichten eingestreut, Beispiele, persönlich gefärbte Erfahrungen, Vignetten für Entwicklung. Ich habe Fenster geöffnet und Rahmen gesetzt. Ich habe das sorgfältige Lektorat von Axel Dielmann als Coaching-Maßnahme für mich selbst genutzt. Ich habe den Dialog mit der grafischen Umsetzung angestoßen und dann in praktischer Rede und Gegenrede mit dem*

Grafiker Max Bartholl geführt und sichtbar gemacht. Ich habe die Rahmen gezogen, sie dann wieder verändert und schließlich ganz entfernen können. Ich habe mit Worten und Sätzen »Räume« beschrieben und Räume geöffnet, Seiten und Perspektiven gewendet, Worte geklaubt und Begriffe vermessen.

Im vorgestellten Dialog mit Ihnen als Leserin oder Leser führe ich das Gespräch um ein **Ebenmaß** im Coaching, um Symmetrie in der Arbeitsbeziehung zwischen Führungskraft als Coachee und der Führung (direction & guidance) im Unternehmen und in der Gesellschaft, um Schärfung der Sinne für das richtige Verhältnis der Dinge zueinander und für ästhetisches (wahrnehmendes) Ebenmaß und Schönheit.

Aus einem Ebenmaß der Gegensätze könnte Harmonie, Übereinstimmung, Einklang, Eintracht und wiederum Ebenmaß entspringen.

Jetzt ist es an Ihnen, Maß zu nehmen.

Fußnoten zu Kapitel 4:
(165)
  Vgl. DBVC, a.a.O.
(166)
  einen breiten und verlässlichen Überblick geben hier seit Jahren die Newsletter und weiteren Veröffentlichungen von Christopher Rauen, siehe www.coaching-newsletter.de; www.coaching-magazin.de u.a.
(167)
  vgl. OSC Organisationsberatung Supervision Coaching, www.osc-digital.de; oder den Überblick in www.coaching-literatur.de; vg. auch Elsässer, Konrad (1999). Wertschätzende Erkundung. Appreciative Inquiry, Agogik, Zeitschrift für Fragen sozialer Gestaltung, Heft 2, S. 5–18.; ders. (2007). Wertarbeit Coaching, Agogik, Zeitschrift für Fragen sozialer Gestaltung, Heft 1/2007, S. 18–27.
(168)
  vgl. Hansjörg Künzli, a.a.O., S. 280–294
(169)
  vgl. Ingrid Katharina Geiger, Evidence-based Management Coaching. Theory – Topics – Tools, Frankfurt am Main (VAS Verlag für Akademische Schriften) 2007
(170)
  vgl. Richard Sennett, Handwerk, Berlin (Berlin Verlag) 2008
(171)
  vgl. Clifford Geertz, a.a.O.
(172)
  vgl. insbesondere Louis Cauffman, Kirsten Dierolf, Lösungstango. 7 verführerische Schritte zum erfolgreichen Management, Heidelberg (Carl-Auer-Systeme Verlag) 2007; Peter Röhrig (Hrsg.), Solution Tools. Die 60 besten, sofort einsetzbaren Workshop-Interventionen mit dem Solution Focus, Bonn (managerSeminare Verlags GmbH), 2008
(173)
  CAE, Coaching Agenda Evaluation, und HLR, High Level Report, sind speziell von Hans-Joachim Spreng entwickelte Instrumente, um die Wirkung von Coaching auf einer zweiten Ebene zu beobachten.
(174)
  sogar noch in der Miniaturisierung als Ear Plugs.
(175)
  vgl. Eva Renate Schmidt, Hans Georg Berg, Beraten mit Kontakt. Gemeinde- und Organisationsberatung in der Kirche, Offenbach am Main (Burckhardthaus-Laetare Verlag) 1995
(176)
  vgl. Stephan Scholtissek, Multipolare Welt. Die Zukunft der Globalisierung und wie Deutschland davon profitieren kann, Hamburg (Murmann Verlag) 2008

Anhang

Literaturverzeichnis

Hannah Arendt, Vita Activa oder vom tätigen Leben, Stuttgart (W. Kohlhammer) 1969

Dirk Baecker, Organisation als System. Aufsätze, Frankfurt am Main 1999 (Suhrkamp Taschenbuch Wissenschaft 1434) 1999

Dirk Baecker, Wozu Soziologie?, Berlin (Kulturverlag Kadmos) 2004

Dirk Baecker, Form und Formen der Kommunikation, Frankfurt am Main (Suhrkamp) 2005

Dirk Baecker, Coaching Complexity, Manuskript vom Vortrag auf dem 1. Berliner Coachingtag, 3. März 2006

Gregory Bateson, Geist und Natur. Eine notwendige Einheit, Frankfurt am Main (Suhrkamp) 1987

Gregory Bateson, Ökologie des Geistes, Frankfurt am Main (Suhrkamp) 1990

Gregory Bateson, Mary Catherine Bateson, Wo Engel zögern. Unterwegs zu einer Epistmologie des Heiligen, Frankfurt am Main (Suhrkamp) 1993

Ulrich Beck, Risikogesellschaft. Auf dem Weg in eine andere Moderne, Frankfurt am Main (Suhrkamp) 1986

Manfred Becker, Personalentwicklung. Bildung, Förderung und Organisationsentwicklung in Theorie und Praxis, 3., überarbeitete und erweiterte Auflage, Stuttgart (Schäffer-Poeschel Verlag) 2002

Joachim Ernst Behrend, Die Welt ist Klang. CD-Reihe, Verlag 2001

Gioconda Belli, Bewohnte Frau, Wuppertal (Peter Hammer) 1988

Uwe Böning und **Brigitte Fritschle**, Coaching fürs Business. Was Coaches, Personaler und Manager über Coaching wissen müssen, Bonn (Manager Seminare Verlag) 2005

Robert Nelson Bolles, Durchstarten zum Traumjob. Das ultimative Handbuch für Ein-, Um- und Aufsteiger. Aus dem Englischen übersetzt und bearbeitet für die deutsche Ausgabe von **Madeleine Leitner**, (Campus Verlag) Frankfurt / New York 2007

Pierre Bourdieu, Die feinen Unterschiede. Kritik der gesellschaftlichen Urteilskraft, Frankfurt am Main (Suhrkamp) 1984

Louis Cauffman, Kirsten Dierolf, Lösungstango. 7 verführerische Schritte zum erfolgreichen Management, Heidelberg (Carl-Auer-Systeme Verlag) 2007

Antonio R. Damasio, Ich fühle, also bin ich. Die Entschlüsselung des Bewusstsein, Berlin (List Verlag) 2007

DBVC, Deutscher Bundesverband Coaching e.V. (Hrsg.), Leitlinien und Empfehlungen für die Entwicklung von Coaching als Profession. Kompendium mit den Professionsstandards des DBVC, Osnabrück 2007

DISG-Persönlichkeitsprofil. Mit dem Original DISG-Testmaterial zur Selbstauswertung, Offenbach (Gabal-Verlag) 1995

Barbara Duden, Geschichte unter der Haut. Ein Eisenacher Arzt und seine Patientinnen um 1730, Stuttgart (Klett-Cotta) 1987

Norbert Elias, Über den Prozeß der Zivilisation. Soziogenetische und psychogenetischer Untersuchungen, Frankfurt am Main (Suhrkamp Tb Wissenschaft) 1978

Konrad Elsässer, Wertschätzende Erkundung. Appreciative Inquiry, Agogik, Zeitschrift für Fragen sozialer Gestaltung, Heft 2, S. 5–18

Konrad Elsässer, Qualitätsmanagement im Business Coaching, in: www.coaching-magazin.de, 2005

Konrad Elsässer, Wertarbeit Coaching, Agogik, Zeitschrift für Fragen sozialer Gestaltung, Heft 1/2007, S. 18 – 27

Moshé Feldenkrais, Die Entdeckung des Sebstverständlichen, Frankfurt am Main (Suhrkamp) 1987

Moshé Feldenkrais, Das starke Selbst. Anleitung zur Spontaneität, Frankfurt am Main (Suhrkamp) 1992

Moshé Feldenkrais, Bewusstheit durch Bewegung, Frankfurt am Main (Suhrkamp) 1996

Heinz von Foerster, KybernEthik (übersetzt von Birger Ollrogge), Berlin (Merve-Verlag) 1993

Heinz von Foerster, Bernhard Pörksen, Die Wahrheit ist eine Erfindung des Lügners. Gespräche für Skeptiker, Heidelberg (Carl-Auer-Systeme) 1999

Heinz von Foerster, Short Cuts, Frankfurt am Main (Zweitausendeins) 2001

Georg Frank, Ökonomie der Aufmerksamkeit. Ein Entwurf, München (dtv) 2007

Johannes Fried, Der Schleier der Erinnerung. Grundzüge einer historischen Memorik, München (C.H.Beck) 2004

Robert Fritz, The Path of Least Resistance. Learning to Become the Creative Force in Your Own Life, New York (Fawcett Columbine) 1989

W. Timothy Gallwey, The Inner Game of Work. Focus, Learning, Pleasure, and Mobility in the Workplace, New York (Random House) 2000

Clifford Geertz, Dichte Beschreibung. Beiträge zum Verstehen kultureller Systeme, Frankfurt am Main (Suhrkamp stw 696) 1994

Ingrid Katharina Geiger, Evidence-based Management Coaching. Theory – Topics – Tools, Frankfurt am Main (VAS Verlag für Akademische Schriften) 2007

Anthony Giddens, Konsequenzen der Moderne, Frankfurt am Main (Suhrkamp) 1995

Ernst von Glasersfeld, Radikaler Konstruktivismus. Ideen, Ergebnisse, Probleme, Frankfurt am Main (Suhrkamp stw 1326) 1996

Friedrich Glasl, Selbsthilfe in Konflikten. Konzepte – Übungen – Praktische Methoden, 4., bearbeitete Auflage, Stuttgart (Verlag Freies Geistesleben) 2004

Peter Glotz, Stefan Bertschi, Chris Locke (Hg.), Daumenkultur. Das Mobiltelefon in der Gesellschaft, Bielefeld (Transcript) 2006

Maurice Godelier, Das Rätsel der Gabe. Geld, Geschenke, heilige Objekte, München (C.H. Beck) 1999

Gabriele Goettle, Experten, Frankfurt am Main (Eichborn, Die andere Bibliothek) 2004

Daniel Goleman, Emotionale Intelligenz, München (Hanser) 1996

Daniel Goleman, EQ2, Der Erfolgsquotient, München (Hanser) 1999

Boris Groys, Über das Neue. Versuch einer Kulturökonomie, München Wien (Carl Hanser Verlag) 1992

Klaus-Peter Gushurst, Gregor Vogelsang, Die neue Elite. Deutschlands Weg zurück an die Spitze, Weinheim (Wiley-VCH) 2006

Wolfgang Hamm, Systemisches Coaching – Eine gemeinsame Reise durch das Gebiet des Klienten, in: Christopher Rauen, Handbuch Coaching, 3., überarbeitete und erweiterte Auflage, Göttingen (Hogrefe) 2005, S. 421 – 440

Axel Honneth, Kampf um Anerkennung. Zur moralischen Grammatik sozialer Konflikte, Frankfurt am Main (Suhrkamp stw 1129) 1998

Rüdiger Hossiep, Michael Paschen und Oliver Mühlhaus, Persönlichkeitstests im Personalmanagement, Göttingen (Hogrefe-Verlag) 2000

Gerald Hüther, Die Macht der inneren Bilder. Wie Visionen das Gehirn, den Menschen und die Welt verändern, Göttingen (Vandenhoeck & Ruprecht) 2004

Herminia Ibarra, Working Identity. Unconventional Strategies for Reinventing Your Career, Boston MA (Harvard Business School Press) 2004

John Kotre, Lebenslauf und Lebenskunst. Über den Umgang mit der eigenen Biografie, München (Carl Hanser) 2001, Originalausgabe: Make it Count. How to Generate a Legacy That Gives Meaning to Your Life, New York 1999

Hansjörg Künzli, Wirksamkeitsforschung im Führungskräftecoaching, in: Eric D. Lippmann (Hrsg.), Coaching. Angewandte Psychologie für die Beratungspraxis, Berlin (Springer) 2006

George Lakoff, Mark Johnson, Leben in Metaphern. Konstruktion und Gebrauch von Sprachbildern, Heidelberg (Carl-Auer-Systeme) 1998

Helga Nowotny, Eigenzeit. Entstehung und Strukturierung eines Zeitgefühls, Frankfurt am Main (Suhrkamp, stw 1052) 1993

Thomas Laqueur, Auf den Leib geschrieben. Die Inszenierung der Geschlechter von der Antike bis Freud, Frankfurt / New York (Campus) 1992

Jacques Le Goff, Für ein anderes Mittelalter. Zeit, Arbeit und Kultur im Europa des 5.–15. Jahrhunderts, Weingarten (Drumlin Verlag) 1987

André Leroi-Gourhan, Hand und Wort. Die Evolution von Technik, Sprache und Kunst, Frankfurt am Main (Suhrkamp) 1980

Thomas Lührmann, Führung, Interaktion und Identität. Die neuere Identitätstheorie als Beitrag zur Fundierung einer Interaktionstheorie der Führung, Wiesbaden (Deutscher Universitäts-Verlag) 2006

Niklas Luhmann, Vertrauen. Ein Mechanismus der Reduktion sozialer Komplexität, Stuttgart (Ferdinand Enke) 1968

Niklas Luhmann, Die Gesellschaft der Gesellschaft, Frankfurt am Main (Suhrkamp) 1997

Niklas Luhmann, Soziale Systeme, 7. Auflage, Frankfurt am Main (Suhrkamp) 1999

Jean-Hubert Martin, altäre. Kunst zum Niederknien (Museum Kunst Palast Düsseldorf), Ostfildern-Ruit (Hatje Cantz) 2001

Bernd Oberhoff, Vom mitagierenden zum beobachtenden Supervisor. Zur Praxis der supervisorischen Übertragungs-Gegenübertragungsanalyse, in Bernd Oberhoff, Ullrich

Beumer (Hg.), Theorie und Praxis psychoanalytischer Supervision (Schriften aus der Deutschen Gesellschaft für Supervision e.V.), Münster (Votum Verlag) 2001, S. 183–195

Manfred Osten, Die Kunst, Fehler zu machen, Frankfurt am Main (Suhrkamp, Bibliothek der Lebenskunst) 2006

Manfred Osten, Das geraubte Gedächtnis. Digitale Systeme und die Zerstörung der Erinnerungskultur, Frankfurt am Main (Insel Verlag) 2007

Rudi Palla, Verschwundene Arbeit. Ein Thesaurus der untergegangenen Berufe, Frankfurt am Main (Eichborn, Die andere Bibliothek) 1994

Carol S. Pearson, The Hero Within. Six Archetypes We Live By, San Francisco (Harper) 1994

Peter Röhrig (Hrsg.), Solution Tools. Die 60 besten, sofort einsetzbaren Workshop-Interventionen mit dem Solution Focus, Bonn (managerSeminare Verlags GmbH) 2008

Savoir faire et pouvoir transmettre: transmission et apprentissage des savoir-faire et des techniques, sous la dir. de Denis Chevallier, Paris (Ed. de la Maison des sciences de l'homme) 1991

Elaine Scarry, Der Körper im Schmerz. Die Chiffren der Verletzlichkeit und die Erfindung der Kultur, Frankfurt am Main (S. Fischer Verlag) 1992

Wilhelm Schmid, Philosophie der Lebenskunst. Eine Grundlegung, 5., korr. Auflage, Frankfurt am Main (Suhrkamp stw 1385) 1999

Eva Renate Schmidt, Hans Georg Berg, Beraten mit Kontakt. Gemeinde- und Organisationsberatung in der Kirche, Offenbach am Main (Burckhardthaus&Laetare Verlag) 1995

Hermann Schmitz, Leib und Gefühl. Materialien zu einer philosophischen Therapeutik, Paderborn (Junfermann-Verlag) 1992

Jacqueline J. Scholes-Rhodes, From the Inside Out. Learning to presence my aesthetic and spiritual »being« through the emergent form of a creative art of inquiry. For the degree of Ph.D. of the University of Bath 2002

Stephan Scholtissek, Multipolare Welt. Die Zukunft der Globalisierung und wie Deutschland davon profitieren kann, Hamburg (Murmann Verlag) 2008

Lothar J. Seiwert, Das »neue« 1x1 des Zeitmanagements, 18. Auflage, Offenbach (Gabal) 1996

Ralf Selbach, Karl-Klaus Pullig (Hg.), Handbuch Mitarbeiterbeurteilung, Wiesbaden (Gabler) 1992

Martin E.P. Seligman, Authentic Happiness. Using the New Positive Psychology to Realize Your Potential for Lasting Fulfillment, New York (Free Press) 2002, in deutscher Übersetzung erschienen als Martin E. P. Seligman, Der Glücks-Faktor. Warum Optimisten länger leben, Bergisch-Gladbach (Bastei-Lübbe) 2005

Richard Sennett, Autorität, Frankfurt am Main (Fischer Wissenschaft) 1990

Richard Sennett, Respekt im Zeitalter der Ungleichheit. Berlin (Berlin Verlag) 2002

Richard Sennett, Handwerk, Berlin (Berlin Verlag) 2008

Eckhard Slawik, Uwe Reichert, Atlas der Sternbilder. Ein astronomischer Wegweiser in Photographien, München (Elsevier) 2004

Peter Sloterdijk, Im Weltinnenraum des Kapitals. Für eine philosophische Theorie der Globalisierung, Frankfurt am Main (Suhrkamp Verlag) 2005

Manfred Sommer, Suchen und Finden. Lebensweltliche Formen, Frankfurt am Main (Suhrkamp) 2002

Ronald de Sousa, Die Rationalität des Gefühls, Frankfurt am Main (Suhrkamp) 1997

Insa Sparrer, Wunder, Lösung und System. Lösungsfokussierte systemische Strukturaufstellungen für Therapie und Organisationsberatung, Heidelberg (Carl-Auer-Systems Verlag) 2002

George Spencer-Brown, Laws of Form. Gesetze der Form, Übersetzung Thomas Wolf, Lübeck (Bohmeier Verlag) 1999

Hans-Joachim Spreng, Business Coaching – Eine Dreiecksbeziehung, in: Christopher Rauen (Hrsg.), Handbuch Coaching, 3.,überarbeitete und erweiterte Auflage, Göttingen (Hogrefe Verlag) 2005, S. 227 – 240

Reinhard K. Sprenger, Vertrauen führt. Worauf es im Unternehmen wirklich ankommt, Frankfurt /New York (Campus) 2002

Wolfgang H. Stehle, Management. Eine verhaltenswissenschaftliche Perspektive, München (Verlag Franz Vahlen) 1999

Rudolf Stichweh, Wissenschaft, Universität, Professionen. Soziologische Analysen. (Suhrkamp) Frankfurt 1994

Maja Storch, Benita Cantieni, Gerald Hüther, Wolfgang Tschacher, Embodiment. Die Wechselwirkung von Körper und Psyche verstehen und nutzen, Bern (Verlag Hans Huber) 2006

Gerd Theißen, Die Religion der ersten Christen. Eine Theorie des Urchristentums, Gütersloh (Kaiser, Gütersloher Verlangshaus) 2000

Eckart Tolle, The Power of Now. A Guide to Spiritual Enlightenment, London (Hodder and Stoughton) 2001

Eckart Tolle, A New Earth. Awakening to Your Life's Purpose, New York (Dutton) 2005

Gerhard Wahrig, Deutsches Wörterbuch, o.O. (Mosaik Verlag, Bertelsmann) 1980

J. Donald Walters, The Art of Supportive Leadership, Nevada City CA (Crystal Clarity Publishers) 1987

Karl E. Weick, Der Prozeß des Organisierens, Frankfurt am Main (Suhrkamp) 1985

Karl E. Weick, Sensemaking in Organizations, Thousand Oaks, CA (Sage Publications) 1995

Wertekommission, Führungskräftebefragung 2007, hrsg. von Mathias Bucksteeg und Kai Hattendorf. Eine Studie in Zusammenarbeit mit dem Institut für Angewandtes Wissen e.V. (IAW-Köln) Köln 2007

Rudolf zur Lippe, Naturbeherrschung am Menschen. 1. Körpererfahrung als Entfaltung von Sinnen und Beziehungen in der Ära des italienischen Kaufmannskapitals, 2. Geometrisierung des Menschen und Repräsentation des Privaten im französischen Absolutismus, Frankfurt am Main (Syndikat-Reprise) 1981

Rudolf zur Lippe, Sinnenbewusstsein. Grundlegung einer anthropologischen Ästhetik, Hamburg (Rowohlt, re423) 1987

ZOE Zeitschrift für OrganisationsEntwicklung, Heft 2, 2000

Anhang

Internetseiten

www.drelsaesser.com

www.tgcp-coaching.de

www.ozonecoaching.de

www.dbvc.de

www.coaching-newsletter.de

www.coaching-magazin.de

www.coaching-literatur.de

www.uni-wh.de/baecker

www.osc-digital.de

www.virtuelles-selbstcoaching.de

www.eichamt.de

www.dam-germany.de

www-viasurvey.org

www.valuesinaction.org

www.b3K-design.de

www.agogik.com

www.dielmann-verlag.de

Weitere Bücher unserer Autoren finden Sie bei Ihrem gut sortierten Buchhändler oder auf unserer Homepage unter

www.dielmann-verlag.de

Oder Sie schreiben uns von Ihren Interessen und wir senden Ihnen jeweils unser aktuelles Verlagsprogramm zu:

axel dielmann – verlag

Kommanditgesellschaft in Frankfurt am Main

Schweizer Straße 21

D – 60594 Frankfurt am Main

Telefon 069 / 94359000

Mail neugier@dielmann-verlag.de

Bleiben sie neugierig!

Konrad Elsässer

Seine Arbeitsschwerpunkte sind Executive Coaching, Business-Coaching in unterschiedlichen Formaten, Change Management Prozesse und Open Space Technology, Appreciative Inquiry. Seine Arbeitssprachen hierbei sind deutsch, englisch und französisch. Neben dem hiesigen Band liegt aktuell sein Beitrag »Die ökonomische Rolle des Coachs« in der Publikation »Welche Rolle spielt der Coach? Praxisberichte – Vorträge – Workshops« vor (Hrsg. DBVC, Coaching-Kongress 2008, Osnabrück 2008).

Seit 2009 ist Dr. Konrad Elsässer Senior Berater bei Schwertl & Partner, seit 2008 Leiter des Fachausschusses Internationales im DBVC und Mitglied des Präsidiums, seit 2005 Senior Coach, Deutscher Bundesverband Coaching e.V; 1999 – 2008 war er Direktor bei Elsässer Spreng Executive Business Coaching, deutsches Mitglied von The Global Coaching Partnership Ltd.; 1996 – 1999 freiberuflicher Organisationsberater und Coach, zuvor 1992 – 1996 Personalreferent der Evangelischen Kirche in Hessen und Nassau, 1976 – 1992 Pfarrer der EKHN in verschiedenen Funktionen, nachdem er 1967 – 1976 evangelische Theologie und Pädagogik in Berlin, Marburg und Heidelberg studierte. 1972 Erstes Theologisches Examen, 1974 Zweites Theologische Examen, beide in Heidelberg. 1976 schloß er mit der Promotion zum Dr. phil. an der Ruperto-Carola-Universität ab.

»Selbststeuerung und Selbstentwicklung brauchen sinnvolle Anregung von außen – Coaching ist dafür der ideale Resonanzraum.«